Tusculum-Bücherei

Herausgeber: Hans Färber und Max Faltner

EURIPIDES

SÄMTLICHE TRAGÖDIEN UND FRAGMENTE

Griechisch - deutsch

Band 1

EURIPIDES

ALKESTIS
MEDEIA · HIPPOLYTOS

Übersetzt von Ernst Buschor

Herausgegeben von Gustav Adolf Seeck

HEIMERAN VERLAG

Auf dem Titelblatt: Tragische Maske, Marmor
The Metropolitan Museum of Art, Rogers Fund, 1913

Archiv 486 ISBN 3 7765 2126 0
Übersetzung von Ernst Buschor

ALKESTIS

ΑΛΚΗΣΤΙΣ

Τὰ τοῦ δράματος πρόσωπα

Ἀπόλλων · Θάνατος · Χορός · Θεράπαινα · Ἄλκηστις
Ἄδμητος · Εὔμηλος · Ἡρακλῆς · Φέρης · Θεράπων

Ἀπόλλων

Ὦ δώματ' Ἀδμήτει', ἐν οἷς ἔτλην ἐγὼ
θῆσσαν τράπεζαν αἰνέσαι θεός περ ὤν.
Ζεὺς γὰρ κατακτὰς παῖδα τὸν ἐμὸν αἴτιος
Ἀσκληπιόν, στέρνοισιν ἐμβαλὼν φλόγα·
οὗ δὴ χολωθεὶς τέκτονας Δίου πυρὸς
κτείνω Κύκλωπας· καί με θητεύειν πατὴρ
θνητῷ παρ' ἀνδρὶ τῶνδ' ἄποιν' ἠνάγκασεν.
ἐλθὼν δὲ γαῖαν τήνδ' ἐβουφόρβουν ξένῳ,
καὶ τόνδ' ἔσῳζον οἶκον ἐς τόδ' ἡμέρας.
ὁσίου γὰρ ἀνδρὸς ὅσιος ὢν ἐτύγχανον
παιδὸς Φέρητος, ὃν θανεῖν ἐρρυσάμην,
Μοίρας δολώσας· ᾔνεσαν δέ μοι θεαὶ
Ἄδμητον Ἅιδην τὸν παραυτίκ' ἐκφυγεῖν,
ἄλλον διαλλάξαντα τοῖς κάτω νεκρόν.
πάντας δ' ἐλέγξας καὶ διεξελθὼν φίλους,
πατέρα γεραιάν θ' ἥ σφ' ἔτικτε μητέρα,
οὐχ ηὗρε πλὴν γυναικὸς ὅστις ἤθελε

ALKESTIS

Personen des Dramas

Apollon · Thanatos, *Gott des Todes*
Chor, *Bürger von Pherä, Freunde des Hauses*
Dienerin *der Alkestis*
Alkestis, *Gattin des Admetos (in der Schlußszene stumme Rolle)*
Admetos · Eumelos, *Knabe, Sohn des Admetos*
Mädchen, *Tochter des Admetos (stumme Rolle)* · Herakles
Pheres, *Vater des Admetos* · Mutter *des Admetos (stumme Rolle)*
Diener *des Admetos*

Die Szene ist vor dem Königspalast von Pherä.
Aufführung 438 v. Chr.

VORSZENE

Apollon

O Haus Admets, in dem ich mit dem Tisch
Der Knechte mich begnügte, selbst ein Gott!
Zeus hatte meinem Sohn Asklepios
Die Brust getroffen mit dem Todesblitz.
Aus Rache schlug ich die Kyklopen tot,
Die seine Blitze schmieden, und als Knecht
Gab mich der Vater einem Sterblichen.
So kam ich in dies Land als Rinderhirt
Und segnete bis heut sein Hab und Gut.
Ein Reiner diente einem reinen Herrn,
Dem Pheressohn, den ich den Moiren klug
Entwandte, und sie willigten darein,
Admetos könne seinem frühen Tod entfliehn,
Wenn sich ein andrer für ihn opferte.
Nun ging er alle seine Lieben durch
Und fragte auch das alte Elternpaar,
Doch fand er keinen außer seinem Weib,

θανὼν πρὸ κείνου μηκέτ' εἰσορᾶν φάος.
ἣ νῦν κατ' οἴκους ἐν χεροῖν βαστάζεται
ψυχορραγοῦσα· τῇδε γάρ σφ' ἐν ἡμέρᾳ
θανεῖν πέπρωται καὶ μεταστῆναι βίου.
ἐγὼ δέ, μὴ μίασμά μ' ἐν δόμοις κίχῃ,
λείπω μελάθρων τῶνδε φιλτάτην στέγην.
ἤδη δὲ τόνδε Θάνατον εἰσορῶ πέλας,
ἱερῆ θανόντων, ὅς νιν εἰς Ἅιδου δόμους
μέλλει κατάξειν· συμμέτρως δ' ἀφίκετο,
φρουρῶν τόδ' ἦμαρ ᾧ θανεῖν αὐτὴν χρεών.

Θάνατος

ἆ ἆ·
τί σὺ πρὸς μελάθροις; τί σὺ τῇδε πολεῖς, an^4
Φοῖβ'; ἀδικεῖς αὖ τιμὰς ἐνέρων
ἀφοριζόμενος καὶ καταπαύων;
οὐκ ἤρκεσέ σοι μόρον Ἀδμήτου
διακωλῦσαι, Μοίρας δολίῳ
σφήλαντι τέχνῃ; νῦν δ' ἐπὶ τῇδ' αὖ
χέρα τοξήρη φρουρεῖς ὁπλίσας,
ἣ τόδ' ὑπέστη πόσιν ἐκλύσασ'
αὐτὴ προθανεῖν Πελίου παῖς;

Απ θάρσει· δίκην τοι καὶ λόγους κεδνοὺς ἔχω.
Θα τί δῆτα τόξων ἔργον, εἰ δίκην ἔχεις;
Απ σύνηθες αἰεὶ ταῦτα βαστάζειν ἐμοί.
Θα καὶ τοῖσδέ γ' οἴκοις ἐκδίκως προσωφελεῖν.
Απ φίλου γὰρ ἀνδρὸς συμφοραῖς βαρύνομαι.
Θα καὶ νοσφιεῖς με τοῦδε δευτέρου νεκροῦ;
Απ ἀλλ' οὐδ' ἐκεῖνον πρὸς βίαν σ' ἀφειλόμην.
Θα πῶς οὖν ὑπὲρ γῆς ἐστι κοὐ κάτω χθονός;
Απ δάμαρτ' ἀμείψας, ἣν σὺ νῦν ἥκεις μέτα.
Θα κἀπάξομαί γε νερτέρων ὑπὸ χθόνα.
Απ λαβὼν ἴθ'· οὐ γὰρ οἶδ' ἂν εἰ πείσαιμί σε.

Der für ihn schiede aus dem Licht des Tags.
Schon stützt sie drinnen sich auf fremden Arm,
Ihr Leben schwindet. Noch an diesem Tag
Ist vom Geschick ihr Ende angesetzt.
Damit das Trauerhaus mich nicht befleckt,
Verlasse ich das liebgewordne Dach.
Da kommt der Totenpriester Thanatos,
Der sie ins untre Reich verbringen will;
Er kommt genau zur ihm bestimmten Zeit,
Am Tag, an dem die Fürstin sterben muß.

Thanatos

Du hier, Apoll?
Was treibst du dich nur
Hier herum? Willst du wieder
Die Rechte schmälern,
Rauben, vernichten
Des unteren Reichs?
Schon hast du vereitelt
Das Los des Admetos,
Die Moiren tückisch betrogen,
Nun ergreifst du wieder die Waffe
Zum Schutz der Frau, die es auf sich nahm,
Ihren Mann zu erlösen mit eigenem Tod,
Des Pelias Tochter?

Ap Getrost, ich suche nur Verständigung.
Tha Was hat der Bogen mit dem Wort zu tun?
Ap Nach alter Sitte häng ich ihn mir um.
Tha Und hilfst den Leuten wider alles Recht.
Ap Der Freunde Unglück ist mein eignes Leid.
Tha So gehst du auf den zweiten Seelenraub!
Ap Auch die des Mannes hab ich nicht geraubt.
Tha Sie weilt noch oben, nicht im untern Reich!
Ap Du hast dir doch die Gattin eingetauscht!
Tha Sei sicher, daß sie mir hinunterfolgt!
Ap Nur zu! Bei dir verfängt kein gutes Wort

Θα κτείνειν γ' ὃν ἂν χρῇ; τοῦτο γὰρ τετάγμεθα.
Απ οὔκ, ἀλλὰ τοῖς μέλλουσι θάνατον ἐμβαλεῖν.
Θα ἔχω λόγον δὴ καὶ προθυμίαν σέθεν.
Απ ἔστ' οὖν ὅπως Ἄλκηστις ἐς γῆρας μόλοι;
Θα οὐκ ἔστι· τιμαῖς κἀμὲ τέρπεσθαι δόκει.
Απ οὔτοι πλέον γ' ἂν ἢ μίαν ψυχὴν λάβοις.
Θα νέων φθινόντων μεῖζον ἄρνυμαι κλέος.
Απ κἂν γραῦς ὄληται, πλουσίως ταφήσεται.
Θα πρὸς τῶν ἐχόντων, Φοῖβε, τὸν νόμον τίθης.
Απ πῶς εἶπας; ἀλλ' ἦ καὶ σοφὸς λέληθας ὤν;
Θα ὠνοῖντ' ἂν οἷς πάρεστι γηραιοὺς θανεῖν.
Απ οὔκουν δοκεῖ σοι τήνδε μοι δοῦναι χάριν;
Θα οὐ δῆτ'· ἐπίστασαι δὲ τοὺς ἐμοὺς τρόπους.
Απ ἐχθρούς γε θνητοῖς καὶ θεοῖς στυγουμένους.
Θα οὐκ ἂν δύναιο πάντ' ἔχειν ἃ μή σε δεῖ.
Απ ἦ μὴν σὺ πείσῃ καίπερ ὠμὸς ὢν ἄγαν·
    τοῖος Φέρητος εἶσι πρὸς δόμους ἀνήρ,
    Εὐρυσθέως πέμψαντος ἵππειον μέτα
    ὄχημα Θρῄκης ἐκ τόπων δυσχειμέρων,
    ὃς δὴ ξενωθεὶς τοῖσδ' ἐν Ἀδμήτου δόμοις
    βίᾳ γυναῖκα τήνδε σ' ἐξαιρήσεται.
    κοὔθ' ἡ παρ' ἡμῶν σοι γενήσεται χάρις
    δράσεις θ' ὁμοίως ταῦτ', ἀπεχθήσῃ τ' ἐμοί.
Θα πόλλ' ἂν σὺ λέξας οὐδὲν ἂν πλέον λάβοις·
    ἡ δ' οὖν γυνὴ κάτεισιν εἰς Ἅιδου δόμους.
    στείχω δ' ἐπ' αὐτήν, ὡς κατάρξωμαι ξίφει·
    ἱερὸς γὰρ οὗτος τῶν κατὰ χθονὸς θεῶν
    ὅτου τόδ' ἔγχος κρατὸς ἁγνίσῃ τρίχα.

Χορός

α' τί ποθ' ἡσυχία πρόσθεν μελάθρων; an[4]

β' τί σεσίγηται δόμος Ἀδμήτου;

Tha Ich töte, wen ich soll. Das ist mein Amt!
Ap Hol andre, die dir schon verfallen sind.
Tha Ich weiß genau, um was du dich bemühst.
Ap Gibts keinen Weg, daß sie im Alter stirbt?
Tha Nein, keinen. Ich genieße meine Macht.
Ap Doch fällt dir nur die eine Seele zu!
Tha Die jungen Toten sind mein größrer Ruhm.
Ap Die Alten sterben mit dem größren Prunk!
Tha Apollon denkt nur an Begüterte.
Ap Dein Witz zielt hoch. Warum Begüterte?
Tha Sie tauschen sich bei mir ihr Alter ein!
Ap So wird mir der Gefallen nicht getan?
Tha Niemals! Du kennst doch deinen Thanatos.
Ap Der Menschen Feind und jedem Gott verhaßt!
Tha Niemand kann fordern, was ihm nicht gebührt.
Ap So hart du bist, so wirst du doch belehrt.
Ein Mann tritt heute in des Pheres Haus,
Eurystheus schickt ihn in das Winterland
Der Thraker nach den Rossen; dieser wird
Als alter Gast in des Admetos Haus
Die Tote dir entreißen mit Gewalt.
Dann hast du meine Dankbarkeit verscherzt,
Verlierst die Frau und hast Apoll zum Feind.
Tha So viel du sprichst, so wenig hilft es dir,
Die Frau zieht in des Hades Reich hinab!
Ich geh und zeichne sie mit diesem Schwert;
Wem es ein einzig Haar vom Haupte trennt,
Ist schon verfallen an das untre Reich. *beide ab*

EINZUGSLIED

Erster Halbchor

Welche Stille ums Haus?

Zweiter Halbchor

Welches Schweigen im Haus des Admet?

α′ ἀλλ' οὐδὲ φίλων πέλας οὐδείς,
ὅστις ἂν εἴποι πότερον φθιμένην
βασίλειαν πενθεῖν χρή μ', ἢ ζῶσ' ἔτι
φῶς τόδε λεύσσει Πελίου παῖς
Ἄλκηστις, ἐμοὶ πᾶσί τ' ἀρίστη
δόξασα γυνὴ
πόσιν εἰς αὑτῆς γεγενῆσθαι.

α′ κλύει τις ἢ στεναγμὸν ἢ — ia^4 — στρ.
χειρῶν κτύπον κατὰ στέγας — ia^4
ἢ γόον ὡς πεπραγμένων; — ch ia^2
β′ οὐ μὰν οὐδέ τις ἀμφιπόλων — da^4 ^
στατίζεται ἀμφὶ πύλας. — ia^2 ch
εἰ γὰρ μετακύμιος ἄτας, — an^5 ba
ὦ Παιάν, φανείης.
α′ οὔ τἂν φθιμένης γ' ἐσιώπων. — an^4
β′ νέκυς ἤδη.
α′ οὐ δὴ φροῦδός γ' ἐξ οἴκων.
β′ πόθεν; οὐκ αὐχῶ. τί σε θαρσύνει;
α′ πῶς ἂν ἔρημον τάφον Ἄδμητος
κεδνῆς ἂν ἔπραξε γυναικός;

α′ πυλῶν πάροιθε δ' οὐχ ὁρῶ — ἀντ.
πηγαῖον ὡς νομίζεται
χέρνιβ' ἐπὶ φθιτῶν πύλαις.
χαίτα τ' οὔτις ἐπὶ προθύροις
τομαῖος, ἃ δὴ νεκύων
πένθει πίτνει· οὐ νεολαία
δουπεῖ χεὶρ γυναικῶν.
β′ καὶ μὴν τόδε κύριον ἦμαρ.

1. Keiner der Freunde berichtet,
Ob die Trauer schon ziemt
Um der Fürstin Tod,
Ob sie lebt und das Licht noch sieht,
Pelias' Tochter Alkestis,
Wie jeder bekennt,
Die beste der Frauen,
Die je einem Gatten verbunden.

Strophe

1. Hört einer Seufzen,
Schlagen der Hände im Haus?
Klage dessen, was geschah?
2. Keine Dienerin steht
Am Tor. Als Wender des Unheils,
Heiliger Paian,
Erscheine!
1. Der Tod macht das Haus nicht verstummen.
2. Doch ist sie tot!
1. Sie ist noch im Haus!
2. Ich kann dirs nicht glauben.
Was gibt dir den Mut?
1. Wie hätte Admetos
Ganz ohne Sang und Klang
Die teuerste Gattin bestattet?

Gegenstrophe

1. Nicht steht am Tore,
Wie es bei Toten der Brauch,
Becken mit geweihtem Quell!
Keine Locke im Hof,
Geschnitten als Zeichen der Trauer!
Kein Dröhnen der Hände
Der Mägde!
2. Doch heut ist der Tag der Bestimmung!

α' τί τόδ' αὐδᾷς;
β' ᾧ χρή σφε μολεῖν κατὰ γαίας.
α' ἔθιγες ψυχᾶς, ἔθιγες δὲ φρενῶν.
χρὴ τῶν ἀγαθῶν διακναιομένων
πενθεῖν ὅστις
χρηστὸς ἀπ' ἀρχῆς νενόμισται.

ἀλλ' οὐδὲ ναυκληρίαν — ia^2 cr — στρ.
ἔσθ' ὅποι τις αἴας — cr ba
στείλας, ἢ Λυκίαν — hem
εἴτ' ἐφ' ἕδρας ἀνύδρους — hem
Ἀμμωνιάδας, — an^2
δυστάνου παραλῦσαι — hem-
ψυχάν· μόρος γὰρ ἀπότομος — ia^4
πλάθει· θεῶν δ' ἐπ' ἐσχάραις — ia^4
οὐκ ἔχω ἐπὶ τίνα — an^2
μηλοθύταν πορευθῶ. — ch ba

μόνος δ' ἄν, εἰ φῶς τόδ' ἦν — ἀντ.
ὄμμασιν δεδορκὼς
Φοίβου παῖς, προλιποῦσ'
ἦλθεν ἕδρας σκοτίους
Ἅιδα τε πύλας·
δμαθέντας γὰρ ἀνίστη,
πρὶν αὐτὸν εἷλε διόβολον
πλῆκτρον πυρὸς κεραυνίου.
νῦν δὲ τίν' ἔτι βίου
ἐλπίδα προσδέχωμαι;

Χο πάντα γὰρ ἤδη τετέλεσται — an^4
βασιλεῦσι,
πάντων δὲ θεῶν ἐπὶ βωμοῖς

1. Sag, welcher Tag!
2. Des Scheidens vom Licht!
1. Das trifft meine Seele,
Das traf mich ins Herz!
Wenn Edles dahinsinkt,
Faßt Trauer jedes Herz,
Das je als ein treues gegolten.

Zweite Strophe

Nirgends eines Schiffes Ziel,
Kein Land auf der Erde,
Nicht in Lykiens Gau
Und nicht in Ammons
Sandigen Wüsten,
Der Herrin Leben zu retten!
Ihr jähes Los
Bricht herein.
An welchen Altären
Soll ich noch opfern?
Ich weiß keinen.

Gegenstrophe

Nur wenn Einer, Phoibos' Sohn,
Dies Licht noch erblickte,
Da verließe sie wohl
Die dunklen Häuser,
Hades' Gemächer.
Die Toten rief er ins Leben,
Bevor ihn traf
Zeus' Geschoß
Der feurigen Blitze.
Nun aber rettet
Nichts ihr Leben.

Chorführer

Das alles hat längst unser Herrscher getan.
Und alle Altäre der Götter sind voll

αἱμόρραντοι θυσίαι πλήρεις·
οὐδ' ἔστι κακῶν ἄκος οὐδέν.

Χο ἀλλ' ἥδ' ὀπαδῶν ἐκ δόμων τις ἔρχεται
δακρυρροοῦσα. τίνα τύχην ἀκούσομαι;
πενθεῖν μέν, εἴ τι δεσπόταισι τυγχάνει,
συγγνωστόν· εἰ δ' ἔτ' ἐστὶν ἔμψυχος γυνὴ
εἴτ' οὖν ὄλωλεν εἰδέναι βουλοίμεθ' ἄν.

Θεράπαινα

καὶ ζῶσαν εἰπεῖν καὶ θανοῦσαν ἔστι σοι.
Χο καὶ πῶς ἂν αὐτὸς κατθάνοι τε καὶ βλέποι;
Θε ἤδη προνωπής ἐστι καὶ ψυχορραγεῖ.
Χο ὦ τλῆμον, οἵας οἷος ὢν ἁμαρτάνεις.
Θε οὔπω τόδ' οἶδε δεσπότης, πρὶν ἂν πάθῃ.
Χο ἐλπὶς μὲν οὐκέτ' ἐστὶ σῴζεσθαι βίον;
Θε πεπρωμένη γὰρ ἡμέρα βιάζεται.
Χο οὔκουν ἐπ' αὐτῇ πράσσεται τὰ πρόσφορα;
Θε κόσμος γ' ἕτοιμος, ᾧ σφε συνθάψει πόσις.
Χο ἴστω νυν εὐκλεής γε κατθανουμένη
γυνή τ' ἀρίστη τῶν ὑφ' ἡλίῳ, μακρῷ.
Θε πῶς δ' οὐκ ἀρίστη; τίς δ' ἐναντιώσεται;
τί χρὴ γενέσθαι τὴν ὑπερβεβλημένην
γυναῖκα; πῶς δ' ἂν μᾶλλον ἐνδείξαιτό τις
πόσιν προτιμῶσ' ἢ θέλουσ' ὑπερθανεῖν;
καὶ ταῦτα μὲν δὴ πᾶσ' ἐπίσταται πόλις·
ἃ δ' ἐν δόμοις ἔδρασε θαυμάσῃ κλύων.
ἐπεὶ γὰρ ᾔσθεθ' ἡμέραν τὴν κυρίαν
ἥκουσαν, ὕδασι ποταμίοις λευκὸν χρόα
ἐλούσατ', ἐκ δ' ἑλοῦσα κεδρίνων δόμων
ἐσθῆτα κόσμον τ' εὐπρεπῶς ἠσκήσατο,
καὶ στᾶσα πρόσθεν Ἑστίας κατηύξατο·
Δέσποιν', ἐγὼ γὰρ ἔρχομαι κατὰ χθονός,
πανύστατόν σε προσπίτνουσ' αἰτήσομαι

Vom Blut seiner Opfer; dies Übel jedoch
Steht außer der Heilung.

ERSTE HAUPTSZENE

Chf Da tritt der Frauen eine aus dem Haus!
Was kündet mir der Tränen reicher Strom?

zur Dienerin

Wir sehn, wie dich das Leid des Hauses traf.
Doch sag uns: lebt die Fürstin, ist sie tot?

Dienerin

Ob tot, ob lebend, nenn es, wie du willst!
Chf Kann einer leben und gestorben sein?
Die Sie neigt zum Ende, ringt mit ihrem Tod.
Chf O welche Frau verliert hier welcher Mann!
Die Das lernt der Fürst erst, wenn es schon geschah!
Chf Und keine Hoffnung, daß sie weiterlebt?
Die Der Tag des Schicksals heischt sein altes Recht.
Chf Geschieht schon alles, was geschehen muß?
Die Der Totenschmuck ist für das Grab bereit.
Chf Ihr Tod wird in der Welt gefeiert sein,
Die Sonne schien auf keine Edlere!
Die Auf keine! Niemand nimmt ihr diesen Ruhm!
Kann eine Frau vollkommner sein als sie,
Die ihren Gatten ehrt mit ihrem Tod?
Das weiß man in der ganzen Stadt. Doch was
Im Haus sie tat, das höre staunend an!
Als sie den Schicksalstag gekommen sah,
Wusch sie den weißen Leib im Naß des Stromes.
Dann nahm sie aus dem Zederschrank ein Kleid
Und ihren Schmuck, das Schönste für das Fest,
Und betete an Héstias Altar:
„O Herrin, auf dem Weg zur Unterwelt
Fleh ich zu dir mit meinem letzten Ruf.

τέκν' ὀρφανεῦσαι τἀμά· καὶ τῷ μὲν φίλην
σύζευξον ἄλοχον, τῇ δὲ γενναῖον πόσιν.
μηδ' ὥσπερ αὐτῶν ἡ τεκοῦσ' ἀπόλλυμαι
θανεῖν ἀώρους παῖδας, ἀλλ' εὐδαίμονας
ἐν γῇ πατρῴᾳ τερπνὸν ἐκπλῆσαι βίον.
πάντας δὲ βωμούς, οἳ κατ' Ἀδμήτου δόμους,
προσῆλθε κἀξέστεψε καὶ προσηύξατο,
πτόρθων ἀποσχίζουσα μυρσίνης φόβην,
ἄκλαυτος ἀστένακτος, οὐδὲ τοὐπιὸν
κακὸν μεθίστη χρωτὸς εὐειδῆ φύσιν.
κἄπειτα θάλαμον ἐσπεσοῦσα καὶ λέχος,
ἐνταῦθα δὴ 'δάκρυσε καὶ λέγει τάδε·
Ὦ λέκτρον, ἔνθα παρθένει' ἔλυσ' ἐγὼ
κορεύματ' ἐκ τοῦδ' ἀνδρός, οὗ θνῄσκω πέρι,
χαῖρ'· οὐ γὰρ ἐχθαίρω σ'· ἀπώλεσας δ' ἐμὲ
μόνην· προδοῦναι γάρ σ' ὀκνοῦσα καὶ πόσιν
θνῄσκω. σὲ δ' ἄλλη τις γυνὴ κεκτήσεται,
σώφρων μὲν οὐκ ἂν μᾶλλον, εὐτυχὴς δ' ἴσως.
κυνεῖ δὲ προσπίτνουσα, πᾶν δὲ δέμνιον
ὀφθαλμοτέγκτῳ δεύεται πλημμυρίδι.
ἐπεὶ δὲ πολλῶν δακρύων εἶχεν κόρον,
στείχει προνωπὴς ἐκπεσοῦσα δεμνίων,
καὶ πολλὰ θαλάμων ἐξιοῦσ' ἐπεστράφη
κἄρριψεν αὐτὴν αὖθις ἐς κοίτην πάλιν.
παῖδες δὲ πέπλων μητρὸς ἐξηρτημένοι
ἔκλαιον· ἣ δὲ λαμβάνουσ' ἐς ἀγκάλας
ἠσπάζετ' ἄλλοτ' ἄλλον, ὡς θανουμένη.
πάντες δ' ἔκλαιον οἰκέται κατὰ στέγας
δέσποιναν οἰκτίροντες. ἣ δὲ δεξιὰν
προύτειν' ἑκάστῳ, κοὔτις ἦν οὕτω κακὸς,
ὃν οὐ προσεῖπε καὶ προσερρήθη πάλιν.
τοιαῦτ' ἐν οἴκοις ἐστὶν Ἀδμήτου κακά.
καὶ κατθανών τἂν ὤλετ', ἐκφυγὼν δ' ἔχει
τοσοῦτον ἄλγος, οὗ ποτ' οὐ λελήσεται.
Χο ἦ που στενάζει τοισίδ' Ἄδμητος κακοῖς,
ἐσθλῆς γυναικὸς εἰ στερηθῆναί σφε χρή;

Sieh auf das Waisenpaar! Gib ihm die Frau
Und ihr den Mann von guter, edler Art!
Und daß sie nicht wie ihre Mutter früh
Verscheiden, sondern lang und voller Glück
Im Vaterland verbringen ihre Zeit!"
Da war im Hause kein Altar, zu dem
Sie nicht mit Kränzen trat und betete,
Mit immer frisch geschnittnem Myrtenzweig;
Kein Seufzen und kein Weinen; ihr Gesicht
Erblühte lieblich trotz des Kommenden.
Dann trat sie ins Gemach, sank auf ihr Bett
Und sagte weinend: „Liebes Lager, wo
Ich einst den Gürtel meiner Jugend ließ
Dem Mann, für den ich sterbe, lebe wohl!
Ich zürne nicht, weil du nur mir den Tod
Gebracht. Ich leid ihn gern für meinen Mann
Und dich. Bald hat dich eine andre Frau,
Die glücklicher, doch nicht getreuer ist."
Sie kniet und küßt und netzt das ganze Tuch
Mit ihrer Augen ungemessnem Strom.
Und satt geweint verläßt sie jäh das Bett,
Geht aus dem Zimmer, kehrt dann wieder um
Und wirft sich wieder auf ihr Lager hin.
Die Kinder hingen an der Mutter Kleid
Und weinten, und sie nahm sie auf den Arm,
Küßt eines, küßt das andre vor dem Tod.
Und alle Diener weinten rings im Haus
Vor Mitleid. Jedem reichte sie die Hand,
Mit dem geringsten tauscht sie Gruß und Wort.
So steht es drinnen in Admetos' Haus.
Wär er gestorben, wär es aus; er lebt –
Und nie entrinnt er wieder seinem Leid.

Chf So stöhnt er jetzt im Unglück und beklagt,
Welch edle Gattin er verlieren muß?

Θε κλαίει γ' ἄκοιτιν ἐν χεροῖν φίλην ἔχων,
καὶ μὴ προδοῦναι λίσσεται, τἀμήχανα
ζητῶν. φθίνει γὰρ καὶ μαραίνεται νόσῳ,
παρειμένη δὲ χειρὸς ἄθλιον βάρος,
ὅμως δὲ καίπερ σμικρὸν ἐμπνέουσ' ἔτι
βλέψαι πρὸς αὐγὰς βούλεται τὰς ἡλίου
ὡς οὔποτ' αὖθις, ἀλλὰ νῦν πανύστατον. 207
ἀλλ' εἶμι καὶ σὴν ἀγγελῶ παρουσίαν· 209
οὐ γάρ τι πάντες εὖ φρονοῦσι κοιράνοις,
ὥστ' ἐν κακοῖσιν εὐμενεῖς παρεστάναι·
σὺ δ' εἶ παλαιὸς δεσπόταις ἐμοῖς φίλος.

Χο

α'	ἰὼ Ζεῦ, τίς ἂν πᾷ πόρος κακῶν	do hyp	στρ.
	γένοιτο καὶ λύσις τύχας	ia^4	
	ἃ πάρεστι κοιράνοις;	cr ia^2	
β'	ἔξεισί τις; ἢ τέμω τρίχα,	–ch ia^2	
	καὶ μέλανα στολμὸν πέπλων	ch ia^2	
	ἀμφιβαλώμεθ' ἤδη;	ch ba	
α'	δῆλα μέν, φίλοι, δῆλά γ', ἀλλ' ὅμως	hyp^2	
	θεοῖσιν εὐχώμεσθα· θεῶν	ia^4	
	γὰρ δύναμις μεγίστα.	ch ba	
β'	ὦναξ Παιάν,	ia^2	
	ἔξευρε μηχανάν τιν' Ἀδμήτῳ κακῶν.	ia^6	

ἀκτῖνα κύκλον θ' ἡλίου προσόψεται. 208

Die Er hält sie lieb im Arm und weint und fleht,
Sie möcht ihm bleiben – ganz Unmögliches
Begehrend, denn sie welkt ihm schon dahin,
Die Glieder folgen keiner eignen Kraft,
Der Atem ist schon kurz, doch sehnt sie sich
Hinaus ins Licht der Sonne, noch einmal
Es anzuschauen, jetzt zum letztenmal.
Ich geh hinein und sage, daß ihr kamt.
Nicht jeder ist dem Herrscher so getreu,
Daß er im Unglück ihm zur Seite steht.
Ihr seid als alte Freunde wohlbewährt. *ab*

ERSTES STANDLIED

Wechsellied der Halbchöre

Strophe

1. O Zeus, o Zeus!
Wer findet Wege,
Wer löst das böse
Leid im Hause des Herrn?

2. Kommt einer heraus?
Schneid ich die Locke vom Haupt?
Werf ich mir schon um den Leib
Dunkelste Falten der Kleider?

1. Deutlich alles!
Überdeutlich!
Trotzdem fleht die Götter an!
Götter sind allmächtig!

2. Paián, Paián,
O finde Admet einen Weg
Aus solchem Jammer!

α′ πόριζε δὴ πόριζε· καὶ πάρος γὰρ — ia^4 ba
τοῦδ' ἐφεῦρες, καὶ νῦν — -do
λυτήριος ἐκ θανάτου — ⏑ hem
γενοῦ, φόνιον δ' ἀπόπαυσον Ἅιδαν. — ⏑ hem ba

α′ παπαῖ........ — ἀντ.
ὦ παῖ Φέρητος, οἶ' ἔπρα-
ξας δάμαρτος σᾶς στερείς.

β′ ἆρ' ἄξια καὶ σφαγᾶς τάδε,
καὶ πλέον ἢ βρόχῳ δέρην
οὐρανίῳ πελάσσαι;

α′ τὰν γὰρ οὐ φίλαν ἀλλὰ φιλτάταν
γυναῖκα κατθανοῦσαν ἐν
ἄματι τῷδ' ἐπόψῃ.

β′ ἰδοὺ ἰδού,
ἥδ' ἐκ δόμων δὴ καὶ πόσις πορεύεται.

α′ βόασον ὦ, στέναξον, ὦ Φεραία
χθών, τὰν ἀρίσταν — ia^2–
γυναῖκα μαραινομέναν
νόσῳ κατὰ γᾶς χθόνιον παρ' Ἅιδαν.

Χο οὔποτε φήσω γάμον εὐφραίνειν — an^4
πλέον ἢ λυπεῖν, τοῖς τε πάροιθεν
τεκμαιρόμενος καὶ τάσδε τύχας
λεύσσων βασιλέως, ὅστις ἀρίστης
ἀπλακὼν ἀλόχου τῆσδ' ἀβίωτον
τὸν ἔπειτα χρόνον βιοτεύσει.

1. Gewähr es, gewähr es!
Wie früher du schon
Wege fandest,
Sei wieder Erlöser vom Tode,
O hemme das Morden des Hades!

Gegenstrophe

1. O weh, o ach!
O Sohn des Pheres,
Welch Unheil traf dich,
Da du die Gattin verlorst!

2. Ist solches nicht wert,
Daß man sich selber ersticht,
Daß man den Strick um den Hals
Legt, der vom Balken herabhängt?

1. Seine liebe,
Liebste Gattin,
Sieht er noch an diesem Tag
Auf dem letzten Wege!

2. O seht, o seht,
Da schreitet sie selbst aus dem Haus
Mit ihrem Gatten!

1. O schreie, o seufze,
Pheräisches Land,
Um die beste
Der Frauen, die schon uns dahin siecht,
Hinunter ins Dunkel des Hades.

Ch Nie werd ich verkünden, daß Ehen uns
Mehr Freuden als Schmerzen bereiten,
Längst hab ichs erfahren
Und nun seh ich vor mir unsres Königs Geschick,
Der, der treuesten Gattin beraubt, fortan
Ein Leben verbringt ohne Leben.

Ἄλκηστις

Ἅλιε καὶ φάος ἁμέρας, da^{2} cr– στρ.
οὐράνιαί τε δῖναι νεφέλας δρομαίου. da cr da cr-

Ἄδμητος

ὁρᾷ σὲ κἀμέ, δύο κακῶς πεπραγότας,
οὐδὲν θεοὺς δράσαντας ἀνθ' ὅτου θανῇ.

Αλ γαῖά τε καὶ μελάθρων στέγαι ἀντ.
νυμφίδιοί τε κοῖται πατρίας Ἰωλκοῦ.
Αδ ἔπαιρε σαυτήν, ὦ τάλαινα, μὴ προδῷς·
λίσσου δὲ τοὺς κρατοῦντας οἰκτῖραι θεούς.

Αλ ὁρῶ δίκωπον ὁρῶ σκάφος ἐν ia^{2} an^{2} στρ.
λίμνᾳ· νεκύων δὲ πορθμεὺς an^{2} ba
ἔχων χέρ' ἐπὶ κοντῷ Χάρων ia^{4}
μ' ἤδη καλεῖ· Τί μέλλεις; ia^{2} ba
ἐπείγου· σὺ κατείργεις. ba an–
τάδε τοί με σπερχόμενος ταχύνει. an^{3} ba

Αδ οἴμοι, πικράν γε τήνδε μοι ναυκληρίαν
ἔλεξας. ὦ δύσδαιμον, οἷα πάσχομεν.

Αλ ἄγει μ' ἄγει τις· ἄγει μέ τις —οὐχ ἀντ.
ὁρᾷς; — νεκύων ἐς αὐλάν, $_{\wedge}$an^{2} ba

ZWEITE HAUPTSZENE

Wechsellied

Erste Strophe

Alkestis

Helios und Tageslicht!
Himmlische Wirbel ziehender Wolken!

Admetos

Der Himmel sieht uns beide leidversehrt,
Wir taten nichts, was deinen Tod verdient.

Gegenstrophe

Al Erde! Meines Hauses Dach,
Bräutliches Lager, heimisches Iolkos!
Ad O bleibe aufrecht und verlaß mich nicht!
Fleh alle Götter um Erbarmen an!

Zweite Strophe

Al Ich seh zwei Ruder,
Ich seh das Boot im Strom,
Den Fährmann der Toten,
Charon führt die Stange,
Ruft nach mir:
„Du zauderst noch!
Eil dich! Was hältst du mich auf?"
So treibt er und drängt
Mich zur Eile.
Ad O weh! An welche bittre Ruderfahrt
Gemahnst du deinen allerärmsten Mann!

Gegenstrophe

Al Man schleppt, man schleppt mich!
Er zieht mich – siehst dus nicht –
Ins Lager der Toten!

ὑπ' ὀφρύσι κυαναυγέσι
βλέπων πτερωτός. μέθες με· ia^2 – ba
τί ῥέξεις; ἄφες. — οἵαν
ὁδὸν ἁ δειλαιοτάτα προβαίνω.

Αδ οἰκτρὰν φίλοισιν, ἐκ δὲ τῶν μάλιστ' ἐμοὶ
καὶ παισίν, οἷς δὴ πένθος ἐν κοινῷ τόδε.
Αλ μέθετε μέθετέ μ' ἤδη. cr ba
κλίνατ', οὐ σθένω ποσίν· cr ia^2
πλησίον Ἅιδας. an^2
σκοτία δ' ἐπ' ὄσσοισι νὺξ ἐφέρπει. an do ba
τέκνα, τέκν', οὐκέτι δὴ hem
οὐκέτι μάτηρ σφῷν ἔστιν. ch an^2
χαίροντες, ὦ τέκνα, τόδε φάος ὁρῷτον. ia^4 ba

Αδ οἴμοι· τόδ' ἔπος λυπρὸν ἀκούω an^4
καὶ παντὸς ἐμοὶ θανάτου μεῖζον.
μὴ πρός σε θεῶν τλῇς με προδοῦναι,
μὴ πρὸς παίδων οὓς ὀρφανιεῖς,
ἀλλ' ἄνα, τόλμα·
σοῦ γὰρ φθιμένης οὐκέτ' ἂν εἴην·
ἐν σοὶ δ' ἐσμὲν καὶ ζῆν καὶ μή·
σὴν γὰρ φιλίαν σεβόμεσθα.

Αλ Ἄδμηθ', ὁρᾷς γὰρ τἀμὰ πράγμαθ' ὡς ἔχει,
λέξαι θέλω σοι πρὶν θανεῖν ἃ βούλομαι.
ἐγώ σε πρεσβεύουσα κἀντὶ τῆς ἐμῆς
ψυχῆς καταστήσασα φῶς τόδ' εἰσορᾶν,
θνῄσκω, παρόν μοι μὴ θανεῖν, ὑπὲρ σέθεν,
ἀλλ' ἄνδρα τε σχεῖν Θεσσαλῶν ὃν ἤθελον,
καὶ δῶμα ναίειν ὄλβιον τυραννίδι.
οὐκ ἠθέλησα ζῆν ἀποσπασθεῖσά σου

Unter schwarzen Brauen
Blickt nach mir
Ein Flügelgeist!
Laß mich, was willst du, o laß!
Entsetzlichsten Pfad
Muß ich ziehen!

Ad Entsetzlich deinen Lieben, ganz zuerst
Mir und den Kindern! Alle drei verwaist!

Al Laßt mich jetzt nieder, laßt
Mich sinken, legt mich hin,
Den Füßen versagt die Kraft.
Das Tor des Hades tut sich auf,
Dunkle Nacht
Beschleicht meine Augen.
Kinder, Kinder, ihr habt nun
Keine Mutter mehr,
Keine.
Kinder, ach Kinder, lebt wohl!
Lebt glücklich im Licht!

Ad O weh, wie schneidet dies Wort in mein Herz
Und ist bittrer für mich als mein eigener Tod!
Bei den Göttern, tus nicht und verlasse mich nicht,
Bei den Kindern, die du zu Waisen machst!
Auf, auf, fasse Mut!
Bist du nicht mehr, bin ich selber nicht mehr.
Du bist uns Leben, bist uns Tod,
Bist hellstes Licht deiner Lieben!

Al Du siehst, Admetos, wie es um mich steht,
So hör vor meinem Ende meinen Wunsch.
Weil du mir höher stehst und dieses Licht
Statt meiner Seele länger schauen sollst,
Sterb ich für dich, obschon ich leben kann,
Vermählt mit wem ich will in unserm Land,
Als reichste Frau und höchste Herrscherin.
Ich will kein weitres Leben ohne dich,

σὺν παισὶν ὀρφανοῖσιν, οὐδ' ἐφεισάμην
ἥβης, ἔχουσ' ἐν οἷς ἐτερπόμην ἐγώ.
καίτοι σ' ὁ φύσας χἠ τεκοῦσα προύδοσαν,
καλῶς μὲν αὐτοῖς κατθανεῖν ἧκον βίου,
καλῶς δὲ σῶσαι παῖδα κεὐκλεῶς θανεῖν.
μόνος γὰρ αὐτοῖς ἦσθα, κοὔτις ἐλπὶς ἦν
σοῦ κατθανόντος ἄλλα φιτύσειν τέκνα.
κἀγώ τ' ἂν ἔζων καὶ σὺ τὸν λοιπὸν χρόνον,
κοὐκ ἂν μονωθεὶς σῆς δάμαρτος ἔστενες
καὶ παῖδας ὠρφάνευες. ἀλλὰ ταῦτα μὲν
θεῶν τις ἐξέπραξεν ὥσθ' οὕτως ἔχειν.
εἶεν· σὺ νῦν μοι τῶνδ' ἀπόμνησαι χάριν·
αἰτήσομαι γάρ σ' ἀξίαν μὲν οὔποτε —
ψυχῆς γὰρ οὐδέν ἐστι τιμιώτερον —
δίκαια δ', ὡς φήσεις σύ. τούσδε γὰρ φιλεῖς
οὐχ ἧσσον ἢ 'γὼ παῖδας, εἴπερ εὖ φρονεῖς·
τούτους ἀνάσχου δεσπότας ἐμῶν δόμων,
καὶ μὴ 'πιγήμῃς τοῖσδε μητρυιὰν τέκνοις,
ἥτις κακίων οὖσ' ἐμοῦ γυνὴ φθόνῳ
τοῖς σοῖσι κἀμοῖς παισὶ χεῖρα προσβαλεῖ.
μὴ δῆτα δράσῃς ταῦτά γ', αἰτοῦμαί σ' ἐγώ.
ἐχθρὰ γὰρ ἡ 'πιοῦσα μητρυιὰ τέκνοις
τοῖς πρόσθ', ἐχίδνης οὐδὲν ἠπιωτέρα.
καὶ παῖς μὲν ἄρσην πατέρ' ἔχει πύργον μέγαν, 311
σὺ δ', ὦ τέκνον μοι, πῶς κορευθήσῃ καλῶς; 313
ποίας τυχοῦσα συζύγου τῷ σῷ πατρί;
μή σοί τιν' αἰσχρὰν προσβαλοῦσα κληδόνα
ἥβης ἐν ἀκμῇ σοὺς διαφθείρῃ γάμους.
οὐ γάρ σε μήτηρ οὔτε νυμφεύσει ποτὲ
οὔτ' ἐν τόκοισι σοῖσι θαρσυνεῖ, τέκνον,
παροῦσ', ἵν' οὐδὲν μητρὸς εὐμενέστερον.
δεῖ γὰρ θανεῖν με. καὶ τόδ' οὐκ ἐς αὔριον
οὐδ' ἐς τρίτην μοι μηνὸς ἔρχεται κακόν,
ἀλλ' αὐτίκ' ἐν τοῖς οὐκέτ' οὖσι λέξομαι.
χαίροντες εὐφραίνοισθε· καὶ σοὶ μέν, πόσι,
γυναῖκ' ἀρίστην ἔστι κομπάσαι λαβεῖν,
ὑμῖν δέ, παῖδες, μητρὸς ἐκπεφυκέναι.

ὃν καὶ προσεῖπε καὶ προσερρήθη πάλιν. 312

Mit Waisenkindern, und ich spare nicht
Mit meiner jungen Jahre Seligkeit.
Zwar deine Eltern ließen dich im Stich,
Obwohl das Sterben ihnen besser stand,
Und deine Rettung war ein hoher Ruhm!
Du warst ihr einzig Kind, kein anderes
War zu erwarten, wenn das eine starb.
Wir beide hätten lange noch gelebt,
Du hättest einsam nicht die Frau beklagt
Noch Waisen aufgezogen. Doch dies hat
Ein Gott nun einmal, wie es ist, gelenkt.
Seis drum. Doch du vergelte, was ich tat.
Ich bitte dich um keinen Gegenwert –
Was könnte teurer als das Leben sein? –
Nur um Gerechtes, ganz in deinem Sinn,
Du liebst als Vater sie so gut wie ich.
Zieh sie als Erben deines Hauses groß,
Setz ihnen keine schlechtre Mutter vor,
Die eifersüchtge Hände an sie legt.
Tus nicht, Admet, ich bitte dich darum.
Stiefmütter sind den Kindern erster Eh
Oft wie die schlimmste Natter spinnefeind.
Die Söhne finden bei den Vätern Schutz,
Doch d i r, mein Kleines, wie wirds d i r ergehn?
Bei welcher neuen Gattin meines Manns?
Wird sie vielleicht dir später eine Eh
Zerstören mit der Zunge üblem Werk?
Denn keine Mutter schmückt dich dann als Braut
Und steht dir hilfreich in den Wehen bei,
Wo nichts gelinder ist als Muttertrost.
Nun muß ich sterben, nicht am dritten Tag
Und nicht erst morgen fällt mir dieses Los,
Schon bin ich eine, die man nicht mehr zählt.
Lebt froh und glücklich! Rühme dich, mein Mann,
Daß du die beste Frau ins Haus geführt,
Ihr Kinder, daß sie eure Mutter war.

Χο θάρσει· πρὸ τούτου γὰρ λέγειν οὐχ ἅζομαι·
δράσει τάδ', εἴπερ μὴ φρενῶν ἁμαρτάνει.
Αδ ἔσται τάδ' ἔσται, μὴ τρέσῃς· ἐπεί σ' ἐγὼ
καὶ ζῶσαν εἶχον καὶ θανοῦσ' ἐμὴ γυνὴ
μόνη κεκλήσῃ, κοὔτις ἀντὶ σοῦ ποτε
τόνδ' ἄνδρα νύμφη Θεσσαλὶς προσφθέγξεται.
οὐκ ἔστιν οὕτως οὔτε πατρὸς εὐγενοῦς
οὔτ' εἶδος ἄλλως ἐκπρεπεστάτη γυνή.
ἅλις δὲ παίδων· τῶνδ' ὄνησιν εὔχομαι
θεοῖς γενέσθαι· σοῦ γὰρ οὐκ ὠνήμεθα.
οἴσω δὲ πένθος οὐκ ἐτήσιον τὸ σόν,
ἀλλ' ἔστ' ἂν αἰὼν οὑμὸς ἀντέχῃ, γύναι,
στυγῶν μὲν ἥ μ' ἔτικτεν, ἐχθαίρων δ' ἐμὸν
πατέρα· λόγῳ γὰρ ἦσαν οὐκ ἔργῳ φίλοι.
σὺ δ' ἀντιδοῦσα τῆς ἐμῆς τὰ φίλτατα
ψυχῆς ἔσωσας. ἆρά μοι στένειν πάρα
τοιᾶσδ' ἁμαρτάνοντι συζύγου σέθεν;
παύσω δὲ κώμους συμποτῶν θ' ὁμιλίας
στεφάνους τε μοῦσάν θ' ἣ κατεῖχ' ἐμοὺς δόμους.
οὐ γάρ ποτ' οὔτ' ἂν βαρβίτου θίγοιμ' ἔτι
οὔτ' ἂν φρέν' ἐξαίροιμι πρὸς Λίβυν λακεῖν
αὐλόν· σὺ γάρ μου τέρψιν ἐξείλου βίου.
σοφῇ δὲ χειρὶ τεκτόνων δέμας τὸ σὸν
εἰκασθὲν ἐν λέκτροισιν ἐκταθήσεται,
ᾧ προσπεσοῦμαι καὶ περιπτύσσων χέρας
ὄνομα καλῶν σὸν τὴν φίλην ἐν ἀγκάλαις
δόξω γυναῖκα καίπερ οὐκ ἔχων ἔχειν·
ψυχρὰν μέν, οἶμαι, τέρψιν, ἀλλ' ὅμως βάρος
ψυχῆς ἀπαντλοίην ἄν· ἐν δ' ὀνείρασι
φοιτῶσά μ' εὐφραίνοις ἄν. ἡδὺ γὰρ φίλους
κἀν νυκτὶ λεύσσειν, ὅντιν' ἂν παρῇ χρόνον.
εἰ δ' Ὀρφέως μοι γλῶσσα καὶ μέλος παρῆν,
ὥστ' ἢ κόρην Δήμητρος ἢ κείνης πόσιν
ὕμνοισι κηλήσαντά σ' ἐξ Ἅιδου λαβεῖν,
κατῆλθον ἄν, καί μ' οὔθ' ὁ Πλούτωνος κύων
οὔθ' οὑπὶ κώπῃ ψυχοπομπὸς ἂν Χάρων

Chf Ich wags und sag in seinem Namen zu:
Er tut dies als ein Mann von hohem Sinn.
Ad All dies geschieht, hab keine Angst, du bist
In Tod und Leben einzig meine Frau
Und keine andre in Thessalien
Begrüßt mich je als Gatten hier im Haus –
So edel gibt es keine von Geburt
Und keine von so herrlicher Gestalt.
Genug der Kinder! Mag ich diese nie
Verlieren, wie ich heute dich verlor!
Ich weiß auch nichts von einem Trauerjahr,
Mein ganzes Leben traure ich um dich
Und hasse Vater, hasse Mutter, die
Nur nach dem Namen meine Lieben sind.
Du aber gabst für mich das Liebste hin.
Wie klag ich nach Gebühr, was ich verlor?
Fort mit Gelagen, Mählern, Festgesang
Und Kränzen, die bis heut mein Haus erfüllt!
Nie greif ich wieder in mein Saitenspiel,
Nie sing ich froh zur Flöte Libyens,
Denn alle Freuden nahmst du mir hinweg.
Dein Ebenbild, von weiser Meisterhand
Gebildet, soll auf deinem Lager ruhn.
Da sink ich hin, umschlinge die Gestalt,
Ruf deinen Namen, glaub, die liebe Frau
Im Arm zu halten, wenn sies auch nicht ist.
Das sind wohl kalte Freuden, doch die Last
Der Seele wird geringer. Auch im Traum
Wird mich dein Bild erquicken; jederzeit
Ist uns ein Freund willkommen, auch bei Nacht.
Hätt ich des Orpheus süßen Liedermund,
Daß ich Demeters Kind samt dem Gemahl
Verführte, dich zu senden an das Licht,
Ich stiege nieder, selbst wenn Plutons Hund,
Wenn Charons Kahn, der nur die Toten fährt,

ἔσχον, πρὶν ἐς φῶς σὸν καταστῆσαι βίον.
ἀλλ' οὖν ἐκεῖσε προσδόκα μ', ὅταν θάνω,
καὶ δῶμ' ἑτοίμαζ', ὡς συνοικήσουσά μοι.
ἐν ταῖσιν αὐταῖς γάρ μ' ἐπισκήψω κέδροις
σοὶ τούσδε θεῖναι πλευρά τ' ἐκτεῖναι πέλας
πλευροῖσι τοῖς σοῖς· μηδὲ γὰρ θανὼν ποτε
σοῦ χωρὶς εἴην τῆς μόνης πιστῆς ἐμοί.
Χο καὶ μὴν ἐγώ σοι πένθος ὡς φίλος φίλῳ
λυπρὸν συνοίσω τῆσδε. καὶ γὰρ ἀξία.
Αλ ὦ παῖδες, αὐτοὶ δὴ τάδ' εἰσηκούσατε
πατρὸς λέγοντος μὴ γαμεῖν ἄλλην ποτὲ
γυναῖκ' ἐφ' ὑμῖν μηδ' ἀτιμάσειν ἐμέ.
Αδ καὶ νῦν γέ φημι, καὶ τελευτήσω τάδε.
Αλ ἐπὶ τοῖσδε παῖδας χειρὸς ἐξ ἐμῆς δέχου.
Αδ δέχομαι, φίλον γε δῶρον ἐκ φίλης χερός.
Αλ σὺ νῦν γενοῦ τοῖσδ' ἀντ' ἐμοῦ μήτηρ τέκνοις.
Αδ πολλή μ' ἀνάγκη, σοῦ γ' ἀπεστερημένοις.
Αλ ὦ τέκν', ὅτε ζῆν χρῆν μ', ἀπέρχομαι κάτω.
Αδ οἴμοι, τί δράσω δῆτα σοῦ μονούμενος;
Αλ χρόνος μαλάξει σ'. οὐδέν ἐσθ' ὁ κατθανών.
Αδ ἄγου με σὺν σοί, πρὸς θεῶν, ἄγου κάτω.
Αλ ἀρκοῦμεν ἡμεῖς οἱ προθνῄσκοντες σέθεν.
Αδ ὦ δαῖμον, οἵας συζύγου μ' ἀποστερεῖς.
Αλ καὶ μὴν σκοτεινὸν ὄμμα μου βαρύνεται.
Αδ ἀπωλόμην ἄρ', εἴ με δὴ λείψεις, γύναι.
Αλ ὡς οὐκέτ' οὖσαν οὐδὲν ἂν λέγοις ἐμέ.
Αδ ὄρθου πρόσωπον, μὴ λίπῃς παῖδας σέθεν.
Αλ οὐ δῆθ' ἑκοῦσά γ', ἀλλὰ χαίρετ', ὦ τέκνα.
Αδ βλέψον πρὸς αὐτοὺς βλέψον.
Αλ οὐδέν εἰμ' ἔτι.
Αδ τί δρᾷς; προλείπεις;
Αλ χαῖρ'.
Αδ ἀπωλόμην τάλας.
Χο βέβηκεν, οὐκέτ' ἔστιν Ἀδμήτου γυνή.

Es wehrte, und ich brächte dich zurück.
Erwarte denn dort unten meinen Tod,
Bereite unser beider Wohngemach!
Ich sag den Kindern, daß im gleichen Sarg
Sie mich wie dich bestatten, meinen Leib
Ganz nah an deinem. Auch im Tode noch
Will ich der Einzigtreuen nahe sein.
Chf Ich will mit dir, so wie ein Freund dem Freund,
Die Trauer tragen, denn sie war es wert.
Al Ihr Kinder habt es selbst mit angehört.
Nie führt der Vater eine andre Frau
Zu euch ins Haus und nie vergißt er mich.
Ad Ich sag es nochmals und so wirds geschehn!
Al So übergeb ich dir das teure Paar.
Ad O liebe Gabe aus der liebsten Hand!
Al Du mußt von heute ihre Mutter sein.
Ad Wie wär es anders, wenn du ihnen fehlst?
Al Ich sterbe, wo es noch zu leben gilt!
Ad Was soll ich Armer, wenn du nicht mehr bist?
Al Die Zeit heilt alles. Tote sind ein Nichts.
Ad O nimm mich mit, o nimm mich mit hinab!
Al Genug ists, daß ein andrer für dich stirbt.
Ad O Daimon, welche Gattin raubst du mir!
Al Schon breitet Dunkel sich aufs schwere Lid.
Ad Ich bin verloren, Liebe, wenn du gehst.
Al Ich bin ein Nichts, du sprichst zu einem Nichts.
Ad Blick auf und geh nicht von den Kindern fort!
Al Es muß so sein, ach Kinder, lebet wohl!
Ad O schau nur, schau sie an!
Al Ich scheide schon.
Ad O bleib, o bleib'...
Al Leb wohl!
Ad Ich bin dahin.
Chf Sie schied! Admetos' Gattin ist nicht mehr.

Εὔμηλος

ἰώ μοι τύχας. μαῖα δὴ κάτω do hyp στρ.
βέβακεν, οὐκέτ' ἔστιν, ὦ ia^{4}
πάτερ, ὑφ' ἁλίῳ. do
προλιποῦσα δ' ἁμὸν an ba
βίον ὠρφάνισεν τλάμων. an^{3}
ἴδε γὰρ ἴδε βλέφαρον καὶ παρατόνους χέρας. ia^{2} ba do
ὑπάκουσον ἄκουσον, ὦ μᾶτερ, ἀντιάζω. an^{2} do ba
ἐγώ σ' ἐγώ, μᾶτερ, καλοῦ- ia^{4}
μαί σ' ὁ σὸς ποτὶ σοῖσι πίτ- gl
νων στόμασιν νεοσσός. ch ba

Αδ τὴν οὐ κλύουσαν οὐδ' ὁρῶσαν· ὥστ' ἐγὼ
καὶ σφὼ βαρείᾳ συμφορᾷ πεπλήγμεθα.

Ευ νέος ἐγώ, πάτερ, λείπομαι φίλας ἀντ.
μονόστολός τε ματρός· ὦ
σχέτλια δὴ παθὼν
ἐγὼ ἔργα..,
σύ τε σύγκασί μοι κούρα
συνέτλας· ..... ὦ πάτερ,
ἀνόνατ' ἀνόνατ' ἐνύμφευσας, οὐδὲ γήρως
ἔβας τέλος σὺν τᾷδ'· ἔφθιτο ia^{2} an^{2}

Wechsellied

Strophe

Eumelos

Weh das Elend,
Mutter ging hinunter!
Ja, mein Vater,
Sie ist nicht mehr
Unter der Sonne,
Sie hat uns verlassen,
Zu Waisenkindern gemacht!
Ich Armer!
Sieh doch, sieh ihre Lider an,
Die hängenden Arme!
Hör doch, o Mutter, so hör!
Flehentlich bitt ich die Mutter.
Ich rufe dich!
Sieh dein Vogel, dein Kleiner,
Stürzt an deinen lieben Mund!

Ad Sie hört dich nicht und sieht dich nicht. Wir sind
Vom schwersten Leid getroffen, alle drei.

Gegenstrophe

Eu Mich, so klein noch,
Hat die liebe Mutter
Ganz verlassen!
Ich bin allein,
Ich mußte sehen
So furchtbare Dinge,
Und du mein Schwesterherz
Die gleichen!
Ach mein Vater, du armer Mann,
Vergeblich, vergeblich
Nahmst du die Mutter zur Frau
Gingst nicht mit ihr bis ins Alter,
Sie starb zuvor.

γὰρ πάρος. οἰχομένας δὲ σοῦ, da^2 cr
μᾶτερ, ὄλωλεν οἶκος.
Χο Ἄδμητ', ἀνάγκη τάσδε συμφορὰς φέρειν·
οὐ γάρ τι πρῶτος οὐδὲ λοίσθιος βροτῶν
γυναικὸς ἐσθλῆς ἤμπλακες· γίγνωσκε δὲ
ὡς πᾶσιν ἡμῖν κατθανεῖν ὀφείλεται.
Αδ ἐπίσταμαί γε, κοὐκ ἄφνω κακὸν τόδε
προσέπτατ'· εἰδὼς δ' αὔτ' ἐτειρόμην πάλαι.
ἀλλ', ἐκφορὰν γὰρ τοῦδε θήσομαι νεκροῦ,
πάρεστε καὶ μένοντες ἀντηχήσατε
παιᾶνα τῷ κάτωθεν ἀσπόνδῳ θεῷ,
πᾶσιν δὲ Θεσσαλοῖσιν ὧν ἐγὼ κρατῶ
πένθους γυναικὸς τῆσδε κοινοῦσθαι λέγω
κουρᾷ ξυρήκει καὶ μελαμπέπλῳ στολῇ·
τέθριππά θ' οἳ ζεύγνυσθε καὶ μονάμπυκας
πώλους, σιδήρῳ τέμνετ' αὐχένων φόβην.
αὐλῶν δὲ μὴ κατ' ἄστυ, μὴ λύρας κτύπος
ἔστω σελήνας δώδεκ' ἐκπληρουμένας.
οὐ γάρ τιν' ἄλλον φίλτερον θάψω νεκρὸν
τοῦδ' οὐδ' ἀμείνον' εἰς ἔμ'· ἀξία δέ μοι
τιμῆς, ἐπεὶ τέθνηκεν ἀντ' ἐμοῦ μόνη.

Χο ὦ Πελίου θύγατερ, hem στρ.
χαίρουσά μοι εἰν Ἀίδαο δόμοις an^4
τὸν ἀνάλιον οἶκον οἰκετεύοις. an^2 reiz
ἴστω δ' Ἀίδας ὁ μελαγχαίτας an^4
θεὸς ὅς τ' ἐπὶ κώπᾳ an^5
πηδαλίῳ τε γέρων
νεκροπομπὸς ἵζει, cr ba
πολὺ δὴ πολὺ δὴ γυναῖκ' ἀρίσταν an^2 reiz
λίμναν Ἀχεροντίαν πορεύσας an^2 reiz
ἐλάτᾳ δικώπῳ. an ba

Da du gingst, liebe Mutter,
Ist das ganze Haus dahin!

Chf Admet, dies Unglück muß getragen sein,
Denn nicht als erster, nicht als letzter Mensch
Verlorst du deine edle Frau. Versteh,
Wir sind dem Tod geweiht, wir allesamt!

Ad Ich weiß es und nicht plötzlich flog dies Leid
Mir zu; seit langem hat es mich gequält.
Nun, wo ich das Begräbnis dieser Frau
Bestelle, bleibet hier, stimmt an das Lied
Des Paian für den strengen Totengott,
Und allem Volk Thessaliens befehl
Ich, daß es teil an dieser Trauer nimmt
Geschornen Hauptes und im schwarzen Kleid;
Wer Viergespanne, wer ein Reiterpferd
Anschirrt, der stutze ihre Mähnenpracht;
Kein Ton der Flöte oder Leier sei
Gehört, bis zwölfmal sich der Mond erneut!
Denn nie begrab ich einen Lieberen,
Der mehr für mich getan. Wie ehr ich sie,
Die ganz allein für mich gestorben ist!

ZWEITES STANDLIED

Strophe

Ch Pelias' Tochter,
Mögest du glücklich da drunten des Hades
Sonnenlose Gemächer bewohnen!
Wisse, Hades, schwarzsträhniger Gott,
Und der alte Fährmann der Toten,
Der die Ruderstange regiert,
Daß aller –, ja alleredelste Frau
An Acherons Ufern
Ihr heute empfangen.

πολλά σε μουσοπόλοι ἀντ.
μέλψουσι καθ' ἑπτάτονόν τ' ὀρείαν
χέλυν ἔν τ' ἀλύροις κλέοντες ὕμνοις,
Σπάρτᾳ κύκλος ἀνίκα Καρνείου
περινίσσεται ὥρας
  μηνός, ἀειρομένας
παννύχου σελάνας,
λιπαραῖσί τ' ἐν ὀλβίαις Ἀθάναις.
τοίαν ἔλιπες θανοῦσα μολπὰν
μελέων ἀοιδοῖς,

εἴθ' ἐπ' ἐμοὶ μὲν εἴη, ch ba στρ.
δυναίμαν δέ σε πέμψαι ba an–
φάος ἐξ Ἀίδα τεράμνων an^2 ba
καὶ Κωκυτοῖο ῥεέθρων an^3–
ποταμίᾳ νερτέρᾳ τε κώπᾳ. cr^2 ba
σὺ γάρ ὦ, μόνα, ὦ φίλα γυναικῶν, an^2 reiz
σὺ τὸν αὐτᾶς an^2 ^
ἔτλας πόσιν ἀντὶ σᾶς ἀμεῖψαι ◡ch reiz
ψυχᾶς ἐξ Ἅιδα. κούφα σοι da^4
χθὼν ἐπάνωθε πέσοι, γύναι. εἰ δέ τι da^4
καινὸν ἕλοιτο πόσις λέχος, da^3
ἦ μάλ' ἂν ἔμοιγ' ἂν εἴη da reiz
στυγηθεὶς τέκνοις τε τοῖς σοῖς. ba reiz

ματέρος οὐ θελούσας ἀντ.
πρὸ παιδὸς χθονὶ κρύψαι
δέμας, οὐδὲ πατρὸς γεραιοῦ,
. . . . .
ὃν ἔτεκον δ', οὐκ ἔτλαν ῥύεσθαι,
σχετλίω, πολιὰν ἔχοντε χαίταν.
σὺ δ' ἐν ἥβᾳ
νέᾳ προθανοῦσα φωτὸς οἴχῃ.
τοιαύτας εἴη μοι κῦρσαι
συνδυάδος φιλίας· τοῦτο γὰρ

Gegenstrophe

Diener der Musen
Werden auf siebenfach tönender Leier,
Werden hymnisch in Liedern dich preisen,
Wenn in Sparta der Umlauf des Jahrs
Des Karneios Feier zurückbringt
Und der Vollmond strahlt durch die Nacht,
Auch drüben im lichten Schimmer Athens!
Solch Lied hast du sterbend
Dem Sänger gelassen!

Zweite Strophe

O fiele es mir zu,
Dich zurück zu geleiten
Zum Licht aus den Häusern des Hades
Über Kokýtos' Gewässer
Dich wieder zu rudern,
Denn du allein, o liebste Frau,
Gabst kühn deine eigene Seele
Für den Gatten in Kauf.
Falle locker die Erde
Auf dich, o Frau!
Doch wählt sich dein Gatte
Ein neues Bett: verhaßt
Sei er mir und sei er den Kindern!

Gegenstrophe

Die Mutter wollte nicht
Vor dem Sohne hinunter
Ins Dunkel, noch wollte der Vater
Retten den einzigen Sohn,
Den einst sie erzeugten,
Die Kläglichen im weißen Haar!
Doch du, in der Blüte der Jugend,
Starbst dem Gatten voran!
Würde solche Gefährtin
Auch mir zuteil,

ἐν βιότῳ σπάνιον μέρος·
ἦ γὰρ ἂν ἔμοιγ' ἄλυπος
δι' αἰῶνος ἂν ξυνείη.

Ἡρακλῆς

ξένοι, Φεραίας τῆσδε κωμῆται χθονός,
Ἄδμητον ἐν δόμοισιν ἆρα κιγχάνω;
Χο ἔστ' ἐν δόμοισι παῖς Φέρητος, Ἡράκλεις.
ἀλλ' εἰπὲ χρεία τίς σε Θεσσαλῶν χθόνα
πέμπει, Φεραῖον ἄστυ προσβῆναι τόδε.
Ηρ Τιρυνθίῳ πράσσω τιν' Εὐρυσθεῖ πόνον.
Χο καὶ ποῖ πορεύῃ; τῷ προσέζευξαι πλάνῳ;
Ηρ Θρῃκὸς τέτρωρον ἅρμα Διομήδους μέτα.
Χο πῶς οὖν δυνήσῃ; μῶν ἄπειρος εἶ ξένου;
Ηρ ἄπειρος· οὔπω Βιστόνων ἦλθον χθόνα.
Χο οὐκ ἔστιν ἵππων δεσπόσαι σ' ἄνευ μάχης.
Ηρ ἀλλ' οὐδ' ἀπειπεῖν μὴν πόνους οἷόν τ' ἐμοί.
Χο κτανὼν ἄρ' ἥξεις ἢ θανὼν αὐτοῦ μενεῖς.
Ηρ οὐ τόνδ' ἀγῶνα πρῶτον ἂν δράμοιμ' ἐγώ.
Χο τί δ' ἂν κρατήσας δεσπότην πλέον λάβοις;
Ηρ πώλους ἀπάξω κοιράνῳ Τιρυνθίῳ.
Χο οὐκ εὐμαρὲς χαλινὸν ἐμβαλεῖν γνάθοις.
Ηρ εἰ μή γε πῦρ πνέουσι μυκτήρων ἄπο.
Χο ἀλλ' ἄνδρας ἀρταμοῦσι λαιψηραῖς γνάθοις.
Ηρ θηρῶν ὀρείων χόρτον, οὐχ ἵππων, λέγεις.
Χο φάτνας ἴδοις ἂν αἵμασιν πεφυρμένας.
Ηρ τίνος δ' ὁ θρέψας παῖς πατρὸς κομπάζεται;
Χο Ἄρεος, ζαχρύσου Θρῃκίας πέλτης ἄναξ.
Ηρ καὶ τόνδε τοὐμοῦ δαίμονος πόνον λέγεις,
σκληρὸς γὰρ αἰεὶ καὶ πρὸς αἶπος ἔρχεται,
εἰ χρή με παισὶν οἷς Ἄρης ἐγείνατο
μάχην συνάψαι, πρῶτα μὲν Λυκάονι,
αὖθις δὲ Κύκνῳ, τόνδε δ' ἔρχομαι τρίτον

So seltenes Kleinod!
Es sollte ohne Leid
Mich durchs ganze Leben begleiten!

DRITTE HAUPTSZENE

Herakles

Ihr Freunde, die ihr Pheräs Land bewohnt,
Treff ich Admet in seinem Hause an?
Chf Ja, Herakles, des Pheres Sohn ist hier.
Doch sag, was führt dich nach Thessalien?
Was suchst du in der alten Stadt Pherai?
Her Eurystheus trug mir neue Bürde auf.
Chf Wo mußt du hin? Auf welchem fremden Pfad?
Her Zum Viergespann des Thrakers Diomed.
Chf Das kannst du nicht. Ist dir der Mann bekannt?
Her Nein, niemals war ich im Bistonerland.
Chf Die Rosse wollen einen schweren Kampf!
Her Die schweren Kämpfe sind mir auferlegt.
Chf Der Wettkampf geht um Siegen oder Tod.
Her Er ist nicht meiner Rennbahn erster Lauf.
Chf Und wirst du Sieger, welches ist der Kranz?
Her Dem Herrn von Tiryns bring ich das Gespann.
Chf Sie aufzuzäumen ist kein leichtes Stück!
Her Wenn sie kein Feuer aus den Nüstern sprühn...
Chf Sie fressen Menschen auf als rasches Mahl.
Her Die Löwenkost steht keinen Pferden zu!
Chf Die Krippen triffst du rot von Menschenblut.
Her Der Züchter, welchen Vaters rühmt er sich?
Chf Des Ares, Herrn des goldnen Thrakerheers.
Her Daran erkenn ich meines Daimons Art,
Der mich die schwersten, steilsten Wege führt,
Wenn er mit Aressöhnen immerzu
Mich kämpfen läßt; Lykáon ging voran,
Dann folgte Kyknos, dritter ist der Herr

ἀγῶνα πώλοις δεσπότῃ τε συμβαλῶν.
ἀλλ' οὔτις ἔστιν ὃς τὸν Ἀλκμήνης γόνον
τρέσαντα χεῖρα πολεμίαν ποτ' ὄψεται.
Χο καὶ μὴν ὅδ' αὐτὸς τῆσδε κοίρανος χθονὸς
Ἄδμητος ἔξω δωμάτων πορεύεται.
Αδ χαῖρ', ὦ Διὸς παῖ Περσέως τ' ἀφ' αἵματος.
Ηρ Ἄδμητε, καὶ σὺ χαῖρε, Θεσσαλῶν ἄναξ.
Αδ θέλοιμ' ἄν. εὔνουν δ' ὄντα σ' ἐξεπίσταμαι.
Ηρ τί χρῆμα κουρᾷ τῇδε πενθίμῳ πρέπεις;
Αδ θάπτειν τιν' ἐν τῇδ' ἡμέρᾳ μέλλω νεκρόν.
Ηρ ἀπ' οὖν τέκνων σῶν πημονὴν εἴργοι θεός.
Αδ ζῶσιν κατ' οἴκους παῖδες οὓς ἔφυσ' ἐγώ.
Ηρ πατήρ γε μὴν ὡραῖος, εἴπερ οἴχεται.
Αδ κἀκεῖνος ἔστι χἡ τεκοῦσά μ', Ἡράκλεις.
Ηρ οὐ μὴν γυνή γ' ὄλωλεν Ἄλκηστις σέθεν;
Αδ διπλοῦς ἐπ' αὐτῇ μῦθος ἔστι μοι λέγειν.
Ηρ πότερα θανούσης εἶπας ἢ ζώσης ἔτι;
Αδ ἔστιν τε κοὐκέτ' ἔστιν, ἀλγύνει δ' ἐμέ.
Ηρ οὐδέν τι μᾶλλον οἶδ'. ἄσημα γὰρ λέγεις.
Αδ οὐκ οἶσθα μοίρας ἧς τυχεῖν αὐτὴν χρεών;
Ηρ οἶδ', ἀντὶ σοῦ γε κατθανεῖν ὑφειμένην.
Αδ πῶς οὖν ἔτ' ἔστιν, εἴπερ ᾔνεσεν τάδε;
Ηρ ἆ, μὴ πρόκλαι' ἄκοιτιν, ἐς τότ' ἀμβαλοῦ.
Αδ τέθνηχ' ὁ μέλλων, κοὐκέτ' ἔσθ' ὁ κατθανών.
Ηρ χωρὶς τό τ' εἶναι καὶ τὸ μὴ νομίζεται.
Αδ σὺ τῇδε κρίνεις, Ἡράκλεις, κείνῃ δ' ἐγώ.
Ηρ τί δῆτα κλαίεις; τίς φίλων ὁ κατθανών;
Αδ γυνή. γυναικὸς ἀρτίως μεμνήμεθα.
Ηρ ὀθνεῖος ἢ σοὶ συγγενὴς γεγῶσά τις;
Αδ ὀθνεῖος, ἄλλως δ' ἦν ἀναγκαία δόμοις.
Ηρ πῶς οὖν ἐν οἴκοις σοῖσιν ὤλεσεν βίον;
Αδ πατρὸς θανόντος ἐνθάδ' ὠρφανεύετο.
Ηρ φεῦ.
εἴθ' ηὕρομέν σ', Ἄδμητε, μὴ λυπούμενον.
Αδ ὡς δὴ τί δράσων τόνδ' ὑπορράπτεις λόγον;
Ηρ ξένων πρὸς ἄλλων ἑστίαν πορεύσομαι.

Der Rosse; diese kommen noch dazu.
Doch keiner hat noch der Alkmene Sohn
Vor eines Feindes Hand erzittern sehn!
Chf Doch sieh, der Herrscher dieses unsres Lands,
Admetos selber, tritt hier aus der Tür.
Ad O Zeussohn, Sproß des Perseus, sei im Glück!
Her Im Glück auch du, Admet, Thessaliens Herr!
Ad O wär es Glück! Du hast es gut gemeint.
Her Das Haar geschoren – was bedeutet das?
Ad Wir bringen einen Toten in sein Grab.
Her Doch keins der Kinder? Das verhüte Gott!
Ad Die Kinder, die ich zeugte, sind wohlauf.
Her Dein Vater, wenn er starb, war alt genug.
Ad Er und die alte Mutter leben noch.
Her Sag nicht: Alkestis ging dahin, dein Weib!
Ad Zwiespältig muß hier meine Antwort sein.
Her Ist sie am Leben oder ist sie tot?
Ad Ich traure, ob sie tot ist oder nicht.
Her Du sprichst in Rätseln, die du deuten mußt.
Ad Du kennst das Schicksal, das ihr auferlegt?
Her Ich weiß, daß sie statt deiner sterben will.
Ad Ist, wer das will, am Leben oder tot?
Her Verschieb die Klage, bis die Stunde kommt.
Ad Tot ist der Todgeweihte, gleiches Nichts.
Her Das Sein, das Nichtsein ist doch zweierlei.
Ad Du siehst es anders, als es mir erscheint.
Her Und was beweinst du? Wer im Hause starb?
Ad Ein Weib. Wir sprachen schon von diesem Weib.
Her Ein fremdes? Oder eins von deinem Stamm?
Ad Ein fremdes, doch verbunden diesem Haus.
Her Wie kams, daß sie in deinem Hause starb?
Ad Ich nahm sie auf nach ihres Vaters Tod.
Her O wehe!
O hätt ich ohne Trauer euch begrüßt!
Ad Auf welchen Plan läuft dieses Wort hinaus?
Her Ich suche neuen Herd, in anderm Haus!

Αδ οὐκ ἔστιν, ὦναξ· μὴ τοσόνδ' ἔλθοι κακόν.
Ηρ λυπουμένοις ὀχληρός, εἰ μόλοι, ξένος.
Αδ τεθνᾶσιν οἱ θανόντες· ἀλλ' ἴθ' ἐς δόμους.
Ηρ αἰσχρὸν παρὰ κλαίουσι θοινᾶσθαι ξένους.
Αδ χωρὶς ξενῶνές εἰσιν οἷ σ' ἐσάξομεν.
Ηρ μέθες με, καί σοι μυρίαν ἕξω χάριν.
Αδ οὐκ ἔστιν ἄλλου σ' ἀνδρὸς ἑστίαν μολεῖν.

ἡγοῦ σὺ τῶνδε δωμάτων ἐξωπίους
ξενῶνας οἴξας, τοῖς τ' ἐφεστῶσιν φράσον
σίτων παρεῖναι πλῆθος· εὖ δὲ κλῄσατε
θύρας μεσαύλους· οὐ πρέπει θοινωμένους
κλύειν στεναγμῶν οὐδὲ λυπεῖσθαι ξένους.

Χο τί δρᾷς; τοσαύτης συμφορᾶς προκειμένης,
Ἄδμητε, τολμᾷς ξενοδοκεῖν; τί μῶρος εἶ;
Αδ ἀλλ' εἰ δόμων σφε καὶ πόλεως ἀπήλασα
ξένον μολόντα, μᾶλλον ἄν μ' ἐπῄνεσας;
οὐ δῆτ', ἐπεί μοι συμφορὰ μὲν οὐδὲν ἂν
μείων ἐγίγνετ', ἀξενώτερος δ' ἐγώ.
καὶ πρὸς κακοῖσιν ἄλλο τοῦτ' ἂν ἦν κακόν,
δόμους καλεῖσθαι τοὺς ἐμοὺς ἐχθροξένους.
αὐτὸς δ' ἀρίστου τοῦδε τυγχάνω ξένου,
ὅταν ποτ' Ἄργους διψίαν ἔλθω χθόνα.
Χο πῶς οὖν ἔκρυπτες τὸν παρόντα δαίμονα,
φίλου μολόντος ἀνδρός, ὡς αὐτὸς λέγεις;
Αδ οὐκ ἄν ποτ' ἠθέλησεν εἰσελθεῖν δόμους,
εἰ τῶν ἐμῶν τι πημάτων ἐγνώρισε.
καὶ τῷ μέν, οἶμαι, δρῶν τάδ' οὐ φρονεῖν δοκῶ,
οὐδ' αἰνέσει με· τἀμὰ δ' οὐκ ἐπίσταται
μέλαθρ' ἀπωθεῖν οὐδ' ἀτιμάζειν ξένους.

Ad Niemals, o Herr, fügst du mir solches zu!
Her Im Trauerhause braucht man keinen Gast.
Ad Tot sind die Toten! Folge mir hinein!
Her Wie soll ich tafeln am betrübten Tisch!
Ad Die Gastgemächer sind von uns getrennt.
Her O laß mich! Ernte tausendfachen Dank!
Ad An keinen andern trete ich dich ab!

zu einem Diener

Führt ihn hinüber aus dem innern Hof
Ins Gastgemach und sag den Köchen, daß
Sie nicht mit Speisen sparen, schließt die Tür
Zum Haupthaus. Gäste bei der Tafel freut
Kein lautes Stöhnen und kein Klagelied.

Herakles ab

Chf Admetos, bist du toll, an diesem Tag
Des größten Unglücks lädst du Gäste ein?
Ad Hätt ich den Gast von Haus und Stadt gejagt,
Der zu mir kam, was hättest du gesagt?
Um nichts geringer würde all dies Leid,
Doch viel geringer meine Gastlichkeit:
Zu allen Übeln käme noch hinzu,
Daß man dies Haus als schlechten Wirt verschreit,
Wo er der beste war, sooft mein Fuß
Den dürren Boden seines Lands betrat.
Chf Ist er dein bester Gastfreund, wie du sagst,
Warum verbargst du ihm dein schweres Los?
Ad Hätt ich ihn eingeweiht, so hätte nie
Sein Fuß des Hauses Schwelle überquert.
Er selber hätte, was ich tat, wohl kaum
Gebilligt, doch mein Haus hat nicht gelernt,
Daß man den Fremden schnöd die Türe weist.

ab ins Haus

Χο ὦ πολύξεινος καὶ ἐλεύθερος tr^2 da^2 στρ.
ἀνδρὸς ἀεί ποτ' οἶκος, da tr^2
σέ τοι καὶ ὁ Πύθιος εὐλύρας Ἀπόλλων ⏑hem reiz
ἠξίωσε ναίειν. cr ba
ἔτλα δὲ σοῖσι μηλονόμας ia^2 ⏑ch
ἐν δόμοις γενέσθαι, cr ba
δοχμιᾶν διὰ κλιτύων gl
βοσκήμασι σοῖσι συρίζων an^2 ba–
ποιμνίτας ὑμεναίους. gl∧

σὺν δ' ἐποιμαίνοντο χαρᾷ μελέ- ἀντ.
ων βαλιαί τε λύγκες,
ἔβα δὲ λιποῦσ' Ὄθρυος νάπαν λεόντων
ἁ δαφοινὸς ἴλα·
χόρευσε δ' ἀμφὶ σὰν κιθάραν,
Φοῖβε, ποικιλόθριξ
νεβρὸς ὑψικόμων πέραν
βαίνουσ' ἐλατᾶν σφυρῷ κούφῳ,
χαίρουσ' εὔφρονι μολπᾷ.

τοιγὰρ πολυμηλοτάταν -hem στρ.
ἑστίαν οἰκεῖς παρὰ καλλίναον tr^2 hem
Βοιβίαν λίμναν. ἀρότοις δὲ γυᾶν tr^2 hem
καὶ πεδίων δαπέδοις ὅρον ἀμφὶ μὲν da^4
ἀελίου κνεφαίαν ch ba
ἱππόστασιν αἰθέρα τὰν Μολοσσῶν..τίθεται, an^2 ba an^2
πόντιον δ' Αἰγαίων' ἐπ' ἀκτὰν tr^2 × tr^2
ἀλίμενον Πηλίου κρατύνει. cr^2 ba

DRITTES STANDLIED

Strophe

Ch Allzeit allen
Gästen bereit,
Offene Hallen,
Euch hat Apoll mit der Leier,
Der pythische Gott,
Als Wohnstatt gewürdigt.
Hier nahm er es auf sich,
Die Schafe zu weiden,
Auf Bergen und Tälern
Den Tieren als Hirte
Hochzeitslieder zu blasen.

Gegenstrophe

Froh der Klänge
Weideten mit
Scheckige Luchse,
Hoch von den Schluchten des Othrys
Kam triefend von Blut
Das Rudel der Löwen
Und deine Kithára,
O Phoibos, umtanzten
Die scheckigen Rehe,
Durchhuschten den Tannwald,
Hörend die heiteren Weisen.

Zweite Strophe

Lämmerwimmelnden Herd
Bewohnst du seitdem
Am klaren Gewässer des boibischen Sees.
Es enden die Schollen des Pfluglands
Erst am Luftraum der Molosser,
Wo Helios Halt macht am Dunkel;
Auch herrschst du am Ufer des Aigeus,
Am hafenlosen Pelion.

καὶ νῦν δόμον ἀμπετάσας ἀντ.
δέξατο ξεῖνον νοτερῷ βλεφάρῳ,
τᾶς φίλας κλαίων ἀλόχου νέκυν ἐν
δώμασιν ἀρτιθανῆ· τὸ γὰρ εὐγενὲς
ἐκφέρεται πρὸς αἰδῶ.
ἐν τοῖς ἀγαθοῖσι δὲ πάντ' ἔνεστιν σοφίας. ἄγαμαι·
πρὸς δ' ἐμᾷ ψυχᾷ θάρσος ἧσται
θεοσεβῆ φῶτα κεδνὰ πράξειν.

Αδ ἀνδρῶν Φεραίων εὐμενὴς παρουσία,
νέκυν μὲν ἤδη πάντ' ἔχοντα πρόσπολοι
φέρουσιν ἄρδην πρὸς τάφον τε καὶ πυράν·
ὑμεῖς δὲ τὴν θανοῦσαν, ὡς νομίζεται,
προσείπατ' ἐξιοῦσαν ὑστάτην ὁδόν.
Χο καὶ μὴν ὁρῶ σὸν πατέρα γηραιῷ ποδὶ
στείχοντ', ὀπαδούς τ' ἐν χεροῖν δάμαρτι σῇ
κόσμον φέροντας, νερτέρων ἀγάλματα.

Φέρης

ἥκω κακοῖσι σοῖσι συγκάμνων, τέκνον·
ἐσθλῆς γάρ, οὐδεὶς ἀντερεῖ, καὶ σώφρονος
γυναικὸς ἡμάρτηκας. ἀλλὰ ταῦτα μὲν
φέρειν ἀνάγκη καίπερ ὄντα δύσφορα.

δέχου δὲ κόσμον τόνδε, καὶ κατὰ χθονὸς
ἴτω.

τὸ ταύτης σῶμα τιμᾶσθαι χρεών,
ἥτις γε τῆς σῆς προύθανε ψυχῆς, τέκνον,
καί μ' οὐκ ἄπαιδ' ἔθηκεν οὐδ' εἴασε σοῦ

Gegenstrophe

Wieder hast du das Tor
Geöffnet, das Aug
Voll Tränen, der Gattin gedenk, die im Haus
Dir eben gestorben, der lieben.
Zarter Sinn erweist den Edlen
Und Güte enthält alle Weisheit.
Ich preis ihn und bin voll Vertrauen:
Der Fromme bleibt nicht ohne Lohn.

VIERTE HAUPTSZENE

Admetos *kommt mit dem Leichenzug*

Ihr Männer Pheräs, treuliches Geleit,
Die Diener tragen den geschmückten Leib
Geschultert jetzt zu Grab und Feuerstatt;
So folgt und singt der Toten nach dem Brauch
Den letzten Gruß auf ihrem letzten Gang!
Chf Da wankt dein Vater her auf welkem Fuß!
Die Leute, die ihm folgen, tragen Schmuck
Für deine Gattin, Gaben für die Unterwelt.

Pheres

Ich kam, mein Sohn, als Tröster deines Leids.
Die Tote war ein kluges, edles Weib,
Niemand bestreitets. Aber dieses muß
Wie jedes solche Leid getragen sein.

zur Toten

Nimm diesen Schmuck und zieh mit ihm hinab!

zu Admetos

Ihr Leichnam muß in hohen Ehren stehn.
Sie starb für dich, mein Sohn, und wollte nicht,
Daß ich den Rest der Tage kinderlos,

στερέντα γήρᾳ πενθίμῳ καταφθίνειν,
πάσαις δ' ἔθηκεν εὐκλεέστερον βίον
γυναιξίν, ἔργον τλᾶσα γενναῖον τόδε.

ὦ τόνδε μὲν σώσασ', ἀναστήσασα δὲ
ἡμᾶς πίτνοντας, χαῖρε, κἀν Ἅιδου δόμοις
εὖ σοι γένοιτο. φημὶ τοιούτους γάμους
λύειν βροτοῖσιν, ἢ γαμεῖν οὐκ ἄξιον.
Αδ οὔτ' ἦλθες ἐς τόνδ' ἐξ ἐμοῦ κληθεὶς τάφον,
οὔτ' ἐν φίλοισι σὴν παρουσίαν λέγω.
κόσμον δὲ τὸν σὸν οὔποθ' ἥδ' ἐνδύσεται.
οὐ γάρ τι τῶν σῶν ἐνδεὴς ταφήσεται.
τότε ξυναλγεῖν χρῆν σ' ὅτ' ὠλλύμην ἐγώ.
σὺ δ' ἐκποδὼν στὰς καὶ παρεὶς ἄλλῳ θανεῖν
νέῳ γέρων ὤν, τόνδ' ἀποιμώξῃ νεκρόν.
οὐκ ἦσθ' ἄρ' ὀρθῶς τοῦδε σώματος πατήρ;
οὐδ' ἡ τεκεῖν φάσκουσα καὶ κεκλημένη
μήτηρ μ' ἔτικτε; δουλίου δ' ἀφ' αἵματος
μαστῷ γυναικὸς σῆς ὑπεβλήθην λάθρᾳ.
ἔδειξας εἰς ἔλεγχον ἐξελθὼν ὃς εἶ,
καί μ' οὐ νομίζω παῖδα σὸν πεφυκέναι.
ἦ τἄρα πάντων διαπρέπεις ἀψυχίᾳ,
ὃς τηλικόσδ' ὢν κἀπὶ τέρμ' ἥκων βίου
οὐκ ἠθέλησας οὐδ' ἐτόλμησας θανεῖν
τοῦ σοῦ πρὸ παιδός, ἀλλὰ τήνδ' εἰάσατε
γυναῖκ' ὀθνείαν, ἣν ἐγὼ καὶ μητέρα
πατέρα τέ γ' ἐνδίκως ἂν ἡγοίμην μόνην.
καίτοι καλόν γ' ἂν τόνδ' ἀγῶν' ἠγωνίσω,
τοῦ σοῦ πρὸ παιδὸς κατθανών· βραχὺς δέ σοι
πάντως ὁ λοιπὸς ἦν βιώσιμος χρόνος.
καὶ μὴν ὅσ' ἄνδρα χρὴ παθεῖν εὐδαίμονα 653
πέπονθας· ἥβησας μὲν ἐν τυραννίδι,

κἀγώ τ' ἂν ἔζων χἤδε τὸν λοιπὸν χρόνον, 651
κοὐκ ἂν μονωθεὶς ἔστενον κακοῖς ἐμοῖς.

Im Schmerz um deinen Tod verkümmern muß.
So hat sie allen Frauen höchsten Ruhm
Verliehen durch den edelsten Entschluß.

zur Toten

Die du den Mann gerettet und vom Fall
Uns aufhobst, lebe wohl und selbst im Reich
Des Hades glücklich! – Solche Ehen sind
Zum Heil, die andern haben keinen Wert.
Ad Ich lud dich nicht zu diesem Leichenzug
Und zähl dich auch nicht zu den Unsrigen.
Nichts wird ihr angelegt von deinem Schmuck,
Sie braucht in ihrem Grab nichts mehr von dir.
Wo blieb dein Mitleid, als der Tod mich rief?
Da standst du fern, der Greis ließ junges Blut
Hinsterben – und bejammert jetzt das Grab!
Bist du der Vater dieses meines Leibs?
Hat mich die Mutter, die so sagt und heißt,
Geboren? Nein, man hat ein Sklavenblut
Ihr heimlich an die volle Brust gelegt.
Du hast uns klar erwiesen, wer du bist,
Nie werd ich glauben, daß du mich gezeugt.
Wie hat dein Hasenherz sich hoch bewährt,
Als du, ein Greis an seines Lebens Ziel,
Den Tod nicht wolltest noch den Tod gewagt
Für deinen Sohn, ihn zuschobst einer Frau
Aus fremdem Stamm, die fortan mir mit Recht
Statt eignen Vaters, eigner Mutter gilt.
Ein gutes Wettspiel hättest du gespielt
Mit deinem Sterben, wo nur kurze Zeit
Dir für dein Leben noch bemessen ist.
Du hast doch wahrhaft volles Mannesglück
Erfahren, wurdest in der Herrschaft groß,

παῖς δ' ἦν ἐγώ σοι τῶνδε διάδοχος δόμων,
ὥστ' οὐκ ἄτεκνος κατθανὼν ἄλλοις δόμον
λείψειν ἔμελλες ὀρφανὸν διαρπάσαι.
οὐ μὴν ἐρεῖς γέ μ' ὡς ἀτιμάζων τὸ σὸν
γῆρας θανεῖν προύδωκά σ', ὅστις αἰδόφρων
πρὸς σ' ἦ μάλιστα· κἀντὶ τῶνδέ μοι χάριν
τοιάνδε καὶ σὺ χἠ τεκοῦσ' ἠλλαξάτην.
τοιγὰρ φυτεύων παῖδας οὐκέτ' ἂν φθάνοις,
οἳ γηροβοσκήσουσι καὶ θανόντα σε
περιστελοῦσι καὶ προθήσονται νεκρόν.
οὐ γάρ σ' ἔγωγε τῇδ' ἐμῇ θάψω χερί·
τέθνηκα γὰρ δὴ τοὐπὶ σέ. εἰ δ' ἄλλου τυχὼν
σωτῆρος αὐγὰς εἰσορῶ, κείνου λέγω
καὶ παῖδά μ' εἶναι καὶ φίλον γηροτρόφον.
μάτην ἄρ' οἱ γέροντες εὔχονται θανεῖν,
γῆρας ψέγοντες καὶ μακρὸν χρόνον βίου·
ἢν δ' ἐγγὺς ἔλθῃ θάνατος, οὐδεὶς βούλεται
θνῄσκειν, τὸ γῆρας δ' οὐκέτ' ἔστ' αὐτοῖς βαρύ.
Χο παύσασθ'· ἅλις γὰρ ἡ παροῦσα συμφορά.
ὦ παῖ, πατρὸς δὲ μὴ παροξύνῃς φρένας.
Φε ὦ παῖ, τίν' αὐχεῖς, πότερα Λυδὸν ἢ Φρύγα
κακοῖς ἐλαύνειν ἀργυρώνητον σέθεν;
οὐκ οἶσθα Θεσσαλόν με κἀπὸ Θεσσαλοῦ
πατρὸς γεγῶτα γνησίως ἐλεύθερον;
ἄγαν ὑβρίζεις, καὶ νεανίας λόγους
ῥίπτων ἐς ἡμᾶς οὐ βαλὼν οὕτως ἄπει.
ἐγὼ δέ σ' οἴκων δεσπότην ἐγεινάμην
κἄθρεψ', ὀφείλω δ' οὐχ ὑπερθνῄσκειν σέθεν·
οὐ γὰρ πατρῷον τόνδ' ἐδεξάμην νόμον,
παίδων προθνῄσκειν πατέρας, οὐδ' Ἑλληνικόν·
σαυτῷ γὰρ εἴτε δυστυχὴς εἴτ' εὐτυχὴς
ἔφυς· ἃ δ' ἡμῶν χρῆν σε τυγχάνειν, ἔχεις.
πολλῶν μὲν ἄρχεις, πολυπλέθρους δέ σοι γύας
λείψω· πατρὸς γὰρ ταὔτ' ἐδεξάμην πάρα.
τί δῆτά σ' ἠδίκηκα; τοῦ σ' ἀποστερῶ;
μὴ θνῇσχ' ὑπὲρ τοῦδ' ἀνδρός, οὐδ' ἐγὼ πρὸ σοῦ.

Ich wuchs als deines Szepters Erbe auf,
Du ließest nicht ein kinderloses Haus
Zurück, verwaist, als fremder Hände Raub.
Sag nicht, daß ich dein Alter schlecht geehrt;
Ich dachte an kein Ende, hielt dich hoch
In Ehren und für alles dieses hast
Du und die Mutter wenig Dank gewußt.
Die Zeugung neuer Söhne ist vorbei,
Die deines Alters warten und im Tod
Dich ehren mit der Bahre reichem Schmuck;
Ich selber lege keine Hand an dich.
Von dir aus wär ich tot. Strahlt meinem Aug
Durch einen andern Retter neues Licht,
So bin ich dessen Sohn und Alterstrost.
Nur scheinbar wünschen Greise sich den Tod,
Schmähn auf das Alter, lange Lebensfrist;
Doch ruft der Tod, so hört ihn keiner gern,
Verschwunden ist des Alters schwere Last.
Chf Laßt ab, das Unglück ist schon groß genug.
Admetos, schüre nicht des Vaters Zorn!
Phe Mein Sohn, du glaubst, die Lästerzunge trifft
Auf feiles Lyder- oder Phrygervolk?
Bedenke, daß ich ein Thessáler bin,
Thessalervaters echter freier Sohn!
Du gehst zu weit, wirfst als ein junger Mann
Mir Worte zu, für die du Rede stehst.
Zum Herrn des Hauses zeugt ich und erzog ich dich,
Doch nicht zum Mann, für den ich sterben muß.
Nie hab ich solche Väterpflicht erlernt,
Nicht hier in Pherä noch ganz Griechenland.
Dein Glück und Unglück ist dein eignes Los,
Was ich dir schulde, wurde dir zuteil:
Soviele Menschen, soviel Ackerland,
Als ich ererbte, hinterlaß ich dir.
Hab ich dich je geschädigt? Dich beraubt?
Stirb nicht für mich, ich sterbe nicht für dich.

χαίρεις ὁρῶν φῶς· πατέρα δ' οὐ χαίρειν δοκεῖς;
ἦ μὴν πολύν γε τὸν κάτω λογίζομαι
χρόνον, τὸ δὲ ζῆν μικρόν, ἀλλ' ὅμως γλυκύ.
σὺ γοῦν ἀναιδῶς διεμάχου τὸ μὴ θανεῖν,
καὶ ζῇς παρελθὼν τὴν πεπρωμένην τύχην,
ταύτην κατακτάς· εἶτ' ἐμὴν ἀψυχίαν
λέγεις, γυναικός, ὦ κάκισθ', ἡσσημένος,
ἣ τοῦ καλοῦ σοῦ προύθανεν νεανίου;
σοφῶς δ' ἐφηῦρες ὥστε μὴ θανεῖν ποτε,
εἰ τὴν παροῦσαν κατθανεῖν πείσεις ἀεὶ
γυναῖχ' ὑπὲρ σοῦ· κᾆτ' ὀνειδίζεις φίλοις
τοῖς μὴ θέλουσι δρᾶν τάδ', αὐτὸς ὢν κακός;
σίγα· νόμιζε δ', εἰ σὺ τὴν σαυτοῦ φιλεῖς
ψυχήν, φιλεῖν ἅπαντας· εἰ δ' ἡμᾶς κακῶς
ἐρεῖς, ἀκούσῃ πολλὰ κοὐ ψευδῆ κακά.
Χο πλείω λέλεκται νῦν τε καὶ τὰ πρὶν κακά·
παῦσαι δέ, πρέσβυ, παῖδα σὸν κακορροθῶν.
Αδ λέγ', ὡς ἐμοῦ λέξαντος· εἰ δ' ἀλγεῖς κλύων
τἀληθές, οὐ χρῆν σ' εἰς ἔμ' ἐξαμαρτάνειν.
Φε σοῦ δ' ἂν προθνῄσκων μᾶλλον ἐξημάρτανον.
Αδ ταὐτὸν γὰρ ἡβῶντ' ἄνδρα καὶ πρέσβυν θανεῖν;
Φε ψυχῇ μιᾷ ζῆν, οὐ δυοῖν, ὀφείλομεν.
Αδ καὶ μὴν Διός γε μείζονα ζῴης χρόνον.
Φε ἀρᾷ γονεῦσιν οὐδὲν ἔκδικον παθών.
Αδ μακροῦ βίου γὰρ ᾐσθόμην ἐρῶντά σε.
Φε ἀλλ' οὐ σὺ νεκρὸν ἀντὶ σοῦ τόνδ' ἐκφέρεις;
Αδ σημεῖα τῆς σῆς, ὦ κάκιστ', ἀψυχίας.
Φε οὔτοι πρὸς ἡμῶν γ' ὤλετ'· οὐκ ἐρεῖς τόδε.
Αδ φεῦ·
εἴθ' ἀνδρὸς ἔλθοις τοῦδέ γ' ἐς χρείαν ποτέ.
Φε μνήστευε πολλάς, ὡς θάνωσι πλείονες.
Αδ σοὶ τοῦτ' ὄνειδος· οὐ γὰρ ἤθελες θανεῖν.
Φε φίλον τὸ φέγγος τοῦτο τοῦ θεοῦ, φίλον.
Αδ κακὸν τὸ λῆμα κοὐκ ἐν ἀνδράσιν τὸ σόν.
Φε οὐκ ἐγγελᾷς γέροντα βαστάζων νεκρόν.
Αδ θανῇ γε μέντοι δυσκλεής, ὅταν θάνῃς.

Das Licht beglückt den Vater wie den Sohn.
Die Nacht im Hades ist so lang, so lang,
Das Leben kurz, doch voller Sonnenschein.
Du selbst hast schamlos deinen Tod verjagt
Und lebst noch über die bestimmte Frist
Auf ihre Kosten! Schiltst mich noch als feig,
Wo eine Frau den Feigling überwand,
Für einen jungen Mann ihr Leben gab.
Du hast dich schlau vor jedem Tod geschützt:
Du überredest jeweils deine Frau, für dich
zu sterben, und beschimpfst die Deinen, wenn
Sie dir verweigern, was du selber scheust!
Schweig! Wie du selbst an deinem Leben hängst,
So tun es alle, und beschimpfst du mich,
So bleibt dir bittre Wahrheit nicht erspart.
Chf Zuvor und jetzt habt ihr zuviel geschmäht,
Halt ein, o Greis, verschone deinen Sohn!
Ad Ich sprach, nun rede du! Die Wahrheit schmerzt
Nur den, der sich nicht gegen sie verfehlt.
Phe Der größte Fehler wär mein Tod für dich.
Ad Wiegt Greisentod den Tod des Jünglings auf?
Phe Ein Leben lebt der Mensch, nicht deren zwei!
Ad So leb denn länger als der große Zeus!
Phe Du fluchst den Eltern, die dir nichts getan.
Ad Schwer hab ich eure Lebensgier gespürt.
Phe Und trägst die Frau zu Grab an deiner Statt!
Ad Als Denkmal eben deines feigen Muts!
Phe Sag nie, daß wir den Tod verschuldeten.

Ad O weh euch! Käm der Tag, wo ihr mich braucht!
Phe Nimm viele Frauen, mach die Gräber voll!
Ad Zu deiner Schmach! Weil du nicht sterben willst!
Phe Wie lieb, wie lieb ich dieses Himmelslicht!
Ad Mit einer Liebe ohne Mannesmut.
Phe Dein Hohn vergeht dir unter meinem Sarg.
Ad Du stirbst in Schande, wann es immer sei!

Φε κακῶς ἀκούειν οὐ μέλει θανόντι μοι.
Αδ φεῦ φεῦ· τὸ γῆρας ὡς ἀναιδείας πλέων.

Φε ἥδ' οὐκ ἀναιδής· τήνδ' ἐφηῦρες ἄφρονα.
Αδ ἄπελθε κἀμὲ τόνδ' ἔα θάψαι νεκρόν.
Φε ἄπειμι· θάψεις δ' αὐτὸς ὢν αὐτῆς φονεύς,
δίκας δὲ δώσεις σοῖσι κηδεσταῖς ἔτι.
ἦ τἄρ' Ἄκαστος οὐκέτ' ἔστ' ἐν ἀνδράσιν,
εἰ μή σ' ἀδελφῆς αἷμα τιμωρήσεται.

Αδ ἔρρων νυν, αὐτὸς χἠ ξυνοικήσασά σοι,
ἄπαιδε παιδὸς ὄντος, ὥσπερ ἄξιοι,
γηράσκετ'· οὐ γὰρ τῷδ' ἔτ' ἐς ταὐτὸν στέγος
νεῖσθ'· εἰ δ' ἀπειπεῖν χρῆν με κηρύκων ὕπο
τὴν σὴν πατρῴαν ἑστίαν, ἀπεῖπον ἄν.
ἡμεῖς δέ, τοὐν ποσὶν γὰρ οἰστέον κακόν,
στείχωμεν, ὡς ἂν ἐν πυρᾷ θῶμεν νεκρόν.

Χο ἰὼ ἰώ. σχετλία τόλμης, an^4
ὦ γενναία καὶ μέγ' ἀρίστη,
χαῖρε· πρόφρων σὲ χθόνιός θ' Ἑρμῆς
Ἅιδης τε δέχοιτ'. εἰ δέ τι κἀκεῖ
πλέον ἔστ' ἀγαθοῖς, τούτων μετέχουσ'
Ἅιδου νύμφῃ παρεδρεύοις.

Phe Den Toten kümmert keine Schande mehr.
Ad O hört!
Wie schamlos redet dieser alte Mann!
Phe Sie hatte Scham, doch keinerlei Verstand!
Ad Geh fort und laß uns mit der Leiche ziehn!
Phe Ich geh. Begrabe, die du umgebracht!
Die Schwäher ziehen dich vor ihr Gericht.
Akastos ist der rechte Mann, er wäscht
Das Blut der Schwester ab mit deinem Blut.

ab mit Gefolge

Ad Hinweg und die dein Lager teilt, hinweg!
Trotz eures Kindes bleibt ihr kinderlos!
Nie will euch dieser Sohn im Hause sehn
Und hätt der Herold euch der Väter Herd
Verbieten können, wäre es geschehn.
Wir aber tragen, was uns auferlegt,
Und bringen diese Frau zum Scheiterstoß.

Zug ab

VIERTES STANDLIED

Chor *schließt sich an*

O sei gegrüßt, gegrüßt,
Die das Kühnste beschloß.
Edelste, Beste,
Zum letztenmal!
Freundlich geleite dich Hermes,
Empfange dich Hades!
Wenn man dort unten
Die edlen Seelen belohnt,
So thronst du zur Seite
Der bräutlichen Gattin
Des Königs der Toten! *ab*

Θεράπων

πολλοὺς μὲν ἤδη κἀπὸ παντοίας χθονὸς
ξένους μολόντας οἶδ' ἐς Ἀδμήτου δόμους,
οἷς δεῖπνα προύθηκ'· ἀλλὰ τοῦδ' οὔπω ξένου
κακίον' ἐς τήνδ' ἑστίαν ἐδεξάμην.
ὃς πρῶτα μὲν πενθοῦντα δεσπότην ὁρῶν
ἐσῆλθε κἀτόλμησ' ἀμείψασθαι πύλας.
ἔπειτα δ' οὔτι σωφρόνως ἐδέξατο
τὰ προστυχόντα ξένια, συμφορὰν μαθών,
ἀλλ', εἴ τι μὴ φέροιμεν, ὤτρυνεν φέρειν.
ποτῆρα δ' ἐν χείρεσσι κίσσινον λαβὼν
πίνει μελαίνης μητρὸς εὔζωρον μέθυ,
ἕως ἐθέρμην' αὐτὸν ἀμφιβᾶσα φλὸξ
οἴνου· στέφει δὲ κρᾶτα μυρσίνης κλάδοις
ἄμουσ' ὑλακτῶν· δισσὰ δ' ἦν μέλη κλύειν·
ὁ μὲν γὰρ ᾖδε, τῶν ἐν Ἀδμήτου κακῶν
οὐδὲν προτιμῶν, οἰκέται δ' ἐκλαίομεν
δέσποιναν· ὄμμα δ' οὐκ ἐδείκνυμεν ξένῳ
τέγγοντες· Ἄδμητος γὰρ ὧδ' ἐφίετο.
καὶ νῦν ἐγὼ μὲν ἐν δόμοισιν ἑστιῶ
ξένον, πανοῦργον κλῶπα καὶ λῃστήν τινα,
ἡ δ' ἐκ δόμων βέβηκεν, οὐδ' ἐφεσπόμην
οὐδ' ἐξέτεινα χεῖρ', ἀποιμώζων ἐμὴν
δέσποιναν, ἣ 'μοὶ πᾶσί τ' οἰκέταισιν ἦν
μήτηρ· κακῶν γὰρ μυρίων ἐρρύετο,
ὀργὰς μαλάσσουσ' ἀνδρός. ἆρα τὸν ξένον
στυγῶ δικαίως, ἐν κακοῖς ἀφιγμένον;

Ηρ οὗτος, τί σεμνὸν καὶ πεφροντικὸς βλέπεις;
οὐ χρὴ σκυθρωπὸν τοῖς ξένοις τὸν πρόσπολον
εἶναι, δέχεσθαι δ' εὐπροσηγόρῳ φρενί.
σὺ δ' ἄνδρ' ἑταῖρον δεσπότου παρόνθ' ὁρῶν
στυγνῷ προσώπῳ καὶ συνωφρυωμένῳ

FÜNFTE HAUPTSZENE

Diener

Schon viele Gäste aus verschiednem Land
Hab ich bewirtet in Admetos' Haus,
Doch gab es nie zuvor an diesem Herd
Ein schlimmeres Wesen als das heutige.
Obwohl er unsern Herrn im Unglück sah,
Hat er die Schwelle achtlos überquert,
Nahm auch die Gaben, die das Trauerhaus
Ihm reichte, keineswegs bescheiden an,
Es war ihm nicht genug, er heischte mehr.
Dann griff er gierig nach dem Holzgefäß
Und sog des Rebstocks ungemischten Saft,
Bis ihn die heiße Glut des Weins umgab,
Bekränzt sich mit der Myrte Laub und johlt
Unmusisch Zeug. Zwei Weisen wurden laut:
Des Manns Gesang, von keinem Leid Admets
Berührt, und unsres Hauses Klagelied.
Doch bargen wir die Tränen unserm Gast,
Weil dies Admet gebot. Ich warte drin
Im Haus dem üblen Dieb und Räuber auf –
Sie zog davon und ich war nicht dabei,
Hob keine Hand und klagte nicht um sie,
Die Herrin, die uns allen Mutter war,
Uns tausendfach vor ihres Gatten Zorn
Beschützte. Muß ich diesen Störenfried
Nicht hassen, der am Tag des Unglücks kam?

Herakles mit Kranz und Becher, tritt heraus

Her Du da, mit deinem sorgenvollen Blick,
Der Diener darf zum Gast nicht mürrisch sein,
Mit heitrer Miene steh er ihm bereit.
Du aber zeigst dem Freunde deines Herrn
Ein finstres Antlitz und gefurchte Stirn

δέχῃ, θυραίου πήματος σπουδὴν ἔχων.
δεῦρ' ἔλθ', ὅπως ἂν καὶ σοφώτερος γένῃ.
τὰ θνητὰ πράγματ' οἶδας ἣν ἔχει φύσιν;
οἶμαι μὲν οὔ· πόθεν γάρ; ἀλλ' ἄκουέ μου.
βροτοῖς ἅπασι κατθανεῖν ὀφείλεται,
κοὐκ ἔστι θνητῶν ὅστις ἐξεπίσταται
τὴν αὔριον μέλλουσαν εἰ βιώσεται·
τὸ τῆς τύχης γὰρ ἀφανὲς οἶ προβήσεται,
κἄστ' οὐ διδακτὸν οὐδ' ἁλίσκεται τέχνῃ.
ταῦτ' οὖν ἀκούσας καὶ μαθὼν ἐμοῦ πάρα,
εὔφραινε σαυτόν, πῖνε, τὸν καθ' ἡμέραν
βίον λογίζου σόν, τὰ δ' ἄλλα τῆς τύχης.
τίμα δὲ καὶ τὴν πλεῖστον ἡδίστην θεῶν
Κύπριν βροτοῖσιν· εὐμενὴς γὰρ ἡ θεός.
τὰ δ' ἄλλ' ἔασον ταῦτα καὶ πιθοῦ λόγοις
ἐμοῖσιν, εἴπερ ὀρθά σοι δοκῶ λέγειν.
οἶμαι μέν. οὔκουν τὴν ἄγαν λύπην ἀφεὶς
πίῃ μεθ' ἡμῶν τάσδ' ὑπερβαλὼν τύχας,
στεφάνοις πυκασθείς; καὶ σάφ' οἶδ' ὁθούνεκα
τοῦ νῦν σκυθρωποῦ καὶ ξυνεστῶτος κακοῦ
μεθορμιεῖ σε πίτυλος ἐμπεσὼν σκύφου.
ὄντας δὲ θνητοὺς θνητὰ καὶ φρονεῖν χρεών·
ὡς τοῖς γε σεμνοῖς καὶ συνωφρυωμένοις
ἅπασίν ἐστιν, ὥς γ' ἐμοὶ χρῆσθαι κριτῇ,
οὐ βίος ἀληθῶς ὁ βίος, ἀλλὰ συμφορά.
Θε ἐπιστάμεσθα ταῦτα· νῦν δὲ πράσσομεν
οὐχ οἷα κώμου καὶ γέλωτος ἄξια.
Ηρ γυνὴ θυραῖος ἡ θανοῦσα· μὴ λίαν
πένθει· δόμων γὰρ ζῶσι τῶνδε δεσπόται.
Θε τί ζῶσιν; οὐ κάτοισθα τὰν δόμοις κακά;
Ηρ εἰ μή τι σός με δεσπότης ἐψεύσατο.
Θε ἄγαν ἐκεῖνός ἐστ' ἄγαν φιλόξενος.
Ηρ οὐ χρῆν μ' ὀθνείου γ' οὕνεκ' εὖ πάσχειν νεκροῦ;
Θε ἦ κάρτα μέντοι καὶ λίαν θυραῖος ἦν.
Ηρ μῶν ξυμφοράν τιν' οὖσαν οὐκ ἔφραζέ μοι;
Θε χαίρων ἴθ'· ἡμῖν δεσποτῶν μέλει κακά.

Und denkst an das, was euch von außen traf.
Tritt näher, daß du endlich klüger wirst.
Weißt du, wies mit den Menschendingen steht?
Ich glaube, kaum. Woher auch? Höre zu.
Auf alle Menschen wartet gleicher Tod,
Und keinen gibt es, der an diesem Tag
Schon weiß, ob er den nächsten noch erlebt.
Der Weg des Schicksals liegt in Finsternis.
Kein Kunstgriff, keine Rechnung hellt sie auf.
Hast solche Weisheit du von mir gelernt,
Sei heiter, trinke, rechne mit dem Tag,
Stell alles andre dem Geschick anheim.
Der schönste Dienst der Götter bleibt uns stets
Das Werk der Kypris, unsres besten Freunds.
Laß alles andre stehn und folge mir,
Wenn anders dir mein Rat der rechte scheint.
Ich denke, wohl. So mäßige den Schmerz,
Besieg dein Los, bekränze dir das Haupt
Und trink mit mir! Ich weiß, es wird dir bald
Des Bechers Kreisen deinen trüben Sinn
Erlösen und die schwere Bürde weicht.
Wer sterblich ist, der denke Sterbliches!
Für all die ernsten Stirnerunzler bleibt
Das Leben – wenn du meinem Urteil traust –
Kein wahres Leben, nur ein Mißgeschick.
Die Man weiß das alles, doch das Heute ruft
Uns nicht zum Zechen, zum Gelächter auf.
Her Um diese Fremde traure nicht so sehr,
Solang des Hauses Herrn am Leben sind!
Die Am Leben? Weißt du nichts von unserm Leid?
Her Wenn mir dein Herr nicht falsch berichtet hat.
Die Zu weit, zu weit geht seine Gastlichkeit.
Her Warum zu weit? Um eine fremde Frau?
Die Weiß Gott: um eine fremde, fremde Frau!
Her So hat er mir ein größres Leid verhehlt!
Die Zieh du in Frieden! Laß uns unsern Schmerz!

Ηρ ὅδ' οὐ θυραίων πημάτων ἄρχει λόγος.
Θε οὐ γάρ τι κωμάζοντ' ἂν ἠχθόμην σ' ὁρῶν.
Ηρ ἀλλ' ἦ πέπονθα δείν' ὑπὸ ξένων ἐμῶν.
Θε οὐκ ἦλθες ἐν δέοντι δέξασθαι δόμοις.
πένθος γὰρ ἡμῖν ἐστι· καὶ στολμοὺς βλέπεις
μελαμπέπλους κουράν τε.
Ηρ τίς δ' ὁ κατθανών;
μῶν ἤ τέκνων τι φροῦδον ἢ γέρων πατήρ;
Θε γυνὴ μὲν οὖν ὄλωλεν Ἀδμήτου, ξένε.
Ηρ τί φής; ἔπειτα δῆτά μ' ἐξενίζετε;
Θε ᾐδεῖτο γάρ σε τῶνδ' ἀπώσασθαι δόμων.
Ηρ ὦ σχέτλι', οἵας ἤμπλακες ξυναόρου.
Θε ἀπωλόμεσθα πάντες, οὐ κείνη μόνη.
Ηρ ἀλλ' ᾐσθόμην μὲν ὄμμ' ἰδὼν δακρυρροοῦν
κουράν τε καὶ πρόσωπον· ἀλλ' ἔπειθέ με
λέγων θυραῖον κῆδος ἐς τάφον φέρειν.
βίᾳ δὲ θυμοῦ τάσδ' ὑπερβαλὼν πύλας
ἔπινον ἀνδρὸς ἐν φιλοξένου δόμοις,
πράσσοντος οὕτω, κᾆτ' ἐκώμαζον κάρα
στεφάνοις πυκασθείς. ἀλλὰ σοῦ τὸ μὴ φράσαι,
κακοῦ τοσούτου δώμασιν προκειμένου.
ποῦ καί σφε θάπτει; ποῦ νιν εὑρήσω μολών;
Θε ὀρθὴν παρ' οἶμον, ἣ 'πὶ Λάρισαν φέρει,
τύμβον κατόψῃ ξεστὸν ἐκ προαστίου.

Ηρ ὦ πολλὰ τλᾶσα καρδία καὶ χεὶρ ἐμή,
νῦν δεῖξον οἷον παῖδά σ' ἡ Τιρυνθία
Ἠλεκτρύωνος γείνατ' Ἀλκμήνη Διί.
δεῖ γάρ με σῶσαι τὴν θανοῦσαν ἀρτίως
γυναῖκα κἀς τόνδ' αὖθις ἱδρῦσαι δόμον
Ἄλκηστιν, Ἀδμήτῳ θ' ὑπουργῆσαι χάριν.
ἐλθὼν δ' ἄνακτα τὸν μελάμπεπλον νεκρῶν
Θάνατον φυλάξω, καί νιν εὑρήσειν δοκῶ
πίνοντα τύμβου πλησίον προσφαγμάτων.
κἄνπερ λοχαίας αὐτὸν ἐξ ἕδρας συθεὶς

Her Die Rede klingt nicht nach der fremden Frau!
Die Sonst hätt ich dir den frohen Trunk gegönnt!
Her Mein Gastfreund hat mir übel mitgespielt.
Die Zur Unzeit bist du in dies Haus gekehrt.
Hier herrscht die Trauer. Schwarze Kleider siehst
Du und geschnittne Haare.
Her Wer ist tot?
Der alte Vater? Eins der Kinder? Sprich!
Die Admetos' Gattin ging dahin, mein Freund!
Her Die Gattin! Und ihr führtet mich ins Haus!
Die Nie weist Admetos einem Freund die Tür!
Her O welch ein Weib verlor der Unglücksmann!
Die Wir alle sind dahin, nicht sie allein.
Her Ich sah sein Aug in Tränen, sah sein Haar
Geschoren, sah sein Antlitz, doch er schwur,
Es sei nur eine Fremde aufgebahrt.
Ich zwang mich selbst, doch schritt ich durch das Tor
Und zechte in des Gastfreunds Haus, der doch
So Schweres litt. Dann kränzte ich das Haupt
Und schwärmte laut, weil du mir nichts gesagt
Von diesem Unheil, das dein Haus betraf.
Wo ist ihr Grab? Wo treff ich sie noch an?
Die Am Weg, der grade nach Larisa führt,
Siehst du vorm Tor den neubehaunen Stein.

ab

Her O Herz und Hand, die schon soviel gewagt,
Nun zeigt den Sohn Alkmenes aus Tiryns,
Den sie, das Kind Elektryons, dem Zeus
Gebar. Ich muß die jetzt verstorbne Frau,
Alkestis, retten, führen in ihr Haus
Zum Dank für des Admetos hohen Sinn.
Dem Totenfürsten in dem schwarzen Kleid,
Der sicher jetzt am Grab die Spenden trinkt,
Laur ich jetzt auf, entspringe dem Versteck
Und lege meiner Arme Ring um ihn.

μάρψω, κύκλον δὲ περιβάλω χεροῖν ἐμαῖν,
οὐκ ἔστιν ὅστις αὐτὸν ἐξαιρήσεται
μογοῦντα πλευρά, πρὶν γυναῖκ' ἐμοὶ μεθῇ.
ἢν δ' οὖν ἁμάρτω τῆσδ' ἄγρας, καὶ μὴ μόλῃ
πρὸς αἱματηρὸν πέλανον, εἶμι τῶν κάτω
Κόρης Ἄνακτός τ' εἰς ἀνηλίους δόμους
αἰτήσομαί τε· καὶ πέποιθ' ἄξειν ἄνω
Ἄλκηστιν, ὥστε χερσὶν ἐνθεῖναι ξένου,
ὅς μ' ἐς δόμους ἐδέξατ' οὐδ' ἀπήλασε,
καίπερ βαρείᾳ συμφορᾷ πεπληγμένος,
ἔκρυπτε δ' ὢν γενναῖος, αἰδεσθεὶς ἐμέ.
τίς τοῦδε μᾶλλον Θεσσαλῶν φιλόξενος,
τίς Ἑλλάδ' οἰκῶν; τοιγὰρ οὐκ ἐρεῖ κακὸν
εὐεργετῆσαι φῶτα γενναῖος γεγώς.

Αδ ἰώ, στυγναὶ an^2
πρόσοδοι, στυγναὶ δ' ὄψεις χήρων an^4
μελάθρων. ἰώ μοί μοι. αἶ αἶ.
ποῖ βῶ; ποῖ στῶ; τί λέγω; τί δὲ μή;
πῶς ἂν ὀλοίμαν;
ἦ βαρυδαίμονα μήτηρ μ' ἔτεκεν.
ζηλῶ φθιμένους, κείνων ἔραμαι,
κεῖν' ἐπιθυμῶ δώματα ναίειν.
οὔτε γὰρ αὐγὰς χαίρω προσορῶν
οὔτ' ἐπὶ γαίας πόδα πεζεύων·

So muß er zappeln, keiner macht ihn frei,
Bis er mir diese Tote überläßt.
Mißglückt der Fang und kommt er nicht herbei
Zum blutgen Opferkuchen, zieh ich selbst
In Kores und des Gatten finstres Reich,
Sie zu erbitten und ich zweifle nicht,
Ich führ Alkestis meinem Freunde zu,
Der mich von seiner Schwelle nicht verstieß,
Obschon das schwerste Unheil ihn befiel;
Der Edle barg es mir und schonte mich,
Der beste Gastfreund in Thessalien,
Ja, in ganz Hellas. Niemals sag er, daß
Sein Gast nicht wert war seines hohen Sinns. *ab*

FÜNFTES STANDLIED

Wechsellied

Admetos *singt*

Wehe,
Verhaßte Türen,
Verhaßter Anblick
Verödeten Hauses!
Ja, wehe!
Ja, Wehe und Ach!
Wohin gehen, wo stehen?
Was sagen, verschweigen?
O wäre es mein Ende!
Zum Unglück gebar mich die Mutter.
Ich beneide die Toten,
Es zieht mich zu ihnen,
In ihren Behausungen
Lockt michs zu wohnen.
Nicht freut mich zu schauen das Licht,
Noch den Boden zu treten.

τοῖον ὁμηρόν μ᾽ ἀποσυλήσας
Ἅιδῃ Θάνατος παρέδωκεν.

Χο πρόβα, πρόβα· βᾶθι κεῦθος οἴκων. — ia^2 cr ba — στρ.

Αδ αἰαῖ
Χο πέπονθας ἄξι᾽ αἰαγμάτων. — ia^2 do
Αδ ἒ ἔ.
Χο δι᾽ ὀδύνας ἔβας, σάφ᾽ οἶδα. — cr reiz
Αδ φεῦ φεῦ.
Χο τὰν νέρθε δ᾽ οὐδὲν ὠφελεῖς. — ia^4
Αδ ἰώ μοί μοι.
Χο τὸ μήποτ᾽ εἰσιδεῖν φιλίας ἀλόχου — ia^2 ⏑ hem
πρόσωπον ἄντα λυπρόν. — ia^2 ba

Αδ ἔμνησας ὅ μου φρένας ἥλκωσεν· — an^4
τί γὰρ ἀνδρὶ κακὸν μεῖζον, ἁμαρτεῖν
πιστῆς ἀλόχου; μή ποτε γήμας
ὤφελον οἰκεῖν μετὰ τῆσδε δόμους.
ζηλῶ δ᾽ ἀγάμους ἀτέκνους τε βροτῶν·
μία γὰρ ψυχή, τῆς ὑπεραλγεῖν
μέτριον ἄχθος·
παίδων δὲ νόσους καὶ νυμφιδίους
εὐνὰς θανάτοις κεραϊζομένας
οὐ τλητὸν ὁρᾶν, ἐξὸν ἀτέκνους
ἀγάμους τ᾽ εἶναι διὰ παντός.

Χο τύχα τύχα δυσπάλαιστος ἥκει· — ἀντ.

Solch teures Pfand hat Thanatos
Mir selbst geraubt und dem Hades
Weitergegeben.

Strophe

Ch Zieh weiter, zieh weiter
Zum Frieden des Hauses!
Ad O Wehe!
Ch Dein Los, es will Klagen und Stöhnen!
Ad Ach, ach!
Ch Du schrittest durch Schmerzen, ich weiß es.
Ad O wehe!
Ch Der Toten hilft die Klage nichts.
Ad Ach, ach!
Ch Der lieben Gemahlin Gesicht
Nicht mehr zu schauen,
Ist bitter.
Ad Du gemahnst mich an das, was so schwer mich traf:
Was ist bittrer dem Mann als Verlust
Der treuesten Gattin? O hätt ich sie nie
Gefreit und hätt ich mit ihr
Nie im Hause gelebt!
Die Unvermählten, die Kinderlosen
Beneid ich:
Wer für eine Seele nur bangt,
Trägt leichtere Bürde.
Krankheit der Kinder,
Bräutliches Band vom Tode zerschnitten,
Ist schwer zu ertragen, doch leicht,
Ganz ohne Kinder und Gattin zu sein.

Gegenstrophe

Ch Das Schicksal, das Schicksal
Kommt unüberwindbar!

Αδ αἰαῖ.
Χο πέρας δέ γ' οὐδὲν ἀλγέων τίθης.
Αδ ἒ ἔ.
Χο βαρέα μὲν φέρειν, ὅμως δὲ
Αδ φεῦ φεῦ.
Χο τλᾶθ'· οὐ σὺ πρῶτος ὤλεσας
Αδ ἰώ μοί μοι.
Χο γυναῖκα· συμφορὰ δ' ἑτέρους ἑτέρα
πιέζει φανεῖσα θνατῶν. do ba

Αδ ὦ μακρὰ πένθη λῦπαί τε φίλων an^4
τῶν ὑπὸ γαῖαν.
τί μ' ἐκώλυσας ῥῖψαι τύμβου
τάφρον ἐς κοίλην καὶ μετ' ἐκείνης
τῆς μέγ' ἀρίστης κεῖσθαι φθίμενον;
δύο δ' ἀντὶ μιᾶς Ἅιδης ψυχὰς
τὰς πιστοτάτας σὺν ἂν ἔσχεν, ὁμοῦ
χθονίαν λίμνην διαβάντε.

Χο ἐμοί τις ἦν ia^2 στρ.
ἐν γένει, ᾧ κόρος ἀξιόθρηνος da^4
ὤλετ' ἐν δόμοισιν cr ba
μονόπαις· ἀλλ' ἔμπας an^2–
ἔφερε κακὸν ἅλις, ἄτεκνος ὤν, ia^4
πολιὰς ἐπὶ χαίτας an^2–
ἤδη προπετὴς ὢν an^2–
βιότου τε πόρσω. an ba
Αδ ὦ σχῆμα δόμων, πῶς εἰσέλθω; an^4
πῶς δ' οἰκήσω μεταπίπτοντος
δαίμονος; οἴμοι. πολὺ γὰρ τὸ μέσον·
τότε μὲν πεύκαις σὺν Πηλιάσιν

Ad O wehe!
Ch So setze dem Schmerz seine Grenzen!
Ad Ach, ach!
Ch Zwar schwer ist die Last, aber dennoch...
Ad O wehe!
Ch Auch andere verloren schon...
Ad Ach, ach!
Ch Die Gattin; und anderes Leid
Drückt andere Menschen
Zu Boden.
Ad O langes Leid, o Schmerzen
Um die Lieben unter der Erde!
Warum verwehrtest du mir
Den Sprung vom Hügel zur Grube,
Dort zu liegen mit ihr,
Der besten der Toten?
Zwei Seelen statt einer,
Treueste Seelen,
Besäße auf einmal der Hades,
Wir hätten zusammen
Die untren Gewässer befahren.

Zweite Strophe

Ch Einem Mann meines Stammes starb ein Sohn,
Ein Klagenswerter, im Haus,
Sein einziges Kind. Doch ertrug er
Gleichwohl das Los der Einsamkeit,
Schon grauen Hauptes,
Hinfälligen Leibes,
Am Rand des Lebens.

Ad O vertrautes Haus, wie betret ich dich jetzt,
Wie soll ich hier wohnen, o weh,
Unter anderem Daimon?
Viel liegt da inmitten. Einst zog ich hier ein

σύν θ' ὑμεναίοις ἔστειχον ἔσω,
φιλίας ἀλόχου χέρα βαστάζων,
πολυάχητος δ' εἵπετο κῶμος,
τήν τε θανοῦσαν κἄμ' ὀλβίζων,
ὡς εὐπατρίδαι καὶ ἀπ' ἀμφοτέρων
ὄντες ἀρίστων σύζυγες εἶμεν·
νῦν δ' ὑμεναίων γόος ἀντίπαλος
λευκῶν τε πέπλων μέλανες στολμοὶ
πέμπουσί μ' ἔσω
λέκτρων κοίτας ἐς ἐρήμους.

Χο παρ' εὐτυχῆ ἀντ.
σοὶ πότμον ἦλθεν ἀπειροκάκῳ τόδ'
ἄλγος· ἀλλ' ἔσωσας
βίοτον καὶ ψυχάν.
ἔθανε δάμαρ, ἔλιπε φιλίαν·
τί νέον τόδε; πολλοῖς
ἤδη παρέλυσεν
θάνατος δάμαρτας.

Αδ φίλοι, γυναικὸς δαίμον' εὐτυχέστερον
τοὐμοῦ νομίζω, καίπερ οὐ δοκοῦνθ' ὅμως·
τῆς μὲν γὰρ οὐδὲν ἄλγος ἅψεταί ποτε,
πολλῶν δὲ μόχθων εὐκλεὴς ἐπαύσατο.
ἐγὼ δ', ὃν οὐ χρῆν ζῆν, παρεὶς τὸ μόρσιμον
λυπρὸν διάξω βίοτον· ἄρτι μανθάνω.
πῶς γὰρ δόμων τῶνδ' εἰσόδους ἀνέξομαι;
τίν' ἂν προσειπών, τοῦ δὲ προσρηθεὶς ὕπο,
τερπνῆς τύχοιμ' ἂν εἰσόδου; ποῖ τρέψομαι;
ἡ μὲν γὰρ ἔνδον ἐξελᾷ μ' ἐρημία,
γυναικὸς εὐνὰς εὖτ' ἂν εἰσίδω κενὰς
θρόνους τ' ἐν οἷσιν ἷζε, καὶ κατὰ στέγας
αὐχμηρὸν οὖδας, τέκνα δ' ἀμφὶ γούνασι
πίπτοντα κλαίῃ μητέρ', οἳ δὲ δεσπότιν

Im Glanz der pelischen Fackeln
Mit Hochzeitsliedern und faßte die Hand
Der geliebtesten Gattin,
Und lärmend folgte der Zug,
Der die heute Verstorbene pries und mich selber,
Unsre alten Geschlechter, den edelsten Stamm.
Ach, den Hochzeitsliedern entgegnen
Heute die Schreie der Klage,
Statt weißer Gewänder
Geleiten mich schwarze hinein ins Gemach,
Gemach ohne Lager!

Gegenstrophe

Als den Glücklichsten traf dich der Schmerz,
Noch Ungeübten im Leid,
Doch blieben dir Leben und Güter.
Die Gattin starb, es blieb der Mann:
Was ist hier Neues?
Schon vielen entrückte
Der Tod die Gattin.

SECHSTE HAUPTSZENE

Ad Ein bessrer Daimon hat die Frau geführt
Als mich, so glaub ich trotz des äußern Scheins.
Sie wird von keinem Leid mehr angerührt,
Ruht hochgeehrt von allen Mühen aus.
Ich sollte sterben, ich verriet mein Los
Und weiß jetzt, daß ich nie mehr glücklich bin.
Wofür durchschreit ich jemals dieses Tor?
Wen red ich an, von wem werd ich gehört?
Kein froh Begrüßen und kein frohes Ziel!
Das öde Innre treibt mich wieder fort.
Ich seh das Lager meiner Gattin leer,
Den Stuhl, auf dem sie saß; der Boden ist
Verstaubt; die Kinder drängen sich ums Knie
Und rufen „Mutter“; das Gesinde seufzt

στένωσιν οἵαν ἐκ δόμων ἀπώλεσαν.
τὰ μὲν κατ' οἴκους τοιάδ'· ἔξωθεν δέ με
γάμοι τ' ἐλῶσι Θεσσαλῶν καὶ ξύλλογοι
γυναικοπληθεῖς· οὐ γὰρ ἐξανέξομαι
λεύσσων δάμαρτος τῆς ἐμῆς ὁμήλικας.
ἐρεῖ δέ μ' ὅστις ἐχθρὸς ὢν κυρεῖ τάδε·
'Ιδοῦ τὸν αἰσχρῶς ζῶνθ', ὃς οὐκ ἔτλη θανεῖν,
ἀλλ' ἣν ἔγημεν ἀντιδοὺς ἀψυχίᾳ
πέφευγεν Ἅιδην· εἶτ' ἀνὴρ εἶναι δοκεῖ;
στυγεῖ δὲ τοὺς τεκόντας, αὐτὸς οὐ θέλων
θανεῖν. τοιάνδε πρὸς κακοῖσι κληδόνα
ἕξω. τί μοι ζῆν δῆτα κέρδιον, φίλοι,
κακῶς κλύοντι καὶ κακῶς πεπραγότι;

Χο	ἐγὼ καὶ διὰ μούσας	⏑–ch–	στρ.
	καὶ μετάρσιος ᾖξα, καὶ	gl	
	πλείστων ἁψάμενος λόγων	gl	
	κρεῖσσον οὐδὲν 'Ανάγκας	gl^	
	ηὗρον, οὐδέ τι φάρμακον	gl	
	Θρῄσσαις ἐν σανίσιν, τὰς	gl^	
	'Ορφεία κατέγραψεν	gl^	
	γῆρυς, οὐδ' ὅσα Φοῖβος 'Ασ–	gl	
	κληπιάδαις ἔδωκε	ch ba	
	φάρμακα πολυπόνοις	ch ba^	
	ἀντιτεμὼν βροτοῖσιν.	ch ba	

μόνας δ' οὔτ' ἐπὶ βωμοὺς ἀντ.
ἔστιν οὔτε βρέτας θεᾶς
ἐλθεῖν, οὐ σφαγίων κλύει.
μή μοι, πότνια, μείζων
ἔλθοις ἢ τὸ πρὶν ἐν βίῳ.

Nach seiner Herrin, die vom Hause schied.
So stehts im Haus; vom Markt verscheuchen mich
Beglückte Ehen und das Weibervolk
Der Feste. Nie ertrag ichs mehr, wenn ich
Noch Frauen seh im Alter meiner Frau.
Auch sagen Feinde: „Seht die Schande an!
Er sollte sterben, doch er war zu feig,
Vergab die eigne Gattin an den Tod
Und floh den Hades. Ist das noch ein Mann,
Der seinen Eltern vorwirft, was er selbst
Versäumt!“ So üblen Ruf erwerb ich mir
Zu allem Unglück. Wozu leb ich noch?
Ich lebe schlecht und bin ein schlechter Mann.

SECHSTES STANDLIED

Strophe

Ch Ich diente den Musen,
Sie führten mich aufwärts,
Ich ward vertraut
Mit vielerlei Bericht,
Doch keine der Mächte ward stärker gefunden
Als Ananke. Kein wehrender Spruch
Steht auf thrakischen Tafeln verzeichnet
Aus Orpheus weisem Mund,
Und kein Heilkraut schnitt Phoibos
Den Asklepiossöhnen,
Den Menschen bleibt ihr hartes Los.

Gegenstrophe

Zu Bild und Altären
Der einzigen Göttin
Führt rings kein Pfad.
Sie will kein Opferblut.
Erscheine, du Hohe, mir fortan im Leben

καὶ γὰρ Ζεὺς ὅ τι νεύσῃ,
σὺν σοὶ τοῦτο τελευτᾷ.
καὶ τὸν ἐν Χαλύβοις δαμά-
ζεις σὺ βίᾳ σίδαρον,
οὐδέ τις ἀποτόμου
λήματός ἐστιν αἰδώς.

καὶ σ' ἐν ἀφύκτοισι χερῶν εἷλε θεὰ δεσμοῖς. ch^3 an στρ.
τόλμα δ'· οὐ γὰρ ἀνάξεις ποτ' ἔνερθεν an ch^2–
κλαίων τοὺς φθιμένους ἄνω. gl
καὶ θεῶν σκότιοι φθίνουσι ‸gl–
παῖδες ἐν θανάτῳ. cr an
φίλα μὲν ὅτ' ἦν μεθ' ἡμῶν, ‸gl–
φίλα δὲ θανοῦσ' ἔτ' ἔσται, ‸gl–
γενναιοτάταν δὲ πασᾶν an^2 ba
ἐζεύξω κλισίαις ἄκοιτιν. gl–

μηδὲ νεκρῶν ὡς φθιμένων χῶμα νομιζέσθω ἀντ.
τύμβος σᾶς ἀλόχου, θεοῖσι δ' ὁμοίως
τιμάσθω, σέβας ἐμπόρων.
καί τις δοχμίαν κέλευθον
ἐκβαίνων τόδ' ἐρεῖ·
Αὕτα ποτὲ προύθαν' ἀνδρός,
νῦν δ' ἐστὶ μάκαιρα δαίμων·
χαῖρ', ὦ πότνι', εὖ δὲ δοίης.
τοῖαί νιν προσεροῦσι φῆμαι.

Χο καὶ μὴν ὅδ', ὡς ἔοικεν, Ἀλκμήνης γόνος,
Ἄδμητε, πρὸς σὴν ἑστίαν πορεύεται.

Nicht noch grausamer, als es geschah!
Auch was Zeus uns verhängt, das verhängt er
Doch nur mit dir im Bund.
Kein chalybisches Eisen
Widersteht deinen Händen,
Kein Mitleid kennt dein hartes Herz.

Zweite Strophe

Auch dich hat die Göttin
In unentrinnbare Fesseln geschlagen.
Trag es! Die Klage holt nie
Tote von drunten herauf.
Auch Söhne der Götter verschwinden
Im Dunkel des Todes. –
Teuer, wie sie uns umgab,
Teuer bleibt sie uns im Tod.
Die alleredelste Gattin
War deinem Lager verbunden.

Gegenstrophe

Das Grab deiner Gattin .
Sei nie wie andere Hügel geachtet;
Göttergleich sei es geehrt,
Wandrern als Zeichen gesetzt.
Da tritt einer seitab der Straße
Und sagt diese Worte:
„Diese starb für ihren Mann,
Wurde nun ein selger Geist.
O schenk uns, Hohe, den Segen!“
So werden sie Stimmen begrüßen.

SCHLUSSZENE

Chf Doch sieh, Admetos, hier kehrt offenbar
Alkmenes Sohn an deinen Herd zurück!

Ηρ φίλον πρὸς ἄνδρα χρὴ λέγειν ἐλευθέρως,
Ἄδμητε, μομφὰς δ' οὐχ ὑπὸ σπλάγχνοις ἔχειν
σιγῶντ'. ἐγὼ δὲ σοῖς κακοῖσιν ἠξίουν
ἐγγὺς παρεστὼς ἐξετάζεσθαι φίλος·
σὺ δ' οὐκ ἔφραζες σῆς προκείμενον νέκυν
γυναικός, ἀλλά μ' ἐξένιζες ἐν δόμοις,
ὡς δὴ θυραίου πήματος σπουδὴν ἔχων.
κἄστεψα κρᾶτα καὶ θεοῖς ἐλειψάμην
σπονδὰς ἐν οἴκοις δυστυχοῦσι τοῖσι σοῖς.
καὶ μέμφομαι μέν, μέμφομαι, παθὼν τάδε,
οὐ μήν σε λυπεῖν ἐν κακοῖσι βούλομαι.
ὧν δ' οὕνεχ' ἥκω δεῦρ' ὑποστρέψας πάλιν
λέξω. γυναῖκα τήνδε μοι σῷσον λαβών,
ἕως ἂν ἵππους δεῦρο Θρῃκίας ἄγων
ἔλθω, τύραννον Βιστόνων κατακτανών.
πράξας δ' ὃ μὴ τύχοιμι, νοστήσαιμι γάρ,
δίδωμι τήνδε σοῖσι προσπολεῖν δόμοις·
πολλῷ δὲ μόχθῳ χεῖρας ἦλθεν εἰς ἐμάς.
ἀγῶνα γὰρ πάνδημον εὑρίσκω τινὰς
τιθέντας, ἀθληταῖσιν ἄξιον πόνον,
ὅθεν κομίζω τήνδε νικητήρια
λαβών· τὰ μὲν γὰρ κοῦφα τοῖς νικῶσιν ἦν
ἵππους ἄγεσθαι, τοῖσι δ' αὖ τὰ μείζονα
νικῶσι, πυγμὴν καὶ πάλην, βουφόρβια·
γυνὴ δ' ἐπ' αὐτοῖς εἵπετ'· ἐντυχόντι δὲ
αἰσχρὸν παρεῖναι κέρδος ἦν τόδ' εὐκλεές.
ἀλλ', ὥσπερ εἶπον, σοὶ μέλειν γυναῖκα χρή·
οὐ γὰρ κλοπαίαν, ἀλλὰ σὺν πόνῳ λαβὼν
ἥκω· χρόνῳ δὲ καὶ σύ μ' αἰνέσεις ἴσως.
Αδ οὔτοι σ' ἀτίζων οὐδ' ἐν αἰσχροῖσιν τιθεὶς
ἔκρυψ' ἐμῆς γυναικὸς ἀθλίου τύχας·
ἀλλ' ἄλγος ἄλγει τοῦτ' ἂν ἦν προσκείμενον,
εἴ του πρὸς ἄλλου δώμαθ' ὡρμήθης ξένου·
ἅλις δὲ κλαίειν τοὐμὸν ἦν ἐμοὶ κακόν.
γυναῖκα δ', εἴ πως ἔστιν, αἰτοῦμαί σ', ἄναξ,
ἄλλον τιν' ὅστις μὴ πέπονθεν οἷ' ἐγὼ

Her Zu seinen Freunden spricht man freies Wort.
Admet, ich kann nicht schweigen, muß den Groll
Vom Herzen reden. Wie kein andrer stand
Ich dir in deinem großen Unglück nah,
Doch du hast mir der Gattin Tod verhehlt,
Hast mir dein Haus geöffnet wie vorher,
Als handl es sich um eine fremde Frau.
So trug ich Kränze, spendete den Wein
In deines größten Unglücks Trauerhaus.
Das muß gescholten, schwer gescholten sein,
Doch hab ich Mitleid auch mit deinem Leid.
Nun höre, was mich wieder zu dir her
Geführt: ich übergebe dir dies Weib,
Bis ich den Fürsten der Bistoner umgebracht
Und mit den Thrakerrossen bei dir bin.
Geschieht ein Unglück mit der Wiederkehr,
Behalte sie zum Dienst in deinem Haus!
Nach schwerer Müh fiel sie in meine Hand:
Ein allgemeines Wettspiel traf ich an
Mit reichen Preisen für die Siegenden,
Da hab ich mir als Beute sie geholt.
Für leichte Kämpfe gab es Pferde, für
Die schwereren, den Faust- und Ringerkampf,
Gabs feiste Rinder und dazu dies Weib.
Ich hätte mich geschämt, den stolzen Ruhm
Vorbeizulassen und den guten Preis.
Du also trägst die Sorge für dies Weib,
Das ich mir schwer und nicht durch Raub gewann,
Du wirst mir einmal dafür dankbar sein.
Ad Nicht aus Mißachtung deines hohen Worts
Verbarg ich meiner Gattin traurig Los;
Ich hätte neues Leid zum Leid gefügt,
Wärst du gegangen zu der nächsten Tür.
War nicht die eine Trauer schon genug?
Und diese Frau, wenns sein kann, lieber Fürst,
Gib einem andern Théssaler in Hut,

σῴζειν ἄνωχθι Θεσσαλῶν· πολλοὶ δέ σοι
ξένοι Φεραίων· μή μ' ἀναμνήσῃς κακῶν.
οὐκ ἂν δυναίμην τήνδ' ὁρῶν ἐν δώμασιν
ἄδακρυς εἶναι· μὴ νοσοῦντί μοι νόσον
προσθῇς· ἅλις γὰρ συμφορᾷ βαρύνομαι.
ποῦ καὶ τρέφοιτ' ἂν δωμάτων νέα γυνή;
νέα γάρ, ὡς ἐσθῆτι καὶ κόσμῳ πρέπει.
πότερα κατ' ἀνδρῶν δῆτ' ἐνοικήσει στέγην;
καὶ πῶς ἀκραιφνὴς ἐν νέοις στρωφωμένη
ἔσται; τὸν ἡβῶνθ', Ἡράκλεις, οὐ ῥᾴδιον
εἴργειν· ἐγὼ δὲ σοῦ προμηθίαν ἔχω.
ἢ τῆς θανούσης θάλαμον ἐσβήσας τρέφω;
καὶ πῶς ἐπεσφρῶ τήνδε τῷ κείνης λέχει;
διπλῆν φοβοῦμαι μέμψιν, ἔκ τε δημοτῶν,
μή τίς μ' ἐλέγξῃ τὴν ἐμὴν εὐεργέτιν
προδόντ' ἐν ἄλλης δεμνίοις πίτνειν νέας,
καὶ τῆς θανούσης· ἀξία δέ μοι σέβειν·
πολλὴν πρόνοιαν δεῖ μ' ἔχειν. σὺ δ', ὦ γύναι,
ἥτις ποτ' εἶ σύ, ταὔτ' ἔχουσ' Ἀλκήστιδι
μορφῆς μέτρ' ἴσθι, καὶ προσήιξαι δέμας.
οἴμοι. κόμιζε πρὸς θεῶν ἐξ ὀμμάτων
γυναῖκα τήνδε, μή μ' ἕλῃς ᾐρημένον.
δοκῶ γὰρ αὐτὴν εἰσορῶν γυναῖχ' ὁρᾶν
ἐμήν· θολοῖ δὲ καρδίαν, ἐκ δ' ὀμμάτων
πηγαὶ κατερρώγασιν· ὢ τλήμων ἐγώ,
ὡς ἄρτι πένθους τοῦδε γεύομαι πικροῦ.
Χο ἐγὼ μὲν οὐκ ἔχοιμ' ἂν εὖ λέγειν τύχην·
χρὴ δ', ὅστις εἶσι, καρτερεῖν θεοῦ δόσιν.
Ηρ εἰ γὰρ τοσαύτην δύναμιν εἶχον ὥστε σὴν
ἐς φῶς πορεῦσαι νερτέρων ἐκ δωμάτων
γυναῖκα καί σοι τήνδε πορσῦναι χάριν.
Αδ σάφ' οἶδα βούλεσθαί σ' ἄν. ἀλλὰ ποῦ τόδε;
οὐκ ἔστι τοὺς θανόντας ἐς φάος μολεῖν.
Ηρ μή νυν ὑπέρβαλλ', ἀλλ' ἐναισίμως φέρε.
Αδ ῥᾷον παραινεῖν ἢ παθόντα καρτερεῖν.
Ηρ τί δ' ἂν προκόπτοις, εἰ θέλοις ἀεὶ στένειν;

Der nicht solch Leid erfuhr, du hast ja hier
Viel Freunde. Grausam träfe mich ihr Bild,
Bei ihrem Anblick flössen Tränen. Mach
Den Kranken nicht noch kränker, denn genug
Ist, was ich tragen muß. Das junge Weib –
Denn nach Gewand und Schmuck ist sie noch jung –
Wo hielte sie sich hier im Hause auf?
Lebt sie mit Männern unter einem Dach,
Wie bleibt sie rein? Die Jugend ist so schwer
Zu zügeln; wie bewahr ich dir dein Gut?
Und räum ich der Verstorbenen Gemach,
Wie bett ich sie im Lager jener Frau?
Da fürcht ich doppelt Vorwurf: von dem Volk,
Daß ich die Frau, die alles für mich tat,
Verrate an das Bett der Jüngeren,
Und von der Toten, der mein Dank gebührt
Und jede Ehrfurcht! – Wer du immer seist,
Du gleichst Alkestis an Gestalt und Wuchs.
Weh mir! O schaffe sie aus meinem Aug
Und fessle nicht den schon Gefesselten!
Schon glaub ich, meine Frau in ihr zu sehn,
Mein Herz wird trüb, dem Aug entströmen schon
Die Tränen! O ich ganz Unseliger!
Wie bitter schmeckt mir dieser neue Schmerz!

Chf Ich kann dein Los nicht preisen. Nimm es hin
Als Sendung eines unbekannten Gotts!
Her O fänd ich Kraft, dir aus der Unterwelt
Dein Weib zu holen an das Licht des Tags,
Und dir zu danken, was du mir getan!
Ad Ich weiß, du wolltests, doch es kann nicht sein;
Kein Toter ist von dort zurückgekehrt.
Her So fasse dich und finde dir ein Maß!
Ad Leicht mahnt, wer selber nicht das Opfer ist.
Her Was hilft die Klage, die kein Ende setzt?

Αδ ἔγνωκα καὐτός, ἀλλ' ἔρως τις ἐξάγει.
Ηρ τὸ γὰρ φιλῆσαι τὸν θανόντ' ἄγει δάκρυ.
Αδ ἀπώλεσέν με, κἄτι μᾶλλον ἢ λέγω.
Ηρ γυναικὸς ἐσθλῆς ἤμπλακες· τίς ἀντερεῖ;
Αδ ὥστ' ἄνδρα τόνδε μηκέθ' ἥδεσθαι βίῳ.
Ηρ χρόνος μαλάξει, νῦν δ' ἔθ' ἡβάσκει κακόν.
Αδ χρόνον λέγοις ἄν, εἰ χρόνος τὸ κατθανεῖν.
Ηρ γυνή σε παύσει καὶ νέου γάμου πόθοι.
Αδ σίγησον· οἷον εἶπας. οὐκ ἂν ᾠόμην.
Ηρ τί δ'; οὐ γαμεῖς γάρ, ἀλλὰ χηρεύσῃ λέχος;
Αδ οὐκ ἔστιν ἥτις τῷδε συγκλιθήσεται.
Ηρ μῶν τὴν θανοῦσαν ὠφελεῖν τι προσδοκᾷς;
Αδ κείνην ὅπουπερ ἔστι τιμᾶσθαι χρεών.
Ηρ αἰνῶ μὲν αἰνῶ. μωρίαν δ' ὀφλισκάνεις.
Αδ ὡς μήποτ' ἄνδρα τόνδε νυμφίον καλῶν.
Ηρ ἐπῄνεσ' ἀλόχῳ πιστὸς οὕνεκ' εἶ φίλος.
Αδ θάνοιμ' ἐκείνην καίπερ οὐκ οὖσαν προδούς.
Ηρ δέχου νυν εἴσω τήνδε γενναίων δόμων.
Αδ μή, πρός σε τοῦ σπείραντος ἄντομαι Διός.
Ηρ καὶ μὴν ἁμαρτήσῃ γε μὴ δράσας τάδε.
Αδ καὶ δρῶν γε λύπῃ καρδίαν δηχθήσομαι.
Ηρ πιθοῦ· τάχ' ἂν γὰρ ἐς δέον πέσοι χάρις.
Αδ φεῦ.
εἴθ' ἐξ ἀγῶνος τήνδε μὴ 'λαβές ποτε.
Ηρ νικῶντι μέντοι καὶ σὺ συννικᾷς ἐμοί.
Αδ καλῶς ἔλεξας· ἡ γυνὴ δ' ἀπελθέτω.
Ηρ ἄπεισιν, εἰ χρή· πρῶτα δ' εἰ χρεὼν ἄθρει.
Αδ χρή, σοῦ γε μὴ μέλλοντος ὀργαίνειν ἐμοί.
Ηρ εἰδώς τι κἀγὼ τήνδ' ἔχω προθυμίαν.
Αδ νίκα νυν. οὐ μὴν ἀνδάνοντά μοι ποιεῖς.
Ηρ ἀλλ' ἔσθ' ὅθ' ἡμᾶς αἰνέσεις· πιθοῦ μόνον.

Αδ κομίζετ', εἰ χρὴ τήνδε δέξασθαι δόμοις.
Ηρ οὐκ ἂν μεθείην τὴν γυναῖκα προσπόλοις.
Αδ σὺ δ' αὐτὸς αὐτὴν εἴσαγ', εἰ βούλῃ, δόμους.
Ηρ ἐς σὰς μὲν οὖν ἔγωγε θήσομαι χέρας.
Αδ οὐκ ἂν θίγοιμι· δῶμα δ' εἰσελθεῖν πάρα.

Ad Nichts hilft sie, doch ich kann nicht widerstehn.
Her Ich weiß: die Träne hält der Liebe Schritt.
Ad Es traf mich tiefer, als ein Wort vermag.
Her Was du verlorst, das weiß die weite Welt.
Ad Mir reicht das Leben keine Freude mehr.
Her Die Wunde klafft, doch Heilung bringt die Zeit.
Ad Die Zeit, die mich noch heilt, ist nur der Tod.
Her Oft stiftet zweite Ehe zweites Glück.
Ad O schweig! Wie hast du solches Wort gewagt!
Her So bleibst du einsam? Ohne zweite Frau?
Ad Mit keiner andern teilt Admet sein Bett.
Her Und glaubst du, daß es einer Toten hilft?
Ad Ich muß sie ehren, lebend oder tot.
Her Ich lob es, lob es. Weise ist es nicht.
Ad Nie siehst du mich im zweiten Hochzeitskranz.
Her Ein treuer Gatte bist du dieser Frau.
Ad Es sei mein Tod, wenn ich es nicht mehr bin.
Her Doch diese führ in dein erlauchtes Haus.
Ad Ich fleh dich an bei deinem Vater Zeus!...
Her Es wird dich reuen, wenn du es nicht tust.
Ad Und wenn ichs tu, zerreißt es mir das Herz.
Her Tus dennoch, und der Lohn ist dir gewiß.
Ad Weh mir!
O hättst du diesen Kampfpreis nie erzielt!
Her Bei diesem Siege hast du mitgesiegt.
Ad Dank für dies Wort. Doch sie muß weiterziehn!
Her Sie geht, wenns nottut. Prüfe vorher selbst!
Ad Es muß geschehn – wenn du nicht ewig grollst.
Her Als Wissender verlang ich es von dir.
Ad So bleibe Sieger, doch zu meinem Leid.
Her Tus nur, du wirst mit mir zufrieden sein.
Ad *zu den Dienern*
Wenn es denn sein muß, führt sie in mein Haus!
Her Soll sie den Dienern überlassen sein?
Ad So führ sie selber, wenn du willst, hinein!
Her In deine eigne Hand befehl ich sie.
Ad Das Tor steht frei; ich rühre sie nicht an.

Ηρ τῇ σῇ πέποιθα χειρὶ δεξιᾷ μόνῃ.
Αδ ἄναξ, βιάζῃ μ' οὐ θέλοντα δρᾶν τάδε.
Ηρ τόλμα προτεῖναι χεῖρα καὶ θιγεῖν ξένης.

Αδ καὶ δὴ προτείνω, Γοργόν' ὡς καρατομῶν.
Ηρ ἔχεις;
Αδ ἔχω, ναί.
Ηρ σῷζέ νυν, καὶ τὸν Διὸς
φήσεις ποτ' εἶναι παῖδα γενναῖον ξένον.
βλέψον πρὸς αὐτήν, εἴ τι σῇ δοκεῖ πρέπειν
γυναικί· λύπης δ' εὐτυχῶν μεθίστασο.
Αδ ὦ θεοί, τί λέξω; θαῦμ' ἀνέλπιστον τόδε.
γυναῖκα λεύσσω τὴν ἐμὴν ἐτητύμως,
ἢ κέρτομός με θεοῦ τις ἐκπλήσσει χαρά;
Ηρ οὐκ ἔστιν, ἀλλὰ τήνδ' ὁρᾷς δάμαρτα σήν.
Αδ ὅρα γε μή τι φάσμα νερτέρων τόδ' ᾖ.
Ηρ οὐ ψυχαγωγὸν τόνδ' ἐποιήσω ξένον.
Αδ ἀλλ' ἣν ἔθαπτον εἰσορῶ δάμαρτ' ἐμήν;
Ηρ σάφ' ἴσθ'. ἀπιστεῖν δ' οὔ σε θαυμάζω τύχην.
Αδ θίγω, προσείπω ζῶσαν ὡς δάμαρτ' ἐμήν;
Ηρ πρόσειπ'· ἔχεις γὰρ πᾶν ὅσονπερ ἤθελες.
Αδ ὦ φιλτάτης γυναικὸς ὄμμα καὶ δέμας,
ἔχω σ' ἀέλπτως, οὔποτ' ὄψεσθαι δοκῶν.
Ηρ ἔχεις· φθόνος δὲ μὴ γένοιτό τις θεῶν.
Αδ ὦ τοῦ μεγίστου Ζηνὸς εὐγενὲς τέκνον,
εὐδαιμονοίης, καί σ' ὁ φιτύσας πατὴρ
σῴζοι· σὺ γὰρ δὴ τἄμ' ἀνώρθωσας μόνος.
πῶς τήνδ' ἔπεμψας νέρθεν ἐς φάος τόδε;
Ηρ μάχην συνάψας δαιμόνων τῷ κοιράνῳ.
Αδ ποῦ τόνδε Θανάτῳ φῂς ἀγῶνα συμβαλεῖν;
Ηρ τύμβον παρ' αὐτὸν ἐκ λόχου μάρψας χεροῖν.
Αδ τί γάρ ποθ' ἥδ' ἄναυδος ἕστηκεν γυνή;
Ηρ οὔπω θέμις σοι τῆσδε προσφωνημάτων
κλύειν, πρὶν ἂν θεοῖσι τοῖσι νερτέροις
ἀφαγνίσηται καὶ τρίτον μόλῃ φάος.
ἀλλ' εἴσαγ' εἴσω τήνδε· καὶ δίκαιος ὢν
τὸ λοιπόν, Ἄδμητ', εὐσέβει περὶ ξένους.

Her Nur deinen Händen wird sie anvertraut.
Ad Du zwingst mich, Herr, zu dem, was ich nicht will.
Her Streck kühn die Hand aus, faß die ihre an!
Ad *abgewandt*
So wie man ein Gorgonenhaupt berührt.
Her Hältst du sie?
Ad Ja!
Her So laß sie nie und sag,
Daß Zeus' Erzeugte gute Gäste sind:
Sieh, ob die Frau nicht deiner Gattin gleicht!
Aus deinem Schmerz erwuchs das reinste Glück!
Ad O Gott, was seh ich? Wunder unerhört!
Hier steht sie selber, steht sie, meine Frau,
Wenn mich kein Gott mit Freudenbildern schreckt.
Her Mit nichten, leibhaft ist sie wieder da!
Ad Und ist kein Schattenbild der Unterwelt?
Her Zum Seelenführer hab ichs nie gebracht!
Ad Und ist die Gattin, die ich selbst begrub?
Her Sie selbst. Kein Wunder, daß du zweifeln mußt.
Ad So faß ich, red ich sie als lebend an?
Her Sprich nur; was du ersehntest, hast du ganz.
Ad O Anblick und Gestalt der liebsten Frau,
So plötzlich hab ich dich, so nie gehofft!
Her Du hast sie – Neid der Götter bleibe fern.
Ad Du edler Sohn des höchsten Zeus, sei stets
Im Glück! Der dich gezeugt, beschütze dich!
Ich lag am Boden – und du hobst mich auf! –
Wie hast du sie ans Licht heraufgebracht?
Her Durch einen Kampf mit aller Geister Haupt.
Ad Wo rangst du mit dem wilden Thanatos?
Her Am Hügel selber warf ich mich auf ihn.
Ad Warum steht diese Frau noch ohne Laut?
Her Du darfst von ihr kein Wort vernehmen, bis
Sie von den untern Göttern wieder rein
Geworden und das dritte Licht erblickt.
So führe sie hinein, sei fernerhin
Gerecht, Admet, und scheue jeden Gast.

καὶ χαῖρ'. ἐγὼ δὲ τὸν προκείμενον πόνον
Σθενέλου τυράννῳ παιδὶ πορσυνῶ μολών.
Αδ μεῖνον παρ' ἡμῖν καὶ ξυνέστιος γενοῦ.
Ηρ αὖθις τόδ' ἔσται, νῦν δ' ἐπείγεσθαί με δεῖ.

Αδ ἀλλ' εὐτυχοίης, νόστιμον δ' ἔλθοις δόμον.
ἀστοῖς δὲ πάσῃ τ' ἐννέπω τετραρχίᾳ,
χοροὺς ἐπ' ἐσθλαῖς συμφοραῖσιν ἱστάναι
βωμούς τε κνισᾶν βουθύτοισι προστροπαῖς.
νῦν γὰρ μεθηρμόσμεσθα βελτίω βίον
τοῦ πρόσθεν· οὐ γὰρ εὐτυχῶν ἀρνήσομαι.

Χο πολλαὶ μορφαὶ τῶν δαιμονίων, an[4]
πολλὰ δ' ἀέλπτως κραίνουσι θεοί·
καὶ τὰ δοκηθέντ' οὐκ ἐτελέσθη,
τῶν δ' ἀδοκήτων πόρον ηὗρε θεός.
τοιόνδ' ἀπέβη τόδε πρᾶγμα.

Leb wohl, ich muß dem Sohn des Sthenelos
Den neuen schweren Auftrag schnell vollziehn.
Ad Ach bleib bei uns und freu dich unsres Herds!
Her Ich kehre wieder, heute drängt das Werk.

ab

Ad Viel Glück und kehre gut ins Haus zurück!
Doch meinen Bürgern und dem ganzen Land
Befehl ich frohe Festeschöre an
Mit fetten Opfern und mit Dankgebet.
Ein Leben, freudiger als je zuvor,
Beginnt jetzt, wo ich wahrhaft glücklich bin.

Chor *im Abziehen*

In vielen Gestalten erscheint
Das Werk der Unsterblichen.
Vieles, was nie wir gehofft,
Führen die Götter zu Ende!
Vieles Gehoffte
Ward nicht vollzogen,
Für das niemals Geahnte
Bahnten die Götter den Weg.
So fand auch dieses Geschehen
Sein Ende und Ziel

MEDEIA

ΜΗΔΕΙΑ

Τὰ τοῦ δράματος πρόσωπα
Τροφός · Παῖδες · Παιδαγωγός · Μήδεια · Χορός
Κρέων · Ἰάσων · Αἰγεύς · Θεράπων

Τροφός

Εἴθ' ὤφελ' Ἀργοῦς μὴ διαπτάσθαι σκάφος
Κόλχων ἐς αἶαν κυανέας Συμπληγάδας,
μηδ' ἐν νάπαισι Πηλίου πεσεῖν ποτε
τμηθεῖσα πεύκη, μηδ' ἐρετμῶσαι χέρας
ἀνδρῶν ἀρίστων, οἳ τὸ πάγχρυσον δέρας
Πελίᾳ μετῆλθον. οὐ γὰρ ἂν δέσποιν' ἐμὴ
Μήδεια πύργους γῆς ἔπλευσ' Ἰωλκίας
ἔρωτι θυμὸν ἐκπλαγεῖσ' Ἰάσονος·
οὐδ' ἂν κτανεῖν πείσασα Πελιάδας κόρας
πατέρα κατῴκει τήνδε γῆν Κορινθίαν
ξὺν ἀνδρὶ καὶ τέκνοισιν, ἁνδάνουσα μὲν
φυγῇ πολιτῶν ὧν ἀφίκετο χθόνα,
αὐτή τε πάντα ξυμφέρουσ' Ἰάσονι·
ἥπερ μεγίστη γίγνεται σωτηρία,
ὅταν γυνὴ πρὸς ἄνδρα μὴ διχοστατῇ.

MEDEIA

Personen des Dramas

Amme *der Medeia*
Zwei kleine Söhne *des Jason und der Medeia, stumme Rollen*
Wärter *der beiden Knaben* · Medeia
Chor *der korinthischen Frauen* · Kreon, *König von Korinth*
Jason, *Gemahl der Medeia* · Aigeus, *König von Athen*
Diener *des Jason*
Gefolge *des Jason, der Medeia, des Kreon, des Aigeus*

Der Schauplatz ist in Korinth vor dem Hause der Medeia.
Die Tragödie wurde in Athen 431 v. Chr. aufgeführt.

VORSZENE

Amme

tritt beim Morgengrauen aus Medeias Haus

O unseliges Schiff, das durchs dunkle Tor
Der Zwillingsfelsen nach Kolchis flog!
Unselige Axt, die im Pelionwald
Die Fichte traf und die Ruder schuf
Für verwegene Jagd der erlesenen Schar
Nach dem goldenen Vlies! O unseligste Fahrt
Meiner Herrin Medeia zu Pelias' Burg,
Unseliges Glühen für Jasons Herz,
Unseliges Drängen zum Vatermord!
Die Korinther zwar nahmen die Flüchtige auf,
Hier hegt sie die Knaben und steht zum Gemahl
Mit der Treue, die immer des Hauses Licht.

νῦν δ' ἐχθρὰ πάντα, καὶ νοσεῖ τὰ φίλτατα.
προδοὺς γὰρ αὑτοῦ τέκνα δεσπότιν τ' ἐμὴν
γάμοις Ἰάσων βασιλικοῖς εὐνάζεται,
γήμας Κρέοντος παῖδ', ὃς αἰσυμνᾷ χθονός·
Μήδεια δ' ἡ δύστηνος ἠτιμασμένη
βοᾷ μὲν ὅρκους, ἀνακαλεῖ δὲ δεξιάς,
πίστιν μεγίστην, καὶ θεοὺς μαρτύρεται
οἵας ἀμοιβῆς ἐξ Ἰάσονος κυρεῖ.
κεῖται δ' ἄσιτος, σῶμ' ὑφεῖσ' ἀλγηδόσι,
τὸν πάντα συντήκουσα δακρύοις χρόνον,
ἐπεὶ πρὸς ἀνδρὸς ᾔσθετ' ἠδικημένη,
οὔτ' ὄμμ' ἐπαίρουσ' οὔτ' ἀπαλλάσσουσα γῆς
πρόσωπον· ὡς δὲ πέτρος ἢ θαλάσσιος
κλύδων ἀκούει νουθετουμένη φίλων·
ἢν μή ποτε στρέψασα πάλλευκον δέρην
αὐτὴ πρὸς αὑτὴν πατέρ' ἀποιμώξῃ φίλον
καὶ γαῖαν οἴκους θ', οὓς προδοῦσ' ἀφίκετο
μετ' ἀνδρὸς ὅς σφε νῦν ἀτιμάσας ἔχει.
ἔγνωκε δ' ἡ τάλαινα συμφορᾶς ὕπο
οἷον πατρῴας μὴ ἀπολείπεσθαι χθονός.
στυγεῖ δὲ παῖδας οὐδ' ὁρῶσ' εὐφραίνεται.
δέδοικα δ' αὐτὴν μή τι βουλεύσῃ νέον·
βαρεῖα γὰρ φρήν, οὐδ' ἀνέξεται κακῶς
πάσχουσ'· ἐγᾦδα τήνδε, δειμαίνω τέ νιν,
δεινὴ γάρ· οὔτοι ῥᾳδίως γε συμβαλὼν
ἔχθραν τις αὐτῇ καλλίνικον οἴσεται.
ἀλλ' οἵδε παῖδες ἐκ τρόχων πεπαυμένοι
στείχουσι, μητρὸς οὐδὲν ἐννοούμενοι
κακῶν· νέα γὰρ φροντὶς οὐκ ἀλγεῖν φιλεῖ.

μὴ θηκτὸν ὤσῃ φάσγανον δι' ἥπατος,
σιγῇ δόμους εἰσβᾶσ', ἵν' ἔστρωται λέχος,
ἢ καὶ τύραννον τόν τε γήμαντα κτάνῃ,
κἄπειτα μείζω συμφορὰν λάβῃ τινά.

Doch sank alles in Nacht und die Liebe erstarb,
Als Jason das Weib und die Kinder verriet
Um das Bett der Königstochter des Lands.
Medeia, entehrt, ruft die Schwüre herauf
Und des Handschlags Pfand, zeigt den Göttern, wie schnöd
Ihr ein Jason entgalt, preßt, vom Schmerz durchtobt,
Zum Boden ihr Haupt, stößt die Speisen hinweg,
Netzt die Erde mit endlosen Tränen und hebt
Nicht das Aug empor, das beschimpfte Gesicht,
Stumm wie Wasser und Stein zu der Freundinnen Wort.
Nur manchmal dreht sie den schimmernden Hals,
Seufzt leise zum Vater, zur Heimat, zum Haus,
Aus dem sie mit diesem Verräter entfloh –
Ja, nun lehrt sie die Not, welchen Schatz sie verließ.

Auch der Kinder Anblick, er tröstet sie nicht.
Ihr hassender Sinn, o was brütet er aus?
Ihre wilde Seele verträgt keinen Schimpf –
Ich kenne sie: schaudernd erbebt mir das Herz
Vor der furchtbaren Frau. Wer mit ihr sich mißt,
Wird keine Preise gewinnen.
Da kommen die Knaben vom Reifenspiel.
Der Schmerz ihrer Mutter bekümmert sie nicht –
Kinderherzen schlagen so sorglos.

Παιδαγωγός

παλαιὸν οἴκων κτῆμα δεσποίνης ἐμῆς,
τί πρὸς πύλαισι τήνδ' ἄγουσ' ἐρημίαν
ἕστηκας, αὐτὴ θρεομένη σαυτῇ κακά;
πῶς σοῦ μόνη Μήδεια λείπεσθαι θέλει;
Τρ τέκνων ὀπαδὲ πρέσβυ τῶν Ἰάσονος,
χρηστοῖσι δούλοις ξυμφορὰ τὰ δεσποτῶν
κακῶς πίτνοντα, καὶ φρενῶν ἀνθάπτεται.
ἐγὼ γὰρ ἐς τοῦτ' ἐκβέβηκ' ἀλγηδόνος,
ὥσθ' ἵμερός μ' ὑπῆλθε γῇ τε κοὐρανῷ
λέξαι μολούσῃ δεῦρο δεσποίνης τύχας.
Πα οὔπω γὰρ ἡ τάλαινα παύεται γόων;
Τρ ζηλῶ σ'· ἐν ἀρχῇ πῆμα κοὐδέπω μεσοῖ.
Πα ὦ μῶρος, εἰ χρὴ δεσπότας εἰπεῖν τόδε,
ὡς οὐδὲν οἶδε τῶν νεωτέρων κακῶν.
Τρ τί δ' ἔστιν, ὦ γεραιέ; μὴ φθόνει φράσαι.
Πα οὐδέν· μετέγνων καὶ τὰ πρόσθ' εἰρημένα.
Τρ μή, πρὸς γενείου, κρύπτε σύνδουλον σέθεν·
σιγὴν γάρ, εἰ χρή, τῶνδε θήσομαι πέρι.
Πα ἤκουσά του λέγοντος, οὐ δοκῶν κλύειν,
πεσσοὺς προσελθών, ἔνθα δὴ παλαίτατοι
θάσσουσι, σεμνὸν ἀμφὶ Πειρήνης ὕδωρ,
ὡς τούσδε παῖδας γῆς ἐλᾶν Κορινθίας
σὺν μητρὶ μέλλοι τῆσδε κοίρανος χθονὸς
Κρέων. ὁ μέντοι μῦθος εἰ σαφὴς ὅδε
οὐκ οἶδα· βουλοίμην δ' ἂν οὐκ εἶναι τόδε.
Τρ καὶ ταῦτ' Ἰάσων παῖδας ἐξανέξεται
πάσχοντας, εἰ καὶ μητρὶ διαφορὰν ἔχει;
Πα παλαιὰ καινῶν λείπεται κηδευμάτων,
κοὐκ ἔστ' ἐκεῖνος τοῖσδε δώμασιν φίλος.
Τρ ἀπωλόμεσθ' ἄρ', εἰ κακὸν προσοίσομεν
νέον παλαιῷ, πρὶν τόδ' ἐξηντληκέναι.
Πα ἀτὰρ σύ γ' – οὐ γὰρ καιρὸς εἰδέναι τόδε
δέσποιναν – ἡσύχαζε καὶ σίγα λόγον.

Wärter

kommt mit den Knaben

Ehrwürdiges Hausstück, was stehst du am Tor
Ganz allein und klagst deiner eigenen Brust?
Ruft die Herrin heut deine Dienste nicht?

Am Alter Schützer der Knaben! Der Herren Geschick
Fällt schwer auf der treuen Diener Gemüt.
Medeias Los hat mich bitter bedrängt,
So sag ichs der Erde, so klag ichs dem Licht.

Wä Ist der Strom ihrer Tränen noch nicht versiegt?
Am Versiegt? An der Quelle? Das Ziel ist noch weit!
Wä Und der Törin – verzeih! – steht noch Schlimmres bevor!

Am Was gibt es? Mein Graukopf, o weihe mich ein!
Wä Nichts gibt es. Schon reut mich mein voriges Wort.
Am Ich flehe, enthüll es der Magd deines Herrn
Und erprobe, daß sie auch schweigen kann!
Wä Am Brunnen der Stadt, wo die Ältesten sich
Des Brettspiels freun, flog ein Wort mir zu,
Ein Wort, das nicht für mein Ohr bestimmt:
Die Kinder will Kreon, der Herrscher Korinths,
Samt der Mutter verbannen. Ob wahr das Gerücht,
Wer weiß es? O mög es erfunden sein!

Am Nie läßt Jason, trotz allem, die Knaben im Stich!

Wä Er schloß neuen Bund, kennt dies Haus nicht mehr!

Am O weh uns allen!
Wie erträgt sie den Schlag, eh der alte vernarbt?
Wä Sie darfs noch nicht wissen! O halt es geheim!

Τρ ὦ τέκν', ἀκούεθ' οἷος εἰς ὑμᾶς πατήρ;
ὄλοιτο μὲν μή· δεσπότης γάρ ἐστ' ἐμός·
ἀτὰρ κακός γ' ὢν ἐς φίλους ἁλίσκεται.
Πα τίς δ' οὐχὶ θνητῶν; ἄρτι γιγνώσκεις τόδε,
ὡς πᾶς τις αὑτὸν τοῦ πέλας μᾶλλον φιλεῖ, 86
εἰ τούσδε γ' εὐνῆς οὕνεκ' οὐ στέργει πατήρ. 88
Τρ ἴτ', εὖ γὰρ ἔσται, δωμάτων ἔσω, τέκνα.
σὺ δ' ὡς μάλιστα τούσδ' ἐρημώσας ἔχε
καὶ μὴ πέλαζε μητρὶ δυσθυμουμένῃ.
ἤδη γὰρ εἶδον ὄμμα νιν ταυρουμένην
τοῖσδ', ὥς τι δρασείουσαν· οὐδὲ παύσεται
χόλου, σάφ' οἶδα, πρὶν κατασκῆψαί τινα.
ἐχθρούς γε μέντοι, μὴ φίλους, δράσειέ τι.

Μήδεια

ἰώ,
δύστανος ἐγὼ μελέα τε πόνων, an^{4}
ἰώ μοί μοι, πῶς ἂν ὀλοίμαν;

Τρ τόδ' ἐκεῖνο, φίλοι παῖδες· μήτηρ
κινεῖ κραδίαν, κινεῖ δὲ χόλον.
σπεύσατε θᾶσσον δώματος εἴσω
καὶ μὴ πελάσητ' ὄμματος ἐγγύς,
μηδὲ προσέλθητ', ἀλλὰ φυλάσσεσθ'
ἄγριον ἦθος στυγεράν τε φύσιν
φρενὸς αὐθάδους.

ἴτε νῦν, χωρεῖθ' ὡς τάχος εἴσω.
δῆλον δ' ἀρχῆς ἐξαιρόμενον
νέφος οἰμωγῆς ὡς τάχ' ἀνάψει

οἳ μὲν δικαίως, οἳ δὲ καὶ κέρδους χάριν, 87

Am Seht, Kinder, was euch euer Vater beschert!
Ich kann ihm nicht fluchen, ich esse sein Brot,
Doch liegt es am Tag, wie er alle verrät.
Wä Ach, er ist nur ein Mensch, hat das Nächste im Sinn,
So vergißt er die Kinder im neueren Bett.

Am Geht ins Haus jetzt, ihr Knaben, auch dies wird vergehn!
Nur halte sie, Freund, von der Mutter zurück;
Ich sah drohend ihr Aug auf die Kinder gezückt:
Ihr Zorn sucht ein Opfer, ich weiß es genau!
Mögens Feinde und nicht ihre Liebsten sein!

WECHSELGESANG

Medeia

von innen

Weh mir!
Ich Unglücksweib, vom Schmerz verzehrt!
O wär ich tot! Oh, oh!

Amme

Hört, Kinder, das ists!
Ihr Herz steigt auf,
Der Zorn steigt auf!
Lauft schnell ins Haus, doch laßt euch nicht sehn!
O kommt nicht nahe und fliehet, o flieht
Das wilde Herz,
Das grimme Herz
Der niemals Gezähmten!

Wärter und Kinder ins Haus

Ja, schnell nur hinein,
Eh Zornesgewölk, das schon sich erhob,
Zum Sturme reift! Ihr wundes Herz,

μείζονι θυμῷ· τί ποτ' ἐργάσεται
μεγαλόσπλαγχνος δυσκατάπαυστος
ψυχὴ δηχθεῖσα κακοῖσιν;

Μη αἰαῖ,
ἔπαθον τλάμων ἔπαθον μεγάλων
ἄξι' ὀδυρμῶν· ὦ κατάρατοι
παῖδες ὄλοισθε στυγερᾶς ματρὸς
σὺν πατρί, καὶ πᾶς δόμος ἔρροι.

Τρ ἰώ μοί μοι, ἰὼ τλήμων.
τί δέ σοι παῖδες πατρὸς ἀμπλακίας
μετέχουσι; τί τούσδ' ἔχθεις; οἴμοι,
τέκνα, μή τι πάθηθ' ὡς ὑπεραλγῶ.
δεινὰ τυράννων λήματα καί πως
ὀλίγ' ἀρχόμενοι, πολλὰ κρατοῦντες
χαλεπῶς ὀργὰς μεταβάλλουσιν.
τὸ γὰρ εἰθίσθαι ζῆν ἐπ' ἴσοισιν
κρεῖσσον· ἐμοὶ γοῦν ἐν μὴ μεγάλοις
ὀχυρῶς γ' εἴη καταγηράσκειν.
τῶν γὰρ μετρίων πρῶτα μὲν εἰπεῖν
τοὔνομα νικᾷ, χρῆσθαί τε μακρῷ
λῷστα βροτοῖσιν· τὰ δ' ὑπερβάλλοντ'
οὐδένα καιρὸν δύναται θνητοῖς·
μείζους δ' ἄτας, ὅταν ὀργισθῇ
δαίμων οἴκοις, ἀπέδωκεν.

Hochfahrend Herz,
Unbändig Herz,
Was wird es beginnen?

Me *von innen*
Weh mir!
Mich traf ein Schlag,
Unsäglicher Schlag!
Elendeste Mutter
Verflucht ihre Kinder,
Verflucht der Vater,
Verflucht das Haus!

Am Wehe, rasendes Weib!
Die ganz unschuldig an Vaters Verstrickung,
Verfolgst du,
Verfluchst du!
Kinder, ich zittre für euch.
O diese Großen der Welt!
Die nie gehorchen,
Die nur befehlen,
Schwer fügt sich ihr Sinn.
Besser die mittlere Straße traben!
Führt sie nicht hoch,
Führt sie zum sicheren Hafen des Alters.
Mäßigung,
O Name der Namen,
Bringst den Menschen
Segen um Segen!
Doch Unmaß dauert
Nimmer und nimmer,
Stürzt die Häuser am Tag des Unheils
Tiefer und tiefer!

Χορός

ἔκλυον φωνάν, ἔκλυον δὲ βοὰν — an^{4}
τᾶς δυστάνου Κολχίδος, οὐδέ πω — an^{4}
ἤπιος· ἀλλ' ὦ γηραιά, — an^{3}–
λέξον· ἐπ' ἀμφιπύλου γὰρ ἔσω μελάθρου βοὰν — da^{4} cr
ἔκλυον· οὐδὲ συνήδομαι, ὦ γύναι, ἄλγεσιν — da^{4} cr
δώματος· ἐπεί μοι φίλον κέκρανται. — ia^{2} cr ba

Τρ οὐκ εἰσὶ δόμοι· φροῦδα τάδ' ἤδη. — an^{4}
τὸν μὲν γὰρ ἔχει λέκτρα τυράννων,
ἃ δ' ἐν θαλάμοις τάκει βιοτὰν
δέσποινα, φίλων οὐδενὸς οὐδὲν
παραθαλπομένα φρένα μύθοις.

Μη αἰαῖ·
διά μου κεφαλᾶς φλὸξ οὐρανία
βαίη· τί δέ μοι ζῆν ἔτι κέρδος;
φεῦ φεῦ· θανάτῳ καταλυσαίμαν
βιοτὰν στυγερὰν προλιποῦσα.

Χο ἄιες· ὦ Ζεῦ καὶ γᾶ καὶ φῶς· — an^{4} — στρ.
ἀχὰν οἵαν ἁ δύστανος — an^{4}
μέλπει νύμφα; — an^{2}
τίς σοί ποτε τᾶς ἀπλάτου — an^{2} ba
κοίτας ἔρος, ὦ ματαία; — an^{2} ba
σπεύσει θανάτου τελευτάν; — an^{2} ba
μηδὲν τόδε λίσσου. — an^{2}–
εἰ δὲ σὸς πό- — tr^{2}
σις καινὰ λέχη σεβίζει, — an^{2} ba
κείνῳ τόδε μὴ χαράσσου· — an^{2} ba

EINZUGSLIED

Wechsellied

Ch Wir hörten die Stimme,
Hörten den Schrei
Der armen Fremden; wann wird er verstummen?
Er kam aus der Halle,
Er drang durch die Türen
In unsere Häuser.
Leid deines Hauses kann nie uns erfreuen,
Wir wahren die Freundschaft.

Am Hier ist kein Haus mehr,
Ist alles zu Ende.
Der Herr hat sein Bett im Palast,
Die Frau verzehrt sich drinnen im Gram,
Kein Freundwort kann trösten.

Me *von innen*
Oh, oh!
Blitz des Himmels,
Treffe dies Haupt,
Ende nutzloses Leben,
Furchtbares Leben!
Komm, o Tod,
Löse die Bande!

Strophe

Ch O höret, Zeus und Erd und Licht,
Hört die Klage
Einsamer Frau!
Nutzlos, ach, rufst du zurück
Entschwundenes Lager,
Rufst du dem Tode!
O flehe nicht dieses!
Laß den Gatten das neue Bett
Nicht so bitter entgelten!

Ζεύς σοι τάδε συνδικήσει. an^2 ba
μὴ λίαν τά- tr^2
κου δυρομένα σὸν εὐνάταν. an^2 ba-

Μη ὦ μεγάλα Θέμι καὶ πότνι' Ἄρτεμι, an^4
λεύσσεθ' ἃ πάσχω, μεγάλοις ὅρκοις
ἐνδησαμένα τὸν κατάρατον
πόσιν; ὅν ποτ' ἐγὼ νύμφαν τ' ἐσίδοιμ'
αὐτοῖς μελάθροις διακναιομένους,
οἵ γ' ἐμὲ πρόσθεν τολμῶσ' ἀδικεῖν.
ὦ πάτερ, ὦ πόλις, ὧν ἀπενάσθην
αἰσχρῶς τὸν ἐμὸν κτείνασα κάσιν.

Τρ κλύεθ' οἷα λέγει κἀπιβοᾶται
Θέμιν εὐκταίαν Ζῆνά θ', ὃς ὅρκων
θνητοῖς ταμίας νενόμισται;
οὐκ ἔστιν ὅπως ἔν τινι μικρῷ
δέσποινα χόλον καταπαύσει.

Χο πῶς ἂν ἐς ὄψιν τὰν ἁμετέραν ἀντ.
ἔλθοι μύθων τ' αὐδαθέντων
δέξαιτ' ὀμφάν;
εἴ πως βαρύθυμον ὀργὰν
καὶ λῆμα φρενῶν μεθείη,
μήτοι τό γ' ἐμὸν πρόθυμον
φίλοισιν ἀπέστω.
ἀλλὰ βᾶσά
νιν δεῦρο πόρευσον οἴκων
ἔξω· φίλα καὶ τάδ' αὔδα.
σπεῦσον πρίν τι κακῶσαι
τοὺς ἔσω· πέν-
θος γὰρ μεγάλως τόδ' ὁρμᾶται.

Τρ δράσω τάδ'· ἀτὰρ φόβος εἰ πείσω
δέσποιναν ἐμήν·
μόχθου δὲ χάριν τήνδ' ἐπιδώσω.

Zeus steht im Rechte dir bei! Verzehre
Dich nicht in Tränen um altes Lager!

Me *von innen*
Göttin des Rechts und uralte Artemis,
Die ihr mit heiligen Schwüren
Den Gatten mir bandet,
Seht, was ich leide!
Laßt mich schauen den Sturz des Mannes,
Sturz der Braut und des ganzen Hauses!
Sie haben begonnen!
Haben die Frevel entfesselt!
O Vater und Vaterland,
Die ich verriet!
Bruder, den ich so schmählich erschlug!

Am Hört ihr das Wort, ihren Ruf
Zum Recht und zum Schwurgott?
Nicht in geringem Ding
Wird dieser Zorn sich entladen.

Gegenstrophe

Ch O träte sie vor unser Aug,
Hörte selber
Warnendes Wort!
Ob sie nicht ließe den Zorn,
Die schlimmen Gedanken?
Treue der Freunde,
Sie soll ihr nicht fehlen!
Geh und hole sie aus dem Haus,
Sag ihr liebende Worte!
Eile, bevor sie im Haus ein Leid tut!
Oh, diese Wolke schwebt nah und näher!

Am Ich will es tun, doch fürcht ich Mißlingen.
Für euch seis gewagt.

καίτοι τοκάδος δέργμα λεαίνης
ἀποταυροῦται δμωσίν, ὅταν τις
μῦθον προφέρων πέλας ὁρμηθῇ.

σκαιοὺς δὲ λέγων κοὐδέν τι σοφοὺς
τοὺς πρόσθε βροτοὺς οὐκ ἂν ἁμάρτοις,
οἵτινες ὕμνους ἐπὶ μὲν θαλίαις
ἐπί τ' εἰλαπίναις καὶ παρὰ δείπνοις
ηὕροντο βίου τερπνὰς ἀκοάς·
στυγίους δὲ βροτῶν οὐδεὶς λύπας
ηὕρετο μούσῃ καὶ πολυχόρδοις
ᾠδαῖς παύειν, ἐξ ὧν θάνατοι
δειναί τε τύχαι σφάλλουσι δόμους.
καίτοι τάδε μὲν κέρδος ἀκεῖσθαι
μολπαῖσι βροτούς· ἵνα δ' εὔδειπνοι
δαῖτες, τί μάτην τείνουσι βοήν;
τὸ παρὸν γὰρ ἔχει τέρψιν ἀφ' αὑτοῦ
δαιτὸς πλήρωμα βροτοῖσιν.

Χο	ἰαχὰν ἄιον πολύστονον γόων,	an-ia^4
	λιγυρὰ δ' ἄχεα μογερὰ βοᾷ	ia^4
	τὸν ἐν λέχει προδόταν κακόνυμφον·	ia^2 an^2-
	θεοκλυτεῖ δ' ἄδικα παθοῦσα	ia^4⏑
	τὰν Ζηνὸς ὁρκίαν Θέμιν,	ia^4
	ἅ νιν ἔβασεν	ch⏑
	Ἑλλάδ' ἐς ἀντίπορον	hem
	δι' ἅλα νύχιον ἐφ' ἁλμυρὰν	ia^4
	πόντου κλῇδ' ἀπέραντον.	hem-

Μήδεια

Κορίνθιαι γυναῖκες, ἐξῆλθον δόμων,
μή μοί τι μέμφησθ'· οἶδα γὰρ πολλοὺς βροτῶν
σεμνοὺς γεγῶτας, τοὺς μὲν ὀμμάτων ἄπο,

Ach, mit der Löwenmutter Blick
Stiert sie uns an,
wenn wir das Wort an sie wenden.

im Abgehen

Toren darf man sie nennen, nicht Weise,
Die damals die herrlichen Lieder erfanden
Zum Klange der Becher, zur Würze des Mahls
Keiner erfand es, mit Lied und mit Leier
Die stygischen Qualen des Todes zu bannen,
Wenn strahlende Häuser versinken in Nacht.
Heilen müßten die Lieder die Leiden!
Warum zu Gelagen die Sänger bemühen,
Wo Fülle des Mahls schon die Herzen erhebt?

Ch Wir hörten das Stöhnen der Klage,
Das Wehe und Ach
Des verlassenen Weibes.
Göttin der heiligen Eide
Ruft sie als Unrechts Zeugin,
Göttin, die sie entführte
Über das nächtliche Meer
Zum Riegel des salzigen Pontos,
Zu unsern Gestaden.

ERSTE HAUPTSZENE

Medeia

tritt heraus

Ich trete vor euch, ihr korinthischen Fraun,
Um euch Rede zu stehn, denn des Menschen Rang
Wird Auge in Aug, nicht im Winkel erkannt

τοὺς δ' ἐν θυραίοις· οἱ δ' ἀφ' ἡσύχου ποδὸς
δύσκλειαν ἐκτήσαντο καὶ ῥᾳθυμίαν.
δίκη γὰρ οὐκ ἔνεστ' ἐν ὀφθαλμοῖς βροτῶν,
ὅστις πρὶν ἀνδρὸς σπλάγχνον ἐκμαθεῖν σαφῶς
στυγεῖ δεδορκώς, οὐδὲν ἠδικημένος.
χρὴ δὲ ξένον μὲν κάρτα προσχωρεῖν πόλει·
οὐδ' ἀστὸν ᾔνεσ' ὅστις αὐθάδης γεγὼς
πικρὸς πολίταις ἐστὶν ἀμαθίας ὕπο.
ἐμοὶ δ' ἄελπτον πρᾶγμα προσπεσὸν τόδε
ψυχὴν διέφθαρκ'· οἴχομαι δὲ καὶ βίου
χάριν μεθεῖσα κατθανεῖν χρῄζω, φίλαι.
ἐν ᾧ γὰρ ἦν μοι πάντα γιγνώσκειν καλῶς,
κάκιστος ἀνδρῶν ἐκβέβηχ' οὑμὸς πόσις.
πάντων δ' ὅσ' ἔστ' ἔμψυχα καὶ γνώμην ἔχει
γυναῖκές ἐσμεν ἀθλιώτατον φυτόν·
ἃς πρῶτα μὲν δεῖ χρημάτων ὑπερβολῇ
πόσιν πρίασθαι, δεσπότην τε σώματος
λαβεῖν· κακοῦ γὰρ τοῦτ' ἔτ' ἄλγιον κακόν.
κἀν τῷδ' ἀγὼν μέγιστος, ἢ κακὸν λαβεῖν
ἢ χρηστόν. οὐ γὰρ εὐκλεεῖς ἀπαλλαγαὶ
γυναιξίν, οὐδ' οἷόν τ' ἀνήνασθαι πόσιν.
ἐς καινὰ δ' ἤθη καὶ νόμους ἀφιγμένην
δεῖ μάντιν εἶναι, μὴ μαθοῦσαν οἴκοθεν,
ὅτῳ μάλιστα χρήσεται ξυνευνέτῃ.
κἂν μὲν τάδ' ἡμῖν ἐκπονουμέναισιν εὖ
πόσις ξυνοικῇ μὴ βίᾳ φέρων ζυγόν,
ζηλωτὸς αἰών· εἰ δὲ μή, θανεῖν χρεών.
ἀνὴρ δ', ὅταν τοῖς ἔνδον ἄχθηται ξυνών,
ἔξω μολὼν ἔπαυσε καρδίαν ἄσης·
ἡμῖν δ' ἀνάγκη πρὸς μίαν ψυχὴν βλέπειν.
λέγουσι δ' ἡμᾶς ὡς ἀκίνδυνον βίον
ζῶμεν κατ' οἴκους, οἱ δὲ μάρνανται δορί·
κακῶς φρονοῦντες· ὡς τρὶς ἂν παρ' ἀσπίδα
στῆναι θέλοιμ' ἂν μᾶλλον ἢ τεκεῖν ἅπαξ.

ἢ πρὸς φίλον τιν' ἢ πρὸς ἥλικα τραπείς·

Und der Stille genießt nur Verachtung und Spott,
Ja wird grundlos verdammt vom flüchtigen Schein,
Der dem Menschen nie in das Innere blickt.
So achte der Fremdling den Bürger, es soll
Auch kein Bürger den anderen blindlings schmähn.

Ein jäher Streich hat mein Leben zerstört,
Seinen Glanz vernichtet – ich suche den Tod.
Ihr wißt es wie ich: Der mir alles war,
Mein Gemahl erwies sich als elender Mensch!
Ach, wir Frauen sind ja von allem Geschöpf,
Das da atmet und fühlt, die unseligste Art:
Wir kaufen mit schwerem Gold den Gemahl,
Ja, schlimmer noch, kaufen den Herrn unsres Leibs
Und er bleibt unser Schicksal, ob gut oder schlecht;
Wir könnens nicht weigern, und Scheidung ist Schimpf.

Was wir nirgends erlernten: In fremden Gebrauch
Uns fügen, erraten die Wünsche des Manns –
Wir müssen es üben. O glückliche Frau,
Die den Mann ohne Zwang zum Gefährten gewann!
Alles andre ist schlimmer als Tod: Was der Mann
Im Hause entbehrt, sucht er außer dem Haus –
Wir schauen auf ihn als den einzigen Trost.
Man preist unsern Frieden, so fern von der Schlacht:
Lieber dreimal am Feind als einmal Geburt!

ἀλλ' οὐ γὰρ αὑτὸς πρὸς σὲ κἀμ' ἥκει λόγος·
σοὶ μὲν πόλις θ' ἥδ' ἐστὶ καὶ πατρὸς δόμοι
βίου τ' ὄνησις καὶ φίλων συνουσία,
ἐγὼ δ' ἔρημος ἄπολις οὖσ' ὑβρίζομαι
πρὸς ἀνδρός, ἐκ γῆς βαρβάρου λελῃσμένη,
οὐ μητέρ', οὐκ ἀδελφόν, οὐχὶ συγγενῆ
μεθορμίσασθαι τῆσδ' ἔχουσα συμφορᾶς.
τοσοῦτον οὖν σου τυγχάνειν βουλήσομαι,
ἥν μοι πόρος τις μηχανή τ' ἐξευρεθῇ
πόσιν δίκην τῶνδ' ἀντιτείσασθαι κακῶν, 261
σιγᾶν. γυνὴ γὰρ τἄλλα μὲν φόβου πλέα 263
κακή τ' ἐς ἀλκὴν καὶ σίδηρον εἰσορᾶν·
ὅταν δ' ἐς εὐνὴν ἠδικημένη κυρῇ
οὐκ ἔστιν ἄλλη φρὴν μιαιφονωτέρα.
Χο δρᾶσον τάδ'· ἐνδίκως γὰρ ἐκτείσῃ πόσιν,
Μήδεια. πενθεῖν δ' οὔ σε θαυμάζω τύχας.
ὁρῶ δὲ καὶ Κρέοντα, τῆσδ' ἄνακτα γῆς,
στείχοντα, καινῶν ἄγγελον βουλευμάτων.

Κρέων

σὲ τὴν σκυθρωπὸν καὶ πόσει θυμουμένην,
Μήδειαν, εἶπον τῆσδε γῆς ἔξω περᾶν
φυγάδα, λαβοῦσαν δισσὰ σὺν σαυτῇ τέκνα·
καὶ μή τι μέλλειν· ὡς ἐγὼ βραβεὺς λόγου
τοῦδ' εἰμί, κοὐκ ἄπειμι πρὸς δόμους πάλιν,
πρὶν ἄν σε γαίας τερμόνων ἔξω βάλω.
Μη αἰαῖ· πανώλης ἡ τάλαιν' ἀπόλλυμαι.
ἐχθροὶ γὰρ ἐξιᾶσι πάντα δὴ κάλων,
κοὐκ ἔστιν ἄτης εὐπρόσοιστος ἔκβασις.
ἐρήσομαι δὲ καὶ κακῶς πάσχουσ' ὅμως·
τίνος μ' ἕκατι γῆς ἀποστέλλεις, Κρέον;
Κρ δέδοικά σ' – οὐδὲν δεῖ παραμπίσχειν λόγους –
μή μοί τι δράσῃς παῖδ' ἀνήκεστον κακόν.
συμβάλλεται δὲ πολλὰ τοῦδε δείματος·

τὸν δόντα τ' αὐτῷ θυγατέρ' ἥ τ' ἐγήματο 262

Ihr tragt es ja leichter, habt Heimat und Haus,
Verwandte und Güter; ich stehe allein,
Vom Verräter erbeutet im fernen Land,
Ohne Mutter und Bruder, von niemand beschützt.
So erbitt ich das eine: Zeigt sich je ein Weg
Mir zur Rache, o schweigt! Voller Angst ist das Weib
Vor Gewalt, vor dem Stahl – Wird die Ehe versehrt,
So lechzt sie nach Blut wie die Löwin.

Chorführerin

Gerecht ist die Rache, gerecht dein Gram,
So handle, wir schweigen! Da kommt unser Herr,
Dir selber zu künden sein neues Gebot.

Kreon
kommt mit Gefolge

Die mit finsterem Blick ihrem Gatten flucht,
Medeia, du bist aus dem Lande verbannt
Mitsamt den Knaben! Und ohne Verzug!
Ich sprach den Entscheid und ich ziehe nicht ab,
Bevor du Korinthos verlassen.

Me O verloren, verloren! Ich Unglücksfrau!
Mit vollen Segeln jagt mich der Feind,
Da schützt kein Hafen. Doch mitten im Sturm
Gib Antwort, Kreon: wozu dieser Bann?

Kr Ich fürchte – und sag es auch offen heraus:
Daß Verderben du sinnst meinem einzigen Kind.
Die Furcht hat Grund: dich verließ der Gemahl,

σοφὴ πέφυκας καὶ κακῶν πολλῶν ἴδρις,
λυπῇ δὲ λέκτρων ἀνδρὸς ἐστερημένη.
κλύω δ' ἀπειλεῖν σ', ὡς ἀπαγγέλλουσί μοι,
τὸν δόντα καὶ γήμαντα καὶ γαμουμένην
δράσειν τι. ταῦτ' οὖν πρὶν παθεῖν φυλάξομαι.
κρεῖσσον δέ μοι νῦν πρός σ' ἀπεχθέσθαι, γύναι,
ἢ μαλθακισθένθ' ὕστερον μέγα στένειν.

Μη φεῦ φεῦ.
οὐ νῦν με πρῶτον, ἀλλὰ πολλάκις, Κρέον,
ἔβλαψε δόξα μεγάλα τ' εἴργασται κακά.
χρὴ δ' οὔποθ' ὅστις ἀρτίφρων πέφυκ' ἀνὴρ
παῖδας περισσῶς ἐκδιδάσκεσθαι σοφούς·
χωρὶς γὰρ ἄλλης ἧς ἔχουσιν ἀργίας
φθόνον πρὸς ἀστῶν ἀλφάνουσι δυσμενῆ.
σκαιοῖσι μὲν γὰρ καινὰ προσφέρων σοφὰ
δόξεις ἀχρεῖος κοὐ σοφὸς πεφυκέναι·
τῶν δ' αὖ δοκούντων εἰδέναι τι ποικίλον
κρείσσων νομισθεὶς ἐν πόλει λυπρὸς φανῇ.
ἐγὼ δὲ καὐτὴ τῆσδε κοινωνῶ τύχης.
σοφὴ γὰρ οὖσα, τοῖς μέν εἰμ' ἐπίφθονος,
τοῖς δ' ἡσυχαία, τοῖς δὲ θατέρου τρόπου,
τοῖς δ' αὖ προσάντης· εἰμὶ δ' οὐκ ἄγαν σοφή.
σὺ δ' οὖν φοβῇ με· μή τί πλημμελὲς πάθῃς;
οὐχ ὧδ' ἔχει μοι – μὴ τρέσῃς ἡμᾶς, Κρέον –
ὥστ' ἐς τυράννους ἄνδρας ἐξαμαρτάνειν.
σὺ γὰρ τί μ' ἠδίκηκας; ἐξέδου κόρην
ὅτῳ σε θυμὸς ἦγεν. ἀλλ' ἐμὸν πόσιν
μισῶ· σὺ δ', οἶμαι, σωφρονῶν ἔδρας τάδε.
καὶ νῦν τὸ μὲν σὸν οὐ φθονῶ καλῶς ἔχειν·
νυμφεύετ', εὖ πράσσοιτε· τήνδε δὲ χθόνα
ἐᾶτέ μ' οἰκεῖν. καὶ γὰρ ἠδικημένοι
σιγησόμεσθα, κρεισσόνων νικώμενοι.

Κρ λέγεις ἀκοῦσαι μαλθάκ', ἀλλ' ἔσω φρενῶν
ὀρρωδία μοι μή τι βουλεύσῃς κακόν,
τόσῳ δὲ γ' ἧσσον ἢ πάρος πέποιθά σοι·
γυνὴ γὰρ ὀξύθυμος, ὡς δ' αὔτως ἀνήρ,

Viel gefährliche Zauber beherrscht deine Kunst.
Und man hörte dich drohen der neuen Braut,
Dem Mann und dem Vater. Da sieht man sich vor,
Wählt den Kampf, will die Nachsicht nicht später bereun.

Me Wehe!
Wie oft hat mein Ruhm mir den Schaden gebracht!
Kein Verständiger stopft seine Kinder voll
Mit der Weisheit; sie lähmt nur den tätigen Sinn
Und pflanzt in den Nachbarn den Haß, den Neid.
Neues Wissen: dem Volk ist es müßiger Tand,
Wer es bringt, ist ein Tor; und gebildeten Mann
Mit Weisheit schlagen, macht rings verhaßt.

So ergeht es auch mir: man beneidet, man schmäht
Den Schatz meines Wissens – wie ist er so klein!
Du witterst Gefahr: o so stark bin ich nicht,
Einem König zu schaden; verbanne die Furcht!
Was tatst du mir Leids? Du vermähltest dein Kind
Dem Mann deiner Wahl und das war dein Recht.
Wenn ich Jason auch hasse, dir gönn ich dein Glück.
Macht Hochzeit, lebt glücklich, doch stoßt mich nicht fort!
Ich will schweigen zu dem, was ein Stärkrer verhängt.

Kr Sanft geht es ins Ohr, doch das Herz schüttelt Furcht
Und ich traue dir minder als je zuvor,
Seit den Zorn du mit listiger Ruhe vertauscht.

ῥᾴων φυλάσσειν ἢ σιωπηλὸς σοφός.
ἀλλ' ἔξιθ' ὡς τάχιστα, μὴ λόγους λέγε·
ὡς ταῦτ' ἄραρε, κοὐκ ἔχεις τέχνην ὅπως
μενεῖς παρ' ἡμῖν οὖσα δυσμενὴς ἐμοί.

Μη μή, πρός σε γονάτων τῆς τε νεογάμου κόρης.
Κρ λόγους ἀναλοῖς· οὐ γὰρ ἂν πείσαις ποτέ.
Μη ἀλλ' ἐξελᾷς με κοὐδὲν αἰδέσῃ λιτάς;
Κρ φιλῶ γὰρ οὐ σὲ μᾶλλον ἢ δόμους ἐμούς.
Μη ὦ πατρίς, ὥς σου κάρτα νῦν μνείαν ἔχω.
Κρ πλὴν γὰρ τέκνων ἔμοιγε φίλτατον πολύ.
Μη φεῦ φεῦ, βροτοῖς ἔρωτες ὡς κακὸν μέγα.

Κρ ὅπως ἄν, οἶμαι, καὶ παραστῶσιν τύχαι.
Μη Ζεῦ, μὴ λάθοι σε τῶνδ' ὃς αἴτιος κακῶν.
Κρ ἕρπ', ὦ ματαία, καί μ' ἀπάλλαξον πόνων.
Μη πονοῦμεν ἡμεῖς κοὐ πόνων κεχρήμεθα.
Κρ τάχ' ἐξ ὀπαδῶν χειρὸς ὠσθήσῃ βίᾳ.

Μη μὴ δῆτα τοῦτό γ', ἀλλά σ' αἰτοῦμαι, Κρέον.
Κρ ὄχλον παρέξεις, ὡς ἔοικας, ὦ γύναι.
Μη φευξούμεθ'· οὐ τοῦθ' ἱκέτευσα σοῦ τυχεῖν.
Κρ τί δαὶ βιάζῃ κοὐκ ἀπαλλάσσῃ χθονός;
Μη μίαν με μεῖναι τήνδ' ἔασον ἡμέραν
καὶ ξυμπερᾶναι φροντίδ' ᾗ φευξούμεθα,
παισίν τ' ἀφορμὴν τοῖς ἐμοῖς, ἐπεὶ πατὴρ
οὐδὲν προτιμᾷ μηχανήσασθαι τέκνοις.
οἴκτιρε δ' αὐτούς· καὶ σύ τοι παίδων πατὴρ
πέφυκας· εἰκὸς δ' ἐστὶν εὔνοιάν σ' ἔχειν.
τοὐμοῦ γὰρ οὔ μοι φροντίς, εἰ φευξούμεθα,
κείνους δὲ κλαίω συμφορᾷ κεχρημένους.
Κρ ἥκιστα τοὐμὸν λῆμ' ἔφυ τυραννικόν,
αἰδούμενος δὲ πολλὰ δὴ διέφθορα·
καὶ νῦν ὁρῶ μὲν ἐξαμαρτάνων, γύναι,
ὅμως δὲ τεύξῃ τοῦδε· προυννέπω δέ σοι,

Kein Wort, keine List mehr! Rasch fort mit dem Feind!
Er darf nicht mehr bleiben: so ist es verfügt.

Me *fällt ihm zu Füßen*
Nein, ich rufe dein Knie! deines Kindes Glück!
Kr O spar diese Reden, sie rühren mich nicht.
Me So treibst du mich aus, bleibst den Bitten taub?
Kr Das Heil meines Hauses steht höher als du.
Me Liebste Heimat, wie innig gedenke ich dein!
Kr Nach den Kindern ist Heimat das süßeste Glück.
Me Weh mir!
Was fügt Liebeswahn ärmsten Sterblichen zu!
Kr Wie die Würfel fallen, ist unser Geschick.
Me Doch du kennst ihn, Zeus, der dies Leid verbrach!
Kr Fort, törichtes Weib! Mach ein Ende der Qual!
Me Mit eigener Qual ist mein Becher gefüllt!
Kr Bald stößt dich die Faust meiner Diener hinaus!
Me *faßt Kreons Hand*
Nur dies nicht, o Kreon, ich flehe dich an!
Kr Du glaubst mich zu zwingen zum Widerruf?
Me Den erfleh ich nicht mehr – wir verlassen das Land.
Kr So dränge nicht weiter und schere dich fort!
Me Laß im Land mich verweilen den einzigen Tag,
Die Flucht mich bedenken, die Knaben versehn,
Die ihr eigener Vater so ganz vergaß!
Bist ja selber Vater, so siehst du ihr Los
Und hast Mitleid. Mich kümmert nicht eigene Not,
Doch der Knaben Schicksal ist jammernswert.

Kr Mir fehlt zum Herrscher das Mark. Es hat
Mir die Nachsicht schon vieles verdorben; auch jetzt
Geh ich fehl, ich weiß es; doch sei es gewährt.

während Medeia aufsteht

εἴ σ᾽ ἡ ᾽πιοῦσα λαμπὰς ὄψεται θεοῦ
καὶ παῖδας ἐντὸς τῆσδε τερμόνων χθονός,
θανῇ· λέλεκται μῦθος ἀψευδὴς ὅδε,
νῦν δ᾽, εἰ μένειν δεῖ, μίμν᾽ ἐφ᾽ ἡμέραν μίαν·
οὐ γάρ τι δράσεις δεινὸν ὧν φόβος μ᾽ ἔχει.

Χο δύστανε γύναι, an[2]
φεῦ φεῦ, μελέα τῶν σῶν ἀχέων. an[4]
ποῖ ποτε τρέψῃ; τίνα πρὸς ξενίαν;
ἢ δόμον ἢ χθόνα σωτῆρα κακῶν
ἐξευρήσεις;
ὡς εἰς ἄπορόν σε κλύδωνα θεός,
Μήδεια, κακῶν ἐπόρευσε.

Μη κακῶς πέπρακται πανταχῇ· τίς ἀντερεῖ;
ἀλλ᾽ οὔτι ταύτῃ ταῦτα, μὴ δοκεῖτέ πω.
ἔτ᾽ εἴσ᾽ ἀγῶνες τοῖς νεωστὶ νυμφίοις
καὶ τοῖσι κηδεύσασιν οὐ σμικροὶ πόνοι.
δοκεῖς γὰρ ἄν με τόνδε θωπεῦσαί ποτε,
εἰ μή τι κερδαίνουσαν ἢ τεχνωμένην;
οὐδ᾽ ἂν προσεῖπον οὐδ᾽ ἂν ἡψάμην χεροῖν.
ὁ δ᾽ ἐς τοσοῦτον μωρίας ἀφίκετο,
ὥστ᾽ ἐξὸν αὐτῷ τἄμ᾽ ἑλεῖν βουλεύματα
γῆς ἐκβαλόντι, τήνδ᾽ ἀφῆκεν ἡμέραν
μεῖναί μ᾽, ἐν ᾗ τρεῖς τῶν ἐμῶν ἐχθρῶν νεκροὺς
θήσω, πατέρα τε καὶ κόρην πόσιν τ᾽ ἐμόν.
πολλὰς δ᾽ ἔχουσα θανασίμους αὐτοῖς ὁδούς,
οὐκ οἶδ᾽ ὁποίᾳ πρῶτον ἐγχειρῶ, φίλαι·
πότερον ὑφάψω δῶμα νυμφικὸν πυρί,
ἢ θηκτὸν ὤσω φάσγανον δι᾽ ἥπατος,
σιγῇ δόμους ἐσβᾶσ᾽, ἵν᾽ ἔστρωται λέχος.
ἀλλ᾽ ἕν τί μοι πρόσαντες· εἰ ληφθήσομαι
δόμους ὑπεσβαίνουσα καὶ τεχνωμένη,
θανοῦσα θήσω τοῖς ἐμοῖς ἐχθροῖς γέλων.
κράτιστα τὴν εὐθεῖαν, ᾗ πεφύκαμεν
σοφαὶ μάλιστα, φαρμάκοις αὐτοὺς ἑλεῖν.

Aber wisse: sieht euch der morgige Tag
Noch im Land, ist der Tod euch völlig gewiß.
Dies Wort steht fest: nur der einzige Tag!
Der wird uns das Unheil nicht bringen.

ab

Ch Unselige Frau!
Weh über all deine Leiden!
Wo liegt dein Ziel? Welches gastliche Haus,
Gastliche Land
Wird solche Leiden beenden?
In unermeßliche Woge des Unheils
Hat dich ein Gott gestürzt, Medeia.

Me Daß mich Unheil umbrandet, wer sähe es nicht?
Aber wähnt nicht, die Sache sei schon am Ziel!
Das Paar und der Vater sind tödlich bedroht!
Hätt ich je mich erniedrigt ganz ohne Gewinn?
Ohne Grund ihn umschmeichelt? mit Händen berührt?
Fast hätte der Tor meine Pläne durchkreuzt
Mit dem Bann, nun läßt er mir einen Tag,
Der drei meiner Feinde zum Hades schickt,
Den Vater, die Tochter und meinen Gemahl.

Welchen tödlichen Weg beschreit ich zuerst?
Leg ich Feuer ans Haus? Dring ich heimlich zum Bett
Mit gezücktem Dolch? Beides darf nicht geschehn:
Werd im Haus ich mit meinen Ränken ertappt,
Muß ich sterben und bleibe den Feinden ein Spott.
Am sichersten führt jener Weg zum Ziel,
Der Weg meiner Künste: das tödliche Gift.

εἶέν·
καὶ δὴ τεθνᾶσι· τίς με δέξεται πόλις;
τίς γῆν ἄσυλον καὶ δόμους ἐχεγγύους
ξένος παρασχὼν ῥύσεται τοὐμὸν δέμας;
οὐκ ἔστι. μείνασ' οὖν ἔτι σμικρὸν χρόνον,
ἢν μέν τις ἡμῖν πύργος ἀσφαλὴς φανῇ,
δόλῳ μέτειμι τόνδε καὶ σιγῇ φόνον·
ἢν δ' ἐξελαύνῃ ξυμφορά μ' ἀμήχανος,
αὐτὴ ξίφος λαβοῦσα, κεἰ μέλλω θανεῖν,
κτενῶ σφε, τόλμης δ' εἶμι πρὸς τὸ καρτερόν.
οὐ γὰρ μὰ τὴν δέσποιναν ἣν ἐγὼ σέβω
μάλιστα πάντων καὶ ξυνεργὸν εἱλόμην,
Ἑκάτην, μυχοῖς ναίουσαν ἑστίας ἐμῆς,
χαίρων τις αὐτῶν τοὐμὸν ἀλγυνεῖ κέαρ.
πικροὺς δ' ἐγώ σφιν καὶ λυγροὺς θήσω γάμους,
πικρὸν δὲ κῆδος καὶ φυγὰς ἐμὰς χθονός.
ἀλλ' εἶα· φείδου μηδὲν ὧν ἐπίστασαι,
Μήδεια, βουλεύουσα καὶ τεχνωμένη·
ἕρπ' ἐς τὸ δεινόν· νῦν ἀγὼν εὐψυχίας.
ὁρᾷς ἃ πάσχεις· οὐ γέλωτα δεῖ σ' ὀφλεῖν
τοῖς Σισυφείοις τοῖς τ' Ἰάσονος γάμοις,
γεγῶσαν ἐσθλοῦ πατρὸς Ἡλίου τ' ἄπο.
ἐπίστασαι δέ· πρὸς δὲ καὶ πεφύκαμεν
γυναῖκες, ἐς μὲν ἔσθλ' ἀμηχανώταται,
κακῶν δὲ πάντων τέκτονες σοφώταται.

Χο ἄνω ποταμῶν ἱερῶν χωροῦσι παγαί, × hem–tr² στρ.
καὶ δίκα καὶ πάντα πάλιν στρέφεται. tr² hem
ἀνδράσι μὲν δόλιαι βουλαί, θεῶν δ' hem ia²
οὐκέτι πίστις ἄραρε· hem ×
τὰν δ' ἐμὰν εὔκλειαν ἔχειν βιοτὰν tr² hem
στρέψουσι φᾶμαι· ia² ×

So soll es geschehn – und so sind sie tot!
Doch wo winkt mir die Freistatt, ein Land, ein Haus,
Das den Fremdling bewirtet, sein Leben beschirmt?
Ach nirgends! So späh ich noch einige Zeit,
Ob ein Retter erscheint, geh dann heimlich ans Werk.
In äußerster Not greif ich selber zum Schwert
Und reiße sie tollkühn in meinen Tod.
Bei der großen Herrin tief unter dem Herd,
Meiner mächtigsten Schützerin Hekate:
Kein Feind soll jauchzen ob meiner Qual,
Vergällt wird die Hochzeit, vergällt dieser Bann!

Nun, Medeia, ans Werk, an dein schwerstes Werk!
Zeig all deine Künste! Heut gilt es den Mut!
Sieh, wie Jason, wie Sisyphos' Brut dich verhöhnt,
Dich, die Erbin des mächtigen Helios!
Du weißt viele Künste! Auch bist du ein Weib,
Und sind Frauen auch nicht zum Guten geschickt,
Sind sie Meisterinnen des Bösen.

ERSTES STANDLIED

Chor

Erste Strophe

Die heiligen Ströme,
Sie fließen bergauf,
Recht und Gerechtigkeit
Kehren sich um,
Da Männer tückische Taten begehn,
Brechen die göttlichen Eide.
Ja, nun muß sich zum Guten wenden
Der Ruf der Frauen,

ἔρχεται τιμὰ γυναικείῳ γένει·   tr^4 cr
οὐκέτι δυσκέλαδος   hem
φάμα γυναῖκας ἕξει.   ia^2 ba

μοῦσαι δὲ παλαιγενέων λήξουσ' ἀοιδῶν   ἀντ.
τὰν ἐμὰν ὑμνεῦσαι ἀπιστοσύναν.
οὐ γὰρ ἐν ἁμετέρᾳ γνώμᾳ λύρας
ὤπασε θέσπιν ἀοιδὰν
Φοῖβος, ἁγήτωρ μελέων· ἐπεὶ ἀντ-
άχησ' ἂν ὕμνον
ἀρσένων γέννᾳ. μακρὸς δ' αἰὼν ἔχει
πολλὰ μὲν ἁμετέραν
ἀνδρῶν τε μοῖραν εἰπεῖν.

σὺ δ' ἐκ μὲν οἴκων πατρίων ἔπλευσας   ia^2 ch ba   στρ.
μαινομένᾳ κραδίᾳ,   hem
διδύμους ὁρίσασα πόντου   an^2 ba
πέτρας· ἐπὶ δὲ ξένᾳ   –ch ba∧
ναίεις χθονί, τᾶς ἀνάνδρου   –ch ba
κοίτας ὀλέσασα λέκτρον,   –ch ba
τάλαινα, φυγὰς δὲ χώρας   ×ch ba
ἄτιμος ἐλαύνῃ.   ⏑ch–

βέβακε δ' ὅρκων χάρις, οὐδ' ἔτ' αἰδὼς   ἀντ.
Ἑλλάδι τᾷ μεγάλᾳ
μένει, αἰθερία δ' ἀνέπτα.
σοὶ δ' οὔτε πατρὸς δόμοι,
δύστανε, μεθορμίσασθαι
μόχθων πάρα, τῶν τε λέκτρων
ἄλλα βασίλεια κρείσσων
δόμοισιν ἐπέστα.

Ehre muß endlich uns widerfahren,
Schlimme Schmähung
Nicht mehr einzig die Frauen treffen.

Gegenstrophe

Die Lieder der Sänger
Verstummen fortan,
Sangen nur Tücke des
Frauengeschlechts.
Der Leier göttliche Kunst hat uns
Phoibos, der Herr der Gesänge,
Nicht in die Seele gelegt: wir würden
Im Lied erwidern,
Männer belehren, daß schon vor Alters
Gleiche Geschicke
Männer trafen und Frauen trafen.

Zweite Strophe

Vaterhaus hast du verlassen
Glühenden Herzens,
Fuhrst durch felsige Enge des Meers,
Wohnst in der bitteren Fremde.
Gattenlos stehst du
Vor dem verlassenen Lager,
Ehrlos wirst du verjagt,
Jäh aus dem Haus gestoßen.

Gegenstrophe

Eide, sie werden verachtet,
Heilige Ehrfurcht
Wohnt nicht länger im griechischen Land,
Flatterte hoch in die Lüfte.
Heimatlos stehst du,
Ohne den Hafen der Stürme.
Neuer Herrin Gewalt
Hat sich dein Haus erobert.

Ἰάσων

οὐ νῦν κατεῖδον πρῶτον ἀλλὰ πολλάκις
τραχεῖαν ὀργὴν ὡς ἀμήχανον κακόν.
σοὶ γὰρ παρὸν γῆν τήνδε καὶ δόμους ἔχειν
κούφως φερούσῃ κρεισσόνων βουλεύματα,
λόγων ματαίων οὕνεκ' ἐκπεσῇ χθονός.
κἀμοὶ μὲν οὐδὲν πρᾶγμα· μὴ παύσῃ ποτὲ
λέγουσ' Ἰάσον' ὡς κάκιστός ἐστ' ἀνήρ·
ἃ δ' ἐς τυράννους ἐστί σοι λελεγμένα,
πᾶν κέρδος ἡγοῦ ζημιουμένη φυγῇ.
κἀγὼ μὲν αἰεὶ βασιλέων θυμουμένων
ὀργὰς ἀφῄρουν καί σ' ἐβουλόμην μένειν·
σὺ δ' οὐκ ἀνίεις μωρίας, λέγουσ' ἀεὶ
κακῶς τυράννους· τοιγὰρ ἐκπεσῇ χθονός.
ὅμως δὲ κἀκ τῶνδ' οὐκ ἀπειρηκὼς φίλοις
ἥκω, τὸ σὸν δὲ προσκοπούμενος, γύναι,
ὡς μήτ' ἀχρήμων σὺν τέκνοισιν ἐκπέσῃς
μήτ' ἐνδεής του· πόλλ' ἐφέλκεται φυγὴ
κακὰ ξὺν αὑτῇ. καὶ γὰρ εἰ σύ με στυγεῖς,
οὐκ ἂν δυναίμην σοὶ κακῶς φρονεῖν ποτε.

Μήδεια

ὦ παγκάκιστε, τοῦτο γάρ σ' εἰπεῖν ἔχω,
γλώσσῃ μέγιστον εἰς ἀνανδρίαν κακόν·
ἦλθες πρὸς ἡμᾶς, ἦλθες ἔχθιστος γεγώς; 467
οὔτοι θράσος τόδ' ἐστὶν οὐδ' εὐτολμία, 469
φίλους κακῶς δράσαντ' ἐναντίον βλέπειν,
ἀλλ' ἡ μεγίστη τῶν ἐν ἀνθρώποις νόσων
πασῶν, ἀναίδει'· εὖ δ' ἐποίησας μολών·
ἐγώ τε γὰρ λέξασα κουφισθήσομαι
ψυχὴν κακῶς σε καὶ σὺ λυπήσῃ κλύων.
ἐκ τῶν δὲ πρώτων πρῶτον ἄρξομαι λέγειν.

θεοῖς τε κἀμοὶ παντί τ' ἀνθρώπων γένει; 468

ZWEITE HAUPTSZENE

Jason

Daß verstockter Wut nicht zu helfen ist,
Hat man öfters erlebt. Dir stand es ja frei,
Land und Haus zu bewohnen, gefügig dem Sinn
Deiner Herrn – nun vertreibt dich dein eitles Gekeif.
Mich scherts nicht, nenn mich bei Tag und bei Nacht
Einen Schurken! Doch wie du die Herrscher geschmäht,
Ist mit dieser Verbannung nur glimpflich bezahlt.

Ich wollte dich retten, der Könige Zorn
Stets beschwichten; doch du, ohne Zügel und Zaum,
Geiferst weiter: so treibt man dich aus dem Land.
Dennoch lass ich euch nicht, und zu deinem Heil
Bin ich hier: ihr sollt mir nicht mittellos,
Von allem entblößt, in die Fremde ziehn,
In Not und Entbehrung. Ja, hasse nur zu:
Nie werd ich dir feindlich begegnen.

Medeia

Halunke! – ich finde kein anderes Wort
Für erbärmlichen Mann, schlimmsten Feind, der es wagt,
Uns vor Augen zu treten nach dem, was geschah.
Ist das mutig und kühn? Es ist mehr als verrucht:
Es ist schamlos! Doch kommst du gerade recht:
Nach Herzenslust schleudr ich dir Worte ins Ohr,
Die du ungern vernimmst. – Ich beginne von vorn:

ἔσωσά σ', ὡς ἴσασιν Ἑλλήνων ὅσοι
ταὐτὸν συνεισέβησαν Ἀργῷον σκάφος,
πεμφθέντα ταύρων πυρπνόων ἐπιστάτην
ζεύγλῃσι καὶ σπεροῦντα θανάσιμον γύην·
δράκοντά θ', ὃς πάγχρυσον ἀμπέχων δέρας
σπείραις ἔσῳζε πολυπλόκοις ἄυπνος ὤν,
κτείνασ' ἀνέσχον σοὶ φάος σωτήριον.
αὐτὴ δὲ πατέρα καὶ δόμους προδοῦσ' ἐμοὺς
τὴν Πηλιῶτιν εἰς Ἰωλκὸν ἱκόμην
σὺν σοί, πρόθυμος μᾶλλον ἢ σοφωτέρα·
Πελίαν τ' ἀπέκτειν', ὥσπερ ἄλγιστον θανεῖν,
παίδων ὕπ' αὐτοῦ, πάντα τ' ἐξεῖλον δόμον.
καὶ ταῦθ' ὑφ' ἡμῶν, ὦ κάκιστ' ἀνδρῶν, παθὼν
προύδωκας ἡμᾶς, καινὰ δ' ἐκτήσω λέχη
παίδων γεγώτων· εἰ γὰρ ἦσθ' ἄπαις ἔτι,
συγγνώστ' ἂν ἦν σοι τοῦδ' ἐρασθῆναι λέχους.
ὅρκων δὲ φρούδη πίστις, οὐδ' ἔχω μαθεῖν
ἢ θεοὺς νομίζεις τοὺς τότ' οὐκ ἄρχειν ἔτι,
ἢ καινὰ κεῖσθαι θέσμι' ἀνθρώποις τὰ νῦν,
ἐπεὶ σύνοισθά γ' εἰς ἔμ' οὐκ εὔορκος ὤν.
φεῦ δεξιὰ χείρ, ἧς σὺ πόλλ' ἐλαμβάνου,
καὶ τῶνδε γονάτων, ὡς μάτην κεχρῴσμεθα
κακοῦ πρὸς ἀνδρός, ἐλπίδων δ' ἡμάρτομεν.
ἄγ'· ὡς φίλῳ γὰρ ὄντι σοι κοινώσομαι,
δοκοῦσα μὲν τί πρός γε σοῦ πράξειν καλῶς;
ὅμως δ'· ἐρωτηθεὶς γὰρ αἰσχίων φανῇ.
νῦν ποῖ τράπωμαι; πότερα πρὸς πατρὸς δόμους,
οὓς σοὶ προδοῦσα καὶ πάτραν ἀφικόμην;
ἢ πρὸς ταλαίνας Πελιάδας; καλῶς γ' ἂν οὖν
δέξαιντό μ' οἴκοις ὧν πατέρα κατέκτανον.
ἔχει γὰρ οὕτω· τοῖς μὲν οἴκοθεν φίλοις
ἐχθρὰ καθέστηχ', οὓς δέ μ' οὐκ ἐχρῆν κακῶς
δρᾶν, σοὶ χάριν φέρουσα πολεμίους ἔχω.
τοιγάρ με πολλαῖς μακαρίαν καθ' Ἑλλάδα
ἔθηκας ἀντὶ τῶνδε· θαυμαστὸν δέ σε
ἔχω πόσιν καὶ πιστὸν ἡ τάλαιν' ἐγώ,

Mir verdankst du dein Leben, und jeder bezeugts,
Der die Argo bestieg! Du warst ausgeschickt
Zu den feurigen Stieren, zur blutigen Saat,
Zum schlaflosen Drachen, der goldenes Vlies
Umringelnd bewachte und den ich bezwang,
Als Stern deiner Rettung! Und väterlich Haus
Verließ ich und schiffte nach Jolkos mit dir,
Mehr eifrig als klug, habe Pelias' Haß
Von dir abgewendet durch bitteren Tod,
Den die Töchter ihm schufen mit eigener Hand.

All das tat ich für dich, doch du Schurke verrietst
Mich an neueres Bett, trotz der Söhne; denn wärst
Du noch kinderlos, bliebe die Tat dir verziehn.
Gelten Eide noch? Glaubst du, die Götter von einst
Sind vom Thron gestoßen durch neues Gesetz,
Das den Meineid erlaubt, den du offen begingst?
O Hände, o Knie, die du bittend berührt!
All mein Hoffen, wie hast du es grausam getäuscht!

Soll ich freundlich, als käme noch Gutes von dir,
Dich befragen? Es sei! Es enthüllt deine Schmach:
Wohin zieh ich? Zum Vater, den ich verriet?
Werd ich Pelias' Töchtern willkommen sein,
Die ich Vatermord lehrte? So steht es um mich:
Meinen Lieben verhaßt, hab ich Schuldlose hier
Nur um deinetwillen zu Feinden gemacht.
Dafür hast du mich hoch in ganz Hellas erhöht:
Wie preist man den stolzen, den treuen Gemahl,

εἰ φεύξομαί γε γαῖαν ἐκβεβλημένη,
φίλων ἔρημος, σὺν τέκνοις μόνη μόνοις.
καλόν γ' ὄνειδος τῷ νεωστὶ νυμφίῳ,
πτωχοὺς ἀλᾶσθαι παῖδας ἥ τ' ἔσωσά σε.
ὦ Ζεῦ, τί δὴ χρυσοῦ μὲν ὃς κίβδηλος ᾖ
τεκμήρι' ἀνθρώποισιν ὤπασας σαφῆ,
ἀνδρῶν δ' ὅτῳ χρὴ τὸν κακὸν διειδέναι,
οὐδεὶς χαρακτὴρ ἐμπέφυκε σώματι;

Χο δεινή τις ὀργὴ καὶ δυσίατος πέλει,
ὅταν φίλοι φίλοισι συμβάλωσ' ἔριν.
Ια δεῖ μ', ὡς ἔοικε, μὴ κακὸν φῦναι λέγειν,
ἀλλ' ὥστε ναὸς κεδνὸν οἰακοστρόφον
ἄκροισι λαίφους κρασπέδοις ὑπεκδραμεῖν
τὴν σὴν στόμαργον, ὦ γύναι, γλωσσαλγίαν.
ἐγὼ δ', ἐπειδὴ καὶ λίαν πυργοῖς χάριν,
Κύπριν νομίζω τῆς ἐμῆς ναυκληρίας
σώτειραν εἶναι θεῶν τε κἀνθρώπων μόνην.
σοὶ δ' ἔστι μὲν νοῦς λεπτός, ἀλλ' ἐπίφθονος
λόγος διελθεῖν, ὡς Ἔρως σ' ἠνάγκασε
τόξοις ἀφύκτοις τοὐμὸν ἐκσῷσαι δέμας.
ἀλλ' οὐκ ἀκριβῶς αὐτὸ θήσομαι λίαν·
ὅπῃ γὰρ οὖν ὤνησας, οὐ κακῶς ἔχει.
μείζω γε μέντοι τῆς ἐμῆς σωτηρίας
εἴληφας ἢ δέδωκας, ὡς ἐγὼ φράσω.
πρῶτον μὲν Ἑλλάδ' ἀντὶ βαρβάρου χθονὸς
γαῖαν κατοικεῖς καὶ δίκην ἐπίστασαι
νόμοις τε χρῆσθαι μὴ πρὸς ἰσχύος χάριν·
πάντες δέ σ' ᾔσθοντ' οὖσαν Ἕλληνες σοφὴν
καὶ δόξαν ἔσχες· εἰ δὲ γῆς ἐπ' ἐσχάτοις
ὅροισιν ᾤκεις, οὐκ ἂν ἦν λόγος σέθεν.
εἴη δ' ἔμοιγε μήτε χρυσὸς ἐν δόμοις
μήτ' Ὀρφέως κάλλιον ὑμνῆσαι μέλος,
εἰ μὴ 'πίσημος ἡ τύχη γένοιτό μοι.
τοσαῦτα μέν σοι τῶν ἐμῶν πόνων πέρι
ἔλεξ'· ἅμιλλαν γὰρ σὺ προὔθηκας λόγων.

Wenn das Bettelweib einsam die Fremde durchzieht,
Hilflos mit hilflosen Kindern, der Hohn
Dieses Neuvermählten, der Söhne und Weib,
Der den Lebensretter ins Elend stieß!
O Zeus! Für das Gold steht der Prüfstein bereit,
Der das falsche erweist; doch der menschliche Leib
Trägt nicht Merkmal niederen Wertes.

Chorführerin
O furchtbarer Zorn, o unheilbarer Haß,
Wenn der Gatte sich gegen den Gatten empört!
Ja Nur ein findiger Redner und Steuermann
Kann, mit sparsamstem Segel, dem Wogenschwall
Deines Lästermaules sich heil entziehn.
Du streichst deine Taten heraus: mein Heil
Kam einzig allein aus der Kypris Hand
Und du weißt es genau, doch du hörst es nicht gern,
Daß des Eros Pfeil dich zum Handeln bewog.
Dem sei, wie ihm sei: dein Verdienst besteht,
Und die Sache ging gut – doch vor allem für dich!

Du tauschtest mit Hellas dein wildes Land,
Das Reich der Gewalt mit dem Sitz des Rechts.
Wie nie dort im Winkel erwarbst du den Ruhm
Hoher Weisheit – und Ruhm glänzt heller als Gold,
Orpheus' Liederkunst wöge mir Ruhm nicht auf.

Soviel von der Fahrt, deinem ersten Geschoß,

ἃ δ' ἐς γάμους μοι βασιλικοὺς ὠνείδισας,
ἐν τῷδε δείξω πρῶτα μὲν σοφὸς γεγώς,
ἔπειτα σώφρων, εἶτα σοὶ μέγας φίλος
καὶ παισὶ τοῖς ἐμοῖσιν – ἀλλ' ἔχ' ἥσυχος.
ἐπεὶ μετέστην δεῦρ' Ἰωλκίας χθονὸς
πολλὰς ἐφέλκων συμφορὰς ἀμηχάνους,
τί τοῦδ' ἂν εὕρημ' ηὗρον εὐτυχέστερον
ἢ παῖδα γῆμαι βασιλέως φυγὰς γεγώς;
οὐχ, ᾗ σὺ κνίζῃ, σὸν μὲν ἐχθαίρων λέχος,
καινῆς δὲ νύμφης ἱμέρῳ πεπληγμένος,
οὐδ' εἰς ἅμιλλαν πολύτεκνον σπουδὴν ἔχων –
ἅλις γὰρ οἱ γεγῶτες οὐδὲ μέμφομαι –
ἀλλ' ὡς, τὸ μὲν μέγιστον, οἰκοῖμεν καλῶς
καὶ μὴ σπανιζοίμεσθα, γιγνώσκων ὅτι
πένητα φεύγει πᾶς τις ἐκποδὼν φίλος,
παῖδας δὲ θρέψαιμ' ἀξίως δόμων ἐμῶν
σπείρας τ' ἀδελφοὺς τοῖσιν ἐκ σέθεν τέκνοις
ἐς ταὐτὸ θείην, καὶ ξυναρτήσας γένος
εὐδαιμονοῖμεν. σοί τε γὰρ παίδων †τί δεῖ;†
ἐμοί τε λύει τοῖσι μέλλουσιν τέκνοις
τὰ ζῶντ' ὀνῆσαι. μῶν βεβούλευμαι κακῶς;
οὐδ' ἂν σὺ φαίης, εἴ σε μὴ κνίζοι λέχος.
ἀλλ' ἐς τοσοῦτον ἥκεθ' ὥστ' ὀρθουμένης
εὐνῆς γυναῖκες πάντ' ἔχειν νομίζετε,
ἢν δ' αὖ γένηται ξυμφορά τις ἐς λέχος,
τὰ λῷστα καὶ κάλλιστα πολεμιώτατα
τίθεσθε. χρῆν γὰρ ἄλλοθέν ποθεν βροτοὺς
παῖδας τεκνοῦσθαι, θῆλυ δ' οὐκ εἶναι γένος·
χοὔτως ἂν οὐκ ἦν οὐδὲν ἀνθρώποις κακόν.
Χο Ἰᾶσον, εὖ μὲν τούσδ' ἐκόσμησας λόγους·
ὅμως δ' ἔμοιγε, κεἰ παρὰ γνώμην ἐρῶ,
δοκεῖς προδοὺς σὴν ἄλοχον οὐ δίκαια δρᾶν.
Μη ἦ πολλὰ πολλοῖς εἰμι διάφορος βροτῶν·
ἐμοὶ γὰρ ὅστις ἄδικος ὢν σοφὸς λέγειν
πέφυκε, πλείστην ζημίαν ὀφλισκάνει·
γλώσσῃ γὰρ αὐχῶν τἄδικ' εὖ περιστελεῖν

Und nun zum zweiten: der fürstlichen Braut!
Diese Ehe war klug, war gerecht, war für dich
Und die Kinder ein Segen – o brause nicht auf!
Als beschwerlichstes Los mich von Jolkos gebracht,
War die Fürstenehe der glücklichste Fund
Für den Flüchtling; nicht weil ich verleidetes Bett,
Wie du grollst, mit dem süßeren Lager getauscht
Oder viele Kinder nach deinen begehrt:
Unser Glück, unsre Wohlfahrt lag mir im Sinn,
Das Elendslos, das die Freunde verjagt,
Der Kinder Erziehung im vornehmen Stand
Ihrer späteren Brüder. Ein blühend Geschlecht
Sollte alles krönen! Die schon du gebarst,
Sollten glücklich im Schatten der andern gedeihn!

War die Rechnung falsch? Nur die Eifersucht
Kann sie tadeln. Denn fesselt ihr Weiber den Mann,
Ist er Alles! Doch kaum ist das Lager bedroht,
Wird der Beste und Klügste zum schlimmsten Feind.
Gäb es andre Geburt, ganz ohne die Frau!
Wie glücklich wäre das Leben!

Chf Du hast mit Geschick deine Worte gesetzt,
König Jason, doch sag ich dir frei heraus:
Der Verrat an der Gattin bleibt schlimmste Tat.
Me Wie ganz anders schlägt mir das Herz in der Brust
Als den anderen Menschen! Wer Unrecht klug
Beschönigt, hat härteste Strafe verdient.
Mit der Zunge Prunk macht er Böses gut

τολμᾷ πανουργεῖν· ἔστι δ' οὐκ ἄγαν σοφός.
ὡς καὶ σὺ μή νυν εἰς ἔμ' εὐσχήμων γένῃ
λέγειν τε δεινός. ἓν γὰρ ἐκτενεῖ σ' ἔπος·
χρῆν σ', εἴπερ ἦσθα μὴ κακός, πείσαντά με
γαμεῖν γάμον τόνδ', ἀλλὰ μὴ σιγῇ φίλων.
Ια καλῶς γ' ἄν, οἶμαι, τῷδ' ὑπηρέτεις λόγῳ,
εἴ σοι γάμον κατεῖπον, ἥτις οὐδὲ νῦν
τολμᾷς μεθεῖναι καρδίας μέγαν χόλον.
Μη οὐ τοῦτό σ' εἶχεν, ἀλλὰ βάρβαρον λέχος
πρὸς γῆρας οὐκ εὔδοξον ἐξέβαινέ σοι.
Ια εὖ νῦν τόδ' ἴσθι, μὴ γυναικὸς οὕνεκα
γῆμαί με λέκτρα βασιλέων ἃ νῦν ἔχω,
ἀλλ', ὥσπερ εἶπον καὶ πάρος, σῷσαι θέλων
σέ, καὶ τέκνοισι τοῖς ἐμοῖς ὁμοσπόρους
φῦσαι τυράννους παῖδας, ἔρυμα δώμασι.
Μη μή μοι γένοιτο λυπρὸς εὐδαίμων βίος
μηδ' ὄλβος ὅστις τὴν ἐμὴν κνίζοι φρένα.
Ια οἶσθ' ὡς μετεύξῃ, καὶ σοφωτέρα φανῇ;
τὰ χρηστὰ μή σοι λυπρὰ φαίνεσθαι ποτέ,
μηδ' εὐτυχοῦσα δυστυχὴς εἶναι δοκεῖν.
Μη ὕβριζ', ἐπειδὴ σοὶ μὲν ἔστ' ἀποστροφή,
ἐγὼ δ' ἔρημος τήνδε φευξοῦμαι χθόνα.
Ια αὐτὴ τάδ' εἵλου· μηδέν' ἄλλον αἰτιῶ.
Μη τί δρῶσα; μῶν γαμοῦσα καὶ προδοῦσά σε;
Ια ἀρὰς τυράννοις ἀνοσίους ἀρωμένη.
Μη καὶ σοῖς ἀραία γ' οὖσα τυγχάνω δόμοις.
Ια ὡς οὐ κρινοῦμαι τῶνδέ σοι τὰ πλείονα.
ἀλλ', εἴ τι βούλῃ παισὶν ἢ σαυτῆς φυγῇ
προσωφέλημα χρημάτων ἐμῶν λαβεῖν,
λέγ'· ὡς ἕτοιμος ἀφθόνῳ δοῦναι χερὶ
ξένοις τε πέμπειν σύμβολ', οἳ δράσουσί σ' εὖ.
καὶ ταῦτα μὴ θέλουσα μωρανεῖς, γύναι·
λήξασα δ' ὀργῆς κερδανεῖς ἀμείνονα.
Μη οὔτ' ἂν ξένοισι τοῖσι σοῖς χρησαίμεθ' ἄν,
οὔτ' ἄν τι δεξαίμεσθα, μηδ' ἡμῖν δίδου·
κακοῦ γὰρ ἀνδρὸς δῶρ' ὄνησιν οὐκ ἔχει.

Und frevelt weiter und bleibt ein Tor.
So kommst du und spielst hier den ehrbaren Mann
Mit Reden – und fällst durch ein einziges Wort:
Wärst du ehrlich, du hättest den neueren Bund
Mit der Gattin beraten, nicht vor ihr versteckt.
Ja Wie hättest du damals die Pläne durchkreuzt,
Die du heute noch völlig unbeugsam schmähst!

Me Was dich trieb, war die Angst, das barbarische Weib
Sei dir ewige Bürde und ewige Schmach.
Ja Keine Leidenschaft trieb mich ins fürstliche Bett,
Ich sag es noch einmal: mich trieb euer Heil,
Euer Rückhalt am Nachwuchs aus fürstlichem Stamm.

Me Nie wünsch ich ein Glück voller Bitternis!
Nie Reichtum, der mir am Herzen nagt!
Ja Bald wirst du belehrt und sehnst beides herbei,
Die bittere Wohlfahrt, das nagende Glück.

Me Vom sicheren Hafen höhnt es sich leicht!
Mich stößt man verlassen zum Tore hinaus.
Ja Du bist selber schuld, hast es selber gewollt.
Me Hab ich Ehe gebrochen? Beging ich Verrat?
Ja Deine Herrscher hast du bedroht, verflucht.
Me Und dich dazu und dein ganzes Haus!
Ja Ich rechte nicht mehr. Was an Mitteln ihr braucht
Für die Reise, sei reichlich gewährt, ich schrieb
Auch Briefe an manchen euch nützlichen Freund:
Nur der Wahnsinn lehnt solche Hilfe ab!
Nimm den Vorteil wahr und besiege den Groll!

Me Deine Freunde können nicht meine sein
Und spare dein Gold: Nie empfängt meine Hand
Die Gabe des Feinds, die der Fluch verfolgt.

Ια ἀλλ' οὖν ἐγὼ μὲν δαίμονας μαρτύρομαι,
ὡς πάνθ' ὑπουργεῖν σοί τε καὶ τέκνοις θέλω·
σοὶ δ' οὐκ ἀρέσκει τἀγάθ', ἀλλ' αὐθαδίᾳ
φίλους ἀπωθῇ· τοιγὰρ ἀλγυνῇ πλέον.

Μη χώρει· πόθῳ γὰρ τῆς νεοδμήτου κόρης
αἱρῇ χρονίζων δωμάτων ἐξώπιος.
νύμφευ'· ἴσως γάρ – σὺν θεῷ δ' εἰρήσεται –
γαμεῖς τοιοῦτον ὥστε σ' ἀρνεῖσθαι γάμον.

Χο ἔρωτες ὑπὲρ μὲν ἄγαν — × hem — στρ.
ἐλθόντες οὐκ εὐδοξίαν — ia^{4}
οὐδ' ἀρετὰν παρέδωκαν — hem ×
ἀνδράσιν· εἰ δ' ἅλις ἔλθοι — hem–
Κύπρις, οὐκ ἄλλα θεὸς εὔχαρις οὕτως. — tr^{2} hem–
μήποτ', ὦ δέσποιν', ἐπ' ἐμοὶ χρυσέων — tr^{2} hem
τόξων ἐφείης — -tr^{3}
ἱμέρῳ χρίσασ' ἄφυκτον οἰστόν. — tr^{2} cr ba

στέργοι δέ με σωφροσύνα, — ἀντ.
δώρημα κάλλιστον θεῶν·
μηδέ ποτ' ἀμφιλόγους ὀρ-
γὰς ἀκόρεστά τε νείκη
θυμὸν ἐκπλήξασ' ἑτέροις ἐπὶ λέκτροις
προσβάλοι δεινὰ Κύπρις, ἀπτολέμους
δ' εὐνὰς σεβίζουσ'
ὀξύφρων κρίνοι λέχη γυναικῶν.

Ja Die Götter sind Zeugen: Ich wollte dein Heil
Und das Heil der Kinder! Doch was euch gefrommt,
Verschmähst du, stößt blind alle Freunde von dir.
Das wirst du noch bitter bezahlen.

ab

Me So lauf in die Arme der neuen Braut!
Du bliebst schon so lang, das Verlangen ist heiß
Nach der Hochzeit, die – wenn kein Gott mich trügt –
Du als bitterstes Fest noch verrufen wirst.

ZWEITES STANDLIED

Chor

Erste Strophe

Liebe, wenn sie in Stürmen weht,
Nimmer bringt sie dem Menschengeschlecht
Segen und Ehre.
Goldene Kypris,
Rauscht sanft dein Flügel,
Strahlst du hell über alle Götter.
Sende vom goldenen Bogen,
Herrin, nie den tödlichen Pfeil
Rasender Stürme!

Gegenstrophe

Bleibe, o heilige Mäßigung,
Herrlichste Botin aus Götterland,
Treu mir zur Seite!
Grausame Kypris,
O schick mir niemals
Zank und Hader und böse Zwietracht,
Streit um verratenes Lager!
Herrin, stifte das friedliche Glück!
Schirme die Ehe!

ὦ πατρίς, ὦ δώματα, μὴ — ch^2 — στρ.
δῆτ' ἄπολις γενοίμαν — ch ba
τὸν ἀμηχανίας ἔχουσα — an^2 ba
δυσπέρατον αἰῶν' — cr ba
οἰκτροτάτων ἀχέων. — hem
θανάτῳ θανάτῳ πάρος δαμείην — an^2 reiz
ἀμέραν τάνδ' ἐξανύσασα· μό- — tr^2 ch ba∧
χθων δ' οὐκ ἄλλος ὕπερθεν ἢ — gl
γᾶς πατρίας στέρεσθαι. — ch ba

εἴδομεν, οὐκ ἐξ ἑτέρων — ἀντ.
μῦθον ἔχω φράσασθαι·
σὲ γὰρ οὐ πόλις, οὐ φίλων τις
ᾤκτισεν παθοῦσαν
δεινότατον παθέων.
ἀχάριστος ὄλοιθ', ὅτῳ πάρεστιν
μὴ φίλους τιμᾶν καθαρᾶν ἀνοί-
ξαντα κλῇδα φρενῶν· ἐμοὶ
μὲν φίλος οὔποτ' ἔσται.

Αἰγεύς

Μήδεια, χαῖρε· τοῦδε γὰρ προοίμιον
κάλλιον οὐδεὶς οἶδε προσφωνεῖν φίλους.

Μήδεια

ὦ χαῖρε καὶ σύ, παῖ σοφοῦ Πανδίονος,
Αἰγεῦ. πόθεν γῆς τῆσδ' ἐπιστρωφᾷ πέδον;

Zweite Strophe

Land meiner Väter!
Heimischer Herd!
Heimatlos
Laßt mich nicht ziehen,
Nicht erleiden, ach,
Endlose Zeiten des
Bittersten Leids!
Lieber den Tod, ja den Tod,
Als den Tag der Verstoßung!
Kein anderes Leid ist so groß als
Heimaterde verlassen.

Gegenstrophe

Augen, ihr habt es
Selber gesehn!
Nicht bedarfs
Fremden Berichtes.
Keine Stadt, kein Freund
Hat dich getröstet in
Bitterstem Leid!
Gnadenlos fahr er dahin,
Der die Lieben verrät und
Das heilige Siegel zerbricht! Nie
Soll man Freund ihn mir nennen!

DRITTE HAUPTSZENE

Aigeus

Sei gegrüßt, Medeia, mit frohestem Gruß,
Den ein Freund seinen Freunden entbieten kann!

Medeia

Aigeus, Pandions Sohn! Mit dem gleichen Gruß
Begrüß ich dich selber. Woher deines Wegs?

Αι Φοίβου παλαιὸν ἐκλιπὼν χρηστήριον.
Μη τί δ' ὀμφαλὸν γῆς θεσπιῳδὸν ἐστάλης;
Αι παίδων ἐρευνῶν σπέρμ' ὅπως γένοιτό μοι.
Μη πρὸς θεῶν, ἄπαις γὰρ δεῦρ' ἀεὶ τείνεις βίον;
Αι ἄπαιδές ἐσμεν δαίμονός τινος τύχῃ.
Μη δάμαρτος οὔσης, ἢ λέχους ἄπειρος ὤν;
Αι οὐκ ἐσμὲν εὐνῆς ἄζυγες γαμηλίου.
Μη τί δῆτα Φοῖβος εἶπέ σοι παίδων πέρι;
Αι σοφώτερ' ἢ κατ' ἄνδρα συμβαλεῖν ἔπη.
Μη θέμις μὲν ἡμᾶς χρησμὸν εἰδέναι θεοῦ;
Αι μάλιστ', ἐπεί τοι καὶ σοφῆς δεῖται φρενός.
Μη τί δῆτ' ἔχρησε; λέξον, εἰ θέμις κλύειν.
Αι ἀσκοῦ με τὸν προύχοντα μὴ λῦσαι πόδα.
Μη πρὶν ἂν τί δράσῃς ἢ τίν' ἐξίκῃ χθόνα;
Αι πρὶν ἂν πατρῴαν αὖθις ἑστίαν μόλω.
Μη σὺ δ' ὡς τί χρῄζων τήνδε ναυστολεῖς χθόνα;
Αι Πιτθεύς τις ἔστι, γῆς ἄναξ Τροζηνίας.
Μη παῖς, ὡς λέγουσι, Πέλοπος, εὐσεβέστατος.
Αι τούτῳ θεοῦ μάντευμα κοινῶσαι θέλω.
Μη σοφὸς γὰρ ἀνὴρ καὶ τρίβων τὰ τοιάδε.
Αι κἀμοί γε πάντων φίλτατος δορυξένων.
Μη ἀλλ' εὐτυχοίης καὶ τύχοις ὅσων ἐρᾷς.
Αι τί γὰρ σὸν ὄμμα χρώς τε συντέτηχ' ὅδε;
Μη Αἰγεῦ, κάκιστός ἐστί μοι πάντων πόσις.
Αι τί φῄς; σαφῶς μοι σὰς φράσον δυσθυμίας.
Μη ἀδικεῖ μ' Ἰάσων οὐδὲν ἐξ ἐμοῦ παθών.
Αι τί χρῆμα δράσας; φράζε μοι σαφέστερον.
Μη γυναῖκ' ἐφ' ἡμῖν δεσπότιν δόμων ἔχει.
Αι ἦ που τετόλμηκ' ἔργον αἴσχιστον τόδε;
Μη σάφ' ἴσθ'· ἄτιμοι δ' ἐσμὲν οἱ πρὸ τοῦ φίλοι.
Αι πότερον ἐρασθεὶς ἢ σὸν ἐχθαίρων λέχος;
Μη μέγαν γ' ἔρωτα· πιστὸς οὐκ ἔφυ φίλοις.
Αι ἴτω νυν, εἴπερ, ὡς λέγεις, ἐστὶν κακός.
Μη ἀνδρῶν τυράννων κῆδος ἠράσθη λαβεῖν.
Αι δίδωσι δ' αὐτῷ τίς; πέραινέ μοι λόγον.
Μη Κρέων, ὃς ἄρχει τῆσδε γῆς Κορινθίας.

Ai Von des Phoibos altem Orakelsitz.
Me Und was hast du den Nabel der Erde gefragt?
Ai Wie mir neue Saat noch entsprossen kann.
Me So dehnst du die Tage noch ohne den Sohn?
Ai Eines Gottes Verhängnis hat es gewollt.
Me Doch bist du vermählt? oder stehst du allein?
Ai Schon vor Jahren schloß ich den Ehebund.
Me Was hat Phoibos geweissagt? Erwächst dir ein Sohn?
Ai Der Spruch ging hoch über Menschenverstand.
Me Darf ich wissen, was dir der Gott befahl?
Ai Weisen Deuters bedarf ja das dunkle Wort.
Me So sprich, wenn du glaubst, daß ichs hören soll.
Ai Noch soll ich nicht lösen den Hals des Schlauchs...
Me Bis zu welchem Ereignis und welchem Ort?
Ai Bis ich kehre zur Stadt und zum heimischen Herd.
Me Und wie führt deine Straße dich über Korinth?
Ai König Pittheus such ich im Lande Trözen.
Me Des Pelops berühmten, ehrwürdigen Sohn.
Ai Ihm will ich eröffnen Apollons Wort.
Me Er ist weise, in Sehersprüchen geübt.
Ai Und aus alten Kämpfen mein bester Freund.
Me So ziehe mit Glück und gewinne dein Ziel!
Ai Doch was macht dich so düster, die Wange so bleich?
Me Mit dem übelsten Schurken bin ich vermählt.
Ai Ists möglich? Vertrau mir dein Leiden an!
Me Unschuldig bin ich vom Gatten verfolgt.
Ai Mit welcher Tat? Sag es frei heraus!
Me Er nahm sich ein Weib, das mir befiehlt.
Ai Solchen Schimpf hat Jason dir angetan?
Me Ja, die alte Gattin ist völlig entehrt.
Ai War dein Bett ihm verleidet? Ist neu er entbrannt?
Me Tollwütig entflammt brach er früheren Bund.
Ai Er fahre dahin, hat er solches getan.
Me Zur Königstochter verstieg sich sein Sinn.
Ai Und wer ist ihr Vater? Vollende das Wort!
Me König Kreon, der mächtige Herrscher Korinths.

Αι συγγνωστὰ μέν τἄρ᾽ ἦν σε λυπεῖσθαι, γύναι.
Μη ὄλωλα· καὶ πρός γ᾽ ἐξελαύνομαι χθονός.
Αι πρὸς τοῦ; τόδ᾽ ἄλλο καινὸν αὖ λέγεις κακόν.
Μη Κρέων μ᾽ ἐλαύνει φυγάδα γῆς Κορινθίας.
Αι ἐᾷ δ᾽ Ἰάσων; οὐδὲ ταῦτ᾽ ἐπῄνεσα.
Μη λόγῳ μὲν οὐχί, καρτερεῖν δὲ βούλεται.

ἀλλ᾽ ἄντομαί σε τῆσδε πρὸς γενειάδος
γονάτων τε τῶν σῶν ἱκεσία τε γίγνομαι,
οἴκτιρον οἴκτιρόν με τὴν δυσδαίμονα
καὶ μή μ᾽ ἔρημον ἐκπεσοῦσαν εἰσίδῃς,
δέξαι δὲ χώρᾳ καὶ δόμοις ἐφέστιον.
οὕτως ἔρως σοὶ πρὸς θεῶν τελεσφόρος
γένοιτο παίδων, καὐτὸς ὄλβιος θάνοις.
εὕρημα δ᾽ οὐκ οἶσθ᾽ οἷον ηὕρηκας τόδε·
παύσω δέ σ᾽ ὄντ᾽ ἄπαιδα καὶ παίδων γονὰς
σπεῖραί σε θήσω· τοιάδ᾽ οἶδα φάρμακα.
Αι πολλῶν ἕκατι τήνδε σοι δοῦναι χάριν,
γύναι, πρόθυμός εἰμι, πρῶτα μὲν θεῶν,
ἔπειτα παίδων ὧν ἐπαγγέλλῃ γονάς·
ἐς τοῦτο γὰρ δὴ φροῦδός εἰμι πᾶς ἐγώ.
τόσον γε μέντοι σοι προσημαίνω, γύναι·
ἐκ τῆσδε μὲν γῆς οὔ σ᾽ ἄγειν βουλήσομαι,
αὐτὴ δ᾽ ἐάνπερ εἰς ἐμοὺς ἔλθῃς δόμους,
μενεῖς ἄσυλος κοὔ σε μὴ μεθῶ τινι.
ἐκ τῆσδε δ᾽ αὐτὴ γῆς ἀπαλλάσσου πόδα·
ἀναίτιος γὰρ καὶ ξένοις εἶναι θέλω.
Μη ἔσται τάδ᾽· ἀλλὰ πίστις εἰ γένοιτό μοι
τούτων, ἔχοιμ᾽ ἂν πάντα πρὸς σέθεν καλῶς.
Αι μῶν οὐ πέποιθας; ἢ τί σοι τὸ δυσχερές;
Μη πέποιθα· Πελίου δ᾽ ἐχθρός ἐστί μοι δόμος
Κρέων τε. τούτοις δ᾽ ὁρκίοισι μὲν ζυγεὶς
ἄγουσιν οὐ μεθεῖ᾽ ἂν ἐκ γαίας ἐμέ·

οὕτω δ᾽ ἔχει μοι· σοῦ μὲν ἐλθούσης χθόνα,
πειράσομαί σου προξενεῖν δίκαιος ὤν.

Ai Da weiß jeder, daß du verzweifelt bist.
Me Verzweifelt, verloren – Verstoßen, verbannt!
Ai O neues Unheil! Wer hat es verhängt?
Me Kreon selber sprach die Verbannung aus.
Ai Und Jason leidets? Das kann nicht sein!
Me Er sprach nicht ja, aber ließ es geschehn.

sie fällt Aigeus zu Füßen

Ich flehe dich an und berühre dein Knie,
Ich flehe dich an und ich streiche dein Kinn,
Erbarm dich, erbarm dich der elenden Frau,
Laß sie einsam nicht durch die Fremde ziehn,
Nimm sie auf in dein Land, an den heimischen Herd!
Deine Wünsche werden gesegnet sein,
Du wirst glücklich sterben, von Kindern umblüht.
Du ahnst nicht den Fund, ich bewirke die Kraft,
Meine Mittel setzen der Dürre ein Ziel.

Ai Ich willfahre dir gern und mich treibt nicht nur
Das fromme Gebot, auch der glühende Drang
Nach den Kindern, die du mir prophezeist.
Doch hör: von Korinth entführ ich dich nicht,
Kommst du selbst, so steht dir mein Haus bereit
Und verteidigt dich. Suche allein den Weg!
Vor dem Gastfreund will ich in Ehren bestehn.

Me So sei es! Doch gib noch die feste Gewähr
Und setze der Milde die Krone auf!
Ai Mißtraust du mir? Siehst du ein Hindernis?
Me Ich würde vertrauen, doch Pelias' Haus
Und Kreon verfolgen mich, fordern mich aus.
Wenn ein Eid dich bindet, so lieferst du mich

λόγοις δὲ συμβὰς καὶ θεῶν ἀνώμοτος
φίλος γένοι' ἂν· τἀπικηρυκεύματα
τάχ' ἂν πίθοι σε· τἀμὰ μὲν γὰρ ἀσθενῆ,
τοῖς δ' ὄλβος ἐστὶ καὶ δόμος τυραννικός.
Αι πολλὴν ἔλεξας ἐν λόγοις προμηθίαν·
ἀλλ', εἰ δοκεῖ σοι, δρᾶν τάδ' οὐκ ἀφίσταμαι.
ἐμοί τε γὰρ τάδ' ἐστὶν ἀσφαλέστατα,
σκῆψίν τιν' ἐχθροῖς σοῖς ἔχοντα δεικνύναι,
τὸ σόν τ' ἄραρε μᾶλλον· ἐξηγοῦ θεούς.
Μη ὄμνυ πέδον Γῆς, πατέρα θ' Ἥλιον πατρὸς
τοὐμοῦ, θεῶν τε συντιθεὶς ἅπαν γένος.
Αι τί χρῆμα δράσειν ἢ τι μὴ δράσειν; λέγε.
Μη μήτ' αὐτὸς ἐκ γῆς σῆς ἔμ' ἐκβαλεῖν ποτε,
μήτ' ἄλλος ἤν τις τῶν ἐμῶν ἐχθρῶν ἄγειν
χρῄζῃ, μεθήσειν ζῶν ἑκουσίῳ τρόπῳ.
Αι ὄμνυμι Γαῖαν φῶς τε λαμπρὸν Ἡλίου
θεούς τε πάντας ἐμμενεῖν ἅ σου κλύω.
Μη ἀρκεῖ· τί δ' ὅρκῳ τῷδε μὴ 'μμένων πάθοις;
Αι ἃ τοῖσι δυσσεβοῦσι γίγνεται βροτῶν.
Μη χαίρων πορεύου· πάντα γὰρ καλῶς ἔχει.
κἀγὼ πόλιν σὴν ὡς τάχιστ' ἀφίξομαι,
πράξασ' ἃ μέλλω καὶ τυχοῦσ' ἃ βούλομαι.

Χο ἀλλά σ' ὁ Μαίας πομπαῖος ἄναξ an[4]
πελάσειε δόμοις, ὧν τ' ἐπίνοιαν
σπεύδεις κατέχων πράξειας, ἐπεὶ
γενναῖος ἀνήρ,
Αἰγεῦ, παρ' ἐμοὶ δεδόκησαι.

Μη ὦ Ζεῦ Δίκη τε Ζηνὸς Ἡλίου τε φῶς,
νῦν καλλίνικοι τῶν ἐμῶν ἐχθρῶν, φίλαι,
γενησόμεσθα κεἰς ὁδὸν βεβήκαμεν·
νῦν δ' ἐλπὶς ἐχθροὺς τοὺς ἐμοὺς τείσειν δίκην,
οὗτος γὰρ ἁνὴρ ᾗ μάλιστ' ἐκάμνομεν

Nicht in ihre Hände. Ein schlichtes Wort
Ohne Schwur bricht sich leicht, wenn der Herold droht
Eines reichen Freunds, eines mächtigen Manns,
Und niemand achtet verlassener Frau.
Ai Mit Vorsicht gehst du ans Werk, doch schlag
Ich die Bitte nicht ab, sie beschützt mich selbst,
Macht uns beide stark gegen deinen Feind.
So nenne die göttlichen Zeugen des Schwurs!
Me Schwör beim Erdengrund und bei Helios,
Meinem Ahn! Alle Götter rufe herbei!
Ai Sag, was ich dir halten, dir meiden soll!
Me Niemals mich zu stoßen aus deinem Land!
Niemals mich zu liefern in Feindes Gewalt!
Ai Bei der Erde, beim strahlenden Helios
Und bei allen Göttern schwör ich es zu!
Me Und brichst du den Eid, was soll dir geschehn?
Ai Die gerechte Strafe der ruchlosen Tat!
Me So ziehe mit Glück, nun wird alles gut.
Bald folg ich in deine gastliche Stadt,
Wenn hier alles getan und das Ziel erreicht.

Ch *während Aigeus abgeht*
Der Sohn der Maia,
Gott des Geleits,
Bringe dich glücklich zurück!
Was du erstrebst,
Sei dir zuteil,
Möge dir immer gelingen!
Aigeus, du hast
Als gerechtesten Mann
Heute dich strahlend gezeigt!

Me O Zeus und das Recht, Licht des Helios!
Jetzt triumphieren wir über den Feind,
Die Straße ist frei und die Rache nah!
In der äußersten Not erschien dieser Mann

λιμὴν πέφανται τῶν ἐμῶν βουλευμάτων·
ἐκ τοῦδ᾽ ἀναψόμεσθα πρυμνήτην κάλων, 770
μολόντες ἄστυ καὶ πόλισμα Παλλάδος.
ἤδη δὲ πάντα τἀμά σοι βουλεύματα
λέξω· δέχου δὲ μὴ πρὸς ἡδονὴν λόγους.
πέμψασ᾽ ἐμῶν τιν᾽ οἰκετῶν Ἰάσονα
ἐς ὄψιν ἐλθεῖν τὴν ἐμὴν αἰτήσομαι· 775
μολόντι δ᾽ αὐτῷ μαλθακοὺς λέξω λόγους,
ὡς καὶ δοκεῖ μοι ταὐτά, καὶ καλῶς ἔχειν 777
καὶ ξύμφορ᾽ εἶναι καὶ καλῶς ἐγνωσμένα. 779
παῖδας δὲ μεῖναι τοὺς ἐμοὺς αἰτήσομαι, 780
οὐχ ὡς λίπω σφε πολεμίας ἐπὶ χθονός, 781
ἀλλ᾽ ὡς δόλοισι παῖδα βασιλέως κτάνω. 783
πέμψω γὰρ αὐτοὺς δῶρ᾽ ἔχοντας ἐν χεροῖν, 784
κἄνπερ λαβοῦσα κόσμον ἀμφιθῇ χροΐ, 787
κακῶς ὀλεῖται πᾶς θ᾽ ὃς ἂν θίγῃ κόρης·
τοιοῖσδε χρίσω φαρμάκοις δωρήματα.
ἐνταῦθα μέντοι τόνδ᾽ ἀπαλλάσσω λόγον· 790
ᾤμωξα δ᾽ οἷον ἔργον ἔστ᾽ ἐργαστέον
τοὐντεῦθεν ἡμῖν· τέκνα γὰρ κατακτενῶ
τἄμ᾽· οὔτις ἔστιν ὅστις ἐξαιρήσεται·
δόμον τε πάντα συγχέασ᾽ Ἰάσονος
ἔξειμι γαίας, φιλτάτων παίδων φόνον 795
φεύγουσα καὶ τλᾶσ᾽ ἔργον ἀνοσιώτατον.
οὐ γὰρ γελᾶσθαι τλητὸν ἐξ ἐχθρῶν, φίλαι.
ἴτω· τί μοι ζῆν κέρδος; οὔτε μοι πατρὶς
οὔτ᾽ οἶκος ἔστιν οὔτ᾽ ἀποστροφὴ κακῶν.
ἡμάρτανον τόθ᾽ ἡνίκ᾽ ἐξελίμπανον 800
δόμους πατρῴους, ἀνδρὸς Ἕλληνος λόγοις
πεισθεῖσ᾽, ὃς ἡμῖν σὺν θεῷ τείσει δίκην.
οὔτ᾽ ἐξ ἐμοῦ γὰρ παῖδας ὄψεταί ποτε

γάμους τυράννων οὓς προδοὺς ἡμᾶς ἔχει· 778

ἐχθροῖσι παῖδας τοὺς ἐμοὺς καθυβρίσαι, 782

νύμφῃ φέροντας, τήνδε μὴ φυγεῖν χθόνα, 785
λεπτόν τε πέπλον καὶ πλόκον χρυσήλατον·

Als ein rettender Hafen, ein Haltetau;
Athen wird mich schirmen, der Pallas Burg. –

Nun hört meinen Plan, einen grausamen Plan!
Eine Dienerin bringt mir den Gatten herbei,
Ich will ihn betören mit schmeichelndem Wort,
Als wär ich nun ganz eines Bessern belehrt,
Und ihn bitten, die Knaben zu lösen vom Bann.
Nicht, daß ich sie ließe im feindlichen Land,
Die List soll mir helfen zum Tode der Braut.
Ich sende die Kinder mit Gaben ins Schloß,
Und legt sie die an, stirbt sie kläglich dahin,
Auch wer sie berührt; so stark ist mein Gift.

Doch genug von dem allem! O furchtbarstes Werk,
Das mir dann noch bleibt: meiner Kinder Mord!
Nichts kann sie erretten! Und ist bis zum Grund
Jasons Haus zerstört, so jagt mich vom Land
Meiner Liebsten Tod, die unseligste Tat.
Nie ertrag ichs, daß mich ein Feind verlacht!

Darum fort mit allem! Was hält mich noch fest,
Da ich Heimat und Haus, jede Hilfe verlor?
Ach, verblendet floh ich vom Vaterhaus
Mit dem Fremdling, der schwer seine Frevel bezahlt:
Denn die Kinder, die ich ihm selber gebar,
Sieht er lebend nicht mehr, und die fürstliche Braut

ζῶντας τὸ λοιπὸν οὔτε τῆς νεοζύγου
νύμφης τεκνώσει παῖδ', ἐπεὶ κακῶς κακὴν
θανεῖν σφ' ἀνάγκη τοῖς ἐμοῖσι φαρμάκοις.
μηδείς με φαύλην κἀσθενῆ νομιζέτω
μηδ' ἡσυχαίαν, ἀλλὰ θατέρου τρόπου,
βαρεῖαν ἐχθροῖς καὶ φίλοισιν εὐμενῆ·
τῶν γὰρ τοιούτων εὐκλεέστατος βίος.
Χο ἐπείπερ ἡμῖν τόνδ' ἐκοίνωσας λόγον,
σέ τ' ὠφελεῖν θέλουσα καὶ νόμοις βροτῶν
ξυλλαμβάνουσα δρᾶν σ' ἀπεννέπω τάδε.
Μη οὐκ ἔστιν ἄλλως· σοὶ δὲ συγγνώμη λέγειν
τάδ' ἐστί, μὴ πάσχουσαν, ὡς ἐγώ, κακῶς.
Χο ἀλλὰ κτανεῖν σὸν σπέρμα τολμήσεις, γύναι;
Μη οὕτω γὰρ ἂν μάλιστα δηχθείη πόσις.
Χο σὺ δ' ἂν γένοιό γ' ἀθλιωτάτη γυνή.
Μη ἴτω· περισσοὶ πάντες οὑν μέσῳ λόγοι.

ἀλλ' εἶα χώρει καὶ κόμιζ' Ἰάσονα·
ἐς πάντα γὰρ δὴ σοὶ τὰ πιστὰ χρώμεθα.
λέξῃς δὲ μηδὲν τῶν ἐμοὶ δεδογμένων,
εἴπερ φρονεῖς εὖ δεσπόταις γυνή τ' ἔφυς.

Χο Ἐρεχθεΐδαι τὸ παλαιὸν ὄλβιοι ×hem ia^2 στρ.
καὶ θεῶν παῖδες μακάρων, ἱερᾶς tr^2 hem
χώρας ἀπορθήτου τ' ἄπο φερβόμενοι ia^2–hem
κλεινοτάταν σοφίαν, αἰεὶ διὰ λαμπροτάτου hem–hem
βαίνοντες ἁβρῶς αἰθέρος, ἔνθα ποθ' ἁγνὰς ia^2–hem–
ἐννέα Πιερίδας Μούσας λέγουσι hem–tr^2
ξανθὰν Ἁρμονίαν φυτεῦσαι· hem ba

Gebiert ihm nicht neue, die Elende stirbt
Durch mein sicheres Gift einen elenden Tod.
Nie hab ich den niederen Sinn geteilt,
Nie hat man mich feig oder schwach gesehn:
Den Feinden furchtbar, den Freunden treu:
So gedenke man meiner in aller Welt!

Chf Du hast uns geheimste Gedanken vertraut;
Als treuester Freund und im Namen des Rechts
Der Menschen verbiet ich die furchtbare Tat!
Me Sie muß geschehen! Doch kann ich verzeihn,
Was du sagtest; du hast nicht gelitten wie ich.
Chf Medeia, bedenke: dein eigenes Blut!
Me So treff ich den Gatten ins innerste Herz.
Chf Und selber wirst du unseligste Frau.
Me Genug der Worte, es geht seinen Lauf.

zu einer Dienerin

Bring den Jason herbei, du Treuste der Treun,
Und laß ihn nichts ahnen von meinem Plan,
Steh als Frau getreu zu der Herrin!

DRITTES STANDLIED

Chor

Erste Strophe

Erechtheusvolk, mir von Alters gepriesen,
Ihr seligen Söhne der seligen Götter,
Vom Baum des niemals verwüsteten Landes
Pflückt ihr die goldenen Früchte der Weisheit,
Schreitet so leicht durch die Bläue des Himmels:
Hier, ja hier, so weiß es die Sage,
Hat uns die goldene Harmonia
Die heiligen Musen geboren.

τοῦ καλλινάου τ' ἐπὶ Κηφισοῦ ῥοαῖς ἀντ.
τὰν Κύπριν κλῄζουσιν ἀφυσσαμέναν
χώραν καταπνεῦσαι μετρίας ἀνέμων
ἡδυπνόους αὔρας· αἰεὶ δ' ἐπιβαλλομέναν
χαίταισιν εὐώδη ῥοδέων πλόκον ἀνθέων
τᾷ Σοφίᾳ παρέδρους πέμπειν Ἔρωτας,
παντοίας ἀρετᾶς ξυνεργούς.

πῶς οὖν ἱερῶν ποταμῶν	×hem	στρ.
ἢ πόλις ἢ φίλων	ch ba∧	
πόμπιμός σε χώρα	cr ba	
τὰν παιδολέτειραν ἕξει,	–ch ba	
τὰν οὐχ ὁσίαν μετ' ἄλλων;	–ch ba	
σκέψαι τεκέων πλαγάν,	–ch ∧ba	
σκέψαι φόνον οἷον αἴρῃ.	–ch ba	
μή, πρὸς γονάτων σε πάντῃ	–ch ba	
πάντως ἱκετεύομεν,	–ch ba∧	
τέκνα φονεύσῃς.	ch–	

πόθεν θράσος ἢ φρενὸς ἢ ἀντ.
χειρί, τέκνον, σέθεν
καρδίᾳ τε λήψῃ
δεινὰν προσάγουσα τόλμαν;
πῶς δ' ὄμματα προσβαλοῦσα
τέκνοις ἄδακρυν μοῖραν
σχήσεις φόνου; οὐ δυνάσῃ,
παίδων ἱκετᾶν πιτνόντων,
τέγξαι χέρα φοινίαν
τλάμονι θυμῷ.

Gegenstrophe

Aphrodite, gelagert am sanften Kephisos,
Sie schöpft aus den Wellen die Kühle der Lüfte,
Läßt sanft sie über die Fluren rieseln.
Immerzu flicht sie den goldenen Haaren
Duftenden Kranz ihrer blühenden Rosen,
Immer schickt sie geflügelte Söhne,
Erosknaben, der Weisheit zu Hilfe,
Allen Gelingens Bedinger.

Zweite Strophe

Solchen heiligen Stromes Ufer,
Freunden treue,
Gastliche Stätte,
Soll bewirten,
Die eigene Kinder erschlug?
Kann Mörderin wohnen bei frommen Menschen?
Bedenke die Ärmsten,
Bedenke die Bluttat!
Wir knieen vor dir im Kreis,
Wir flehen zu dir im Kreis:
Schone der Kinder!

Gegenstrophe

Woher nimmst du des Geistes Kühnheit,
Kraft der Hände,
Kraft deines Herzens,
Liebes Kind, wenn
Du gehst an das grausige Werk?
Wie könntest du tränenlos heften das Auge
Auf eigene Söhne?
Wie kannst du, wenn bittend
Sie knieen vor dir, die Hand
Erheben, die blutige Hand,
Ruhigen Sinnes?

Ια ἥκω κελευσθείς· καὶ γὰρ οὖσα δυσμενὴς
οὔ τἂν ἁμάρτοις τοῦδέ γ', ἀλλ' ἀκούσομαι
τί χρῆμα βούλῃ καινὸν ἐξ ἐμοῦ, γύναι.
Μη Ἰᾶσον, αἰτοῦμαί σε τῶν εἰρημένων
συγγνώμον' εἶναι· τὰς δ' ἐμὰς ὀργὰς φέρειν
εἰκός σ', ἐπεὶ νῷν πόλλ' ὑπείργασται φίλα.
ἐγὼ δ' ἐμαυτῇ διὰ λόγων ἀφικόμην
κἀλοιδόρησα· Σχετλία, τί μαίνομαι
καὶ δυσμεναίνω τοῖσι βουλεύουσιν εὖ,
ἐχθρὰ δὲ γαίας κοιράνοις καθίσταμαι
πόσει θ', ὃς ἡμῖν δρᾷ τὰ συμφορώτατα,
γήμας τύραννον καὶ κασιγνήτους τέκνοις
ἐμοῖς φυτεύων; οὐκ ἀπαλλαχθήσομαι
θυμοῦ; τί πάσχω, θεῶν ποριζόντων καλῶς;
οὐκ εἰσὶ μέν μοι παῖδες, οἶδα δὲ χθόνα
φεύγοντας ἡμᾶς καὶ σπανίζοντας φίλων;
ταῦτ' ἐννοήσασ' ᾐσθόμην ἀβουλίαν
πολλὴν ἔχουσα καὶ μάτην θυμουμένη.
νῦν οὖν ἐπαινῶ, σωφρονεῖν τ' ἐμοὶ δοκεῖς
κῆδος τόδ' ἡμῖν προσλαβών, ἐγὼ δ' ἄφρων,
ᾗ χρῆν μετεῖναι τῶνδε τῶν βουλευμάτων,
καὶ ξυγγαμεῖν σοι, καὶ παρεστάναι λέχει
νύμφην τε κηδεύουσαν ἥδεσθαι σέθεν.
ἀλλ' ἐσμὲν οἷόν ἐσμεν, οὐκ ἐρῶ κακόν,
γυναῖκες· οὔκουν χρῆν σ' ὁμοιοῦσθαι κακοῖς,
οὐδ' ἀντιτείνειν νήπι' ἀντὶ νηπίων.
παριέμεσθα, καί φαμεν κακῶς φρονεῖν
τότ', ἀλλ' ἄμεινον νῦν βεβούλευμαι τάδε.
ὦ τέκνα τέκνα, δεῦτε, λείπετε στέγας,
ἐξέλθετ', ἀσπάσασθε καὶ προσείπατε
πατέρα μεθ' ἡμῶν, καὶ διαλλάχθηθ' ἅμα
τῆς πρόσθεν ἔχθρας ἐς φίλους μητρὸς μέτα·
σπονδαὶ γὰρ ἡμῖν καὶ μεθέστηκεν χόλος.
λάβεσθε χειρὸς δεξιᾶς· οἴμοι, κακῶν

VIERTE HAUPTSZENE

Ja Mich rief die Feindin, ich komme als Freund
Und nie rufst du vergeblich; so sag dein Begehr!

Me Ach, Jason, verzeih, was die Wütende sprach
Und denk an viel Liebes, das zwischen uns war!
Ich hielt mit mir Rat und schalt mich dann selbst:
Warum rast nur mein Haß gegen gütigen Freund,
Macht zum Feind mich den Herrschern, zum Feind dem [Gemahl,
Der zu unserem Besten mit fürstlicher Braut
Unsern Söhnen die Brüder erzeugen will?
Soll der Groll nie enden? und kann mein Geschick
Mit der Götter Hilfe nicht gnädig sein?
Zwar hab ich die Kinder, doch sind wir verbannt
Und stehen allein. Da erkannte mein Sinn
Die Torheit seines vergeblichen Grolls
Und pries deine Klugheit, mit der du die Braut
Uns brachtest, bereute den Unverstand.
O hätt ich von je deine Pläne geteilt,
Frohen Sinns dir und willig die Fürstin vermählt!
Ach, Frauen sind Frauen – ich will uns nicht schmähn.
Doch du sei klüger, vergelte mir nicht
Die Torheit mit Torheit. Ich bitte sie ab,
Bereue, bin ganz eines Bessern belehrt.

sie ruft die Knaben heraus, die mit dem Wärter erscheinen

Heraus, ihr Kinder, heraus und begrüßt
Und herzt euren Vater und bittet mit mir,
Daß der Mutter Grollen er schleunigst vergißt!
Der Bund ist besiegelt, der Zorn verraucht!
Laßt die Hand nicht los! – O furchtbares Bild!

ὡς ἐννοοῦμαι δή τι τῶν κεκρυμμένων.
ἆρ', ὦ τέκν', οὕτω καὶ πολὺν ζῶντες χρόνον
φίλην ὀρέξετ' ὠλένην; τάλαιν' ἐγώ,
ὡς ἀρτίδακρύς εἰμι καὶ φόβου πλέα.
χρόνῳ δὲ νεῖκος πατρὸς ἐξαιρουμένη
ὄψιν τέρειναν τήνδ' ἔπλησα δακρύων.
Χο κἀμοὶ κατ' ὄσσων χλωρὸν ὡρμήθη δάκρυ·
καὶ μὴ προβαίη μεῖζον ἢ τὸ νῦν κακόν.
Ια αἰνῶ, γύναι, τάδ', οὐδ' ἐκεῖνα μέμφομαι·
εἰκὸς γὰρ ὀργὰς θῆλυ ποιεῖσθαι γένος
γάμους παρεμπολῶντος ἀλλοίους πόσει.
ἀλλ' ἐς τὸ λῷον σὸν μεθέστηκεν κέαρ,
ἔγνως δὲ τὴν νικῶσαν, ἀλλὰ τῷ χρόνῳ,
βουλήν· γυναικὸς ἔργα ταῦτα σώφρονος.
ὑμῖν δέ, παῖδες, οὐκ ἀφροντίστως πατὴρ
πολλὴν ἔθηκε σὺν θεοῖς σωτηρίαν·
οἶμαι γὰρ ὑμᾶς τῆσδε γῆς Κορινθίας
τὰ πρῶτ' ἔσεσθαι σὺν κασιγνήτοις ἔτι.
ἀλλ' αὐξάνεσθε· τἄλλα δ' ἐξεργάζεται
πατήρ τε καὶ θεῶν ὅστις ἐστὶν εὐμενής·
ἴδοιμι δ' ὑμᾶς εὐτραφεῖς ἥβης τέλος
μολόντας, ἐχθρῶν τῶν ἐμῶν ὑπερτέρους.
αὕτη, τί χλωροῖς δακρύοις τέγγεις κόρας,
στρέψασα λευκὴν ἔμπαλιν παρηίδα;
κοὐκ ἀσμένη τόνδ' ἐξ ἐμοῦ δέχῃ λόγον;
Μη οὐδέν. τέκνων τῶνδ' ἐννοουμένη πέρι.
Ια θάρσει νυν· εὖ γὰρ τῶνδ' ἐγὼ θήσω πέρι.
Μη δράσω τάδ'· οὔτοι σοῖς ἀπιστήσω λόγοις·
γυνὴ δὲ θῆλυ κἀπὶ δακρύοις ἔφυ.
Ια τί δῆτα λίαν τοῖσδ' ἐπιστένεις τέκνοις;
Μη ἔτικτον αὐτούς· ζῆν δ' ὅτ' ἐξηύχου τέκνα,
ἐσῆλθέ μ' οἶκτος εἰ γενήσεται τάδε.
ἀλλ' ὧνπερ οὕνεκ' εἰς ἐμοὺς ἥκεις λόγους,
τὰ μὲν λέλεκται, τῶν δ' ἐγὼ μνησθήσομαι.
ἐπεὶ τυράννοις γῆς μ' ἀποστεῖλαι δοκεῖ,
κἀμοὶ τάδ' ἐστὶ λῷστα, γιγνώσκω καλῶς,

Was reift euch in Schicksals verborgenem Schoß?
Wie lang noch erhebt ihr den lieben Arm?
Wie wehr ich den Tränen, verjag ich die Furcht?
Kaum hab ich so glücklich den Vater versöhnt,
Da stürzen schon Tränen die Wange herab!

Chf Der gleiche Schleier verhängt unser Aug –
O möge kein schlimmeres Unheil erstehn!
Ja Ich lobe die Umkehr und trage nichts nach.
Jede Frau grollt dem Mann, der sie plötzlich verläßt,
Doch dein Herz ward belehrt und es siegte zuletzt
Der kluge Sinn der verständigen Frau.
Für euch Knaben hab ich in allem gesorgt
Mit der Götter Rat, und als Fürsten Korinths
Wird die Stadt euch grüßen, die Brüder und euch.
Wachst glücklich heran! Alles andere führt
Euer Vater und gnädige Gottheit zum Ziel.
Schon seh ich euch kehren in männlicher Kraft
Und siegreich bestehn jeden Feind unsrer Stadt.

Doch, Medeia, du weinst? Du wendest dich ab?
Meine Worte finden kein freudiges Ohr?

Me Nichts, nichts. Mir liegen die Kinder im Sinn.
Ja Für sie ist gesorgt, so sei ruhigen Muts!
Me Gern bin ichs und traue auf jedes Wort,
Doch Frauen sind immer den Tränen so nah.
Ja Und wie haben die Kinder dir Tränen entlockt?
Me Ich gebar sie, und Wehmut faßte mich an,
Als vom langen Leben so sicher du sprachst.

Doch warum ich dich rief, ist nur halb erst gesagt.
Vernimm denn: der Bann, den der König verhing,
Will mein eigenes Bestes, ich seh es klar,

μήτ' ἐμποδὼν σοὶ μήτε κοιράνοις χθονὸς
ναίειν, δοκῶ γὰρ δυσμενὴς εἶναι δόμοις,
ἡμεῖς μὲν ἐκ γῆς τῆσδ' ἀπαίρομεν φυγῇ,
παῖδες δ' ὅπως ἂν ἐκτραφῶσι σῇ χερί,
αἰτοῦ Κρέοντα τήνδε μὴ φεύγειν χθόνα.
Ια οὐκ οἶδ' ἂν εἰ πείσαιμι, πειρᾶσθαι δὲ χρή.
Μη σὺ δ' ἀλλὰ σὴν κέλευσον αἰτεῖσθαι πατρὸς
γυναῖκα παῖδας τήνδε μὴ φεύγειν χθόνα.
Ια μάλιστα, καὶ πείσειν γε δοξάζω σφ' ἐγώ.
Μη εἴπερ γυναικῶν ἐστι τῶν ἄλλων μία.
συλλήψομαι δὲ τοῦδέ σοι κἀγὼ πόνου·
πέμψω γὰρ αὐτῇ δῶρ' ἃ καλλιστεύεται
τῶν νῦν ἐν ἀνθρώποισιν, οἶδ' ἐγώ, πολύ,
λεπτόν τε πέπλον καὶ πλόκον χρυσήλατον
παῖδας φέροντας. ἀλλ' ὅσον τάχος χρεὼν
κόσμον κομίζειν δεῦρο προσπόλων τινά.

εὐδαιμονήσει δ' οὐχ ἕν, ἀλλὰ μυρία,
ἀνδρός τ' ἀρίστου σοῦ τυχοῦσ' ὁμευνέτου
κεκτημένη τε κόσμον ὅν ποθ' Ἥλιος
πατρὸς πατὴρ δίδωσιν ἐκγόνοισιν οἷς.

λάζυσθε φερνὰς τάσδε, παῖδες, ἐς χέρας
καὶ τῇ τυράννῳ μακαρίᾳ νύμφῃ δότε
φέροντες· οὔτοι δῶρα μεμπτὰ δέξεται.
Ια τί δ', ὦ ματαία, τῶνδε σὰς κενοῖς χέρας;
δοκεῖς σπανίζειν δῶμα βασίλειον πέπλων,
δοκεῖς δὲ χρυσοῦ; σῷζε, μὴ δίδου τάδε.
εἴπερ γὰρ ἡμᾶς ἀξιοῖ λόγου τινὸς
γυνή, προθήσει χρημάτων, σάφ' οἶδ' ἐγώ.
Μη μή μοι σύ· πείθειν δῶρα καὶ θεοὺς λόγος·
χρυσὸς δὲ κρείσσων μυρίων λόγων βροτοῖς.
κείνης ὁ δαίμων, κεῖνα νῦν αὔξει θεός,
νέα τυραννεῖ· τῶν δ' ἐμῶν παίδων φυγὰς
ψυχῆς ἂν ἀλλαξαίμεθ', οὐ χρυσοῦ μόνον.

Und gelt ich als Feindin des Hauses, so kann
Ich den Fürsten und dir nicht im Wege stehn,
Werde selber gern meine Straße ziehn.
Doch die Kinder säh ich von deiner Hand
Gern erzogen und frei von des Königs Bann.
Ja Das braucht Überredung, doch sei sie versucht.
Me Gewinnst du die Braut und dringt sie mit dir
In den Vater, so gibt er die Kinder frei.
Ja Er tuts und die Braut überred ich gewiß.
Me Wenn ein Frauenherz in der Brust ihr schlägt;
Und ich kann dir noch helfen bei diesem Werk:
Ich schicke ihr Gaben von seltenem Wert,
Wie man nie sie, ich weiß es, auf Erden erblickt,
Ein seidenes Kleid und goldenen Schmuck;
Die werden die Kinder ihr bringen. Es trag
Eine Dienerin schleunigst die Schätze heraus!

Dienerin geht ins Haus

Unter Tausenden wird sie gepriesen sein,
Die mit edelstem Gatten ihr Lager teilt
Und den Schmuck besitzt, den einst Helios,
Meines Vaters Vater, uns hinterließ.

Dienerin bringt den Kasten

Nehmt die Gaben, ihr Kinder, und bringt sie der Braut,
Legt der glücklichsten Fürstin sie in den Schoß,
Sie braucht sich des Schmucks nicht zu schämen.
Ja O plündre nicht töricht dein Hab und Gut,
Das Königshaus hat Gewänder genug
Und Gold; behalte die Schätze! Mein Wort
Steht höher bei ihr als Geldeswert!

Me Nein, auch Götter werden durch Gaben belehrt
Und der Mensch zieht Gold tausend Reden vor.
Ihr lacht jetzt das Glück, früh herrscht sie, so häuf
Sich ihr Gut! Und ich würde die Kinder vom Bann
Mit dem Leben erkaufen statt nur mit Gold.

ἀλλ᾽, ὦ τέκν᾽, εἰσελθόντε πλουσίους δόμους
πατρὸς νέαν γυναῖκα, δεσπότιν δ᾽ ἐμήν,
ἱκετεύετ᾽, ἐξαιτεῖσθε μὴ φυγεῖν χθόνα,
κόσμον διδόντες· τοῦδε γὰρ μάλιστα δεῖ,
ἐς χεῖρ᾽ ἐκείνης δῶρα δέξασθαι τάδε.
ἴθ᾽ ὡς τάχιστα· μητρὶ δ᾽ ὧν ἐρᾷ τυχεῖν
εὐάγγελοι γένοισθε πράξαντες καλῶς.

Χο νῦν ἐλπίδες οὐκέτι μοι παίδων ζόας, -hem ia^{2} στρ.
οὐκέτι· στείχουσι γὰρ ἐς φόνον ἤδη. tr^{2} hem-
δέξεται νύμφα χρυσέων ἀναδεσμῶν tr^{2} hem-
δέξεται δύστανος ἄταν· tr^{4}
ξανθᾷ δ᾽ ἀμφὶ κόμᾳ θήσει τὸν Ἅιδα hem-tr^{2}
κόσμον αὐτὰ χεροῖν. cr^{2}

πείσει χάρις ἀμβρόσιός τ᾽ αὐγὰ πέπλων ἀντ.
χρυσέων τευκτὸν στέφανον περιθέσθαι·
νερτέροις δ᾽ ἤδη πάρα νυμφοκομήσει.
τοῖον εἰς ἕρκος πεσεῖται
καὶ μοῖραν θανάτου δύστανος· ἄταν δ᾽
οὐχ ὑπεκφεύξεται.

So geht denn, ihr Knaben, zum stolzen Palast,
Zu Vaters Braut, meiner Herrin, und fleht,
Daß man gnädig euch eure Strafe erläßt!
Übergebt diesen Schmuck und achtet genau,
Daß mit eigenen Händen sie ihn empfängt!
Geht schnell und bringt frohe Botschaft zurück,
Daß alles gelang, was die Mutter ersehnt!

Jason, Wärter und Knaben ab

VIERTES STANDLIED

Chor

Erste Strophe

Hoffnung ist nun ausgelöscht,
Hoffnung auf der Kinder Leben,
Sie ziehen die Straße des Todes.
Hände der Braut
Fassen den Schmuck,
Fassen das tödliche Los.
Hades' Schmuck
Legt sie ums Haupt
Mit der eigenen Hand.

Gegenstrophe

Zauberreichem Glanz des Kleids,
Zauberreichem Glanz der Krone,
Die Fürstin, sie wird ihm erliegen.
Bräutlichen Schmuck
Wird sie fortan
Tragen im unteren Reich.
Todesnetz
Fängt sie nun ein,
Unentrinnbarer Fluch.

σὺ δ', ὦ τάλαν, ὦ κακόνυμφε ⏑hem⏑ στρ.
κηδεμὼν τυράννων, cr ba
παισὶν οὐ κατειδὼς cr ba
ὄλεθρον βιοτᾷ προσάγεις ἀλόχῳ τε an^4⏑
σᾷ στυγερὸν θάνατον. hem
δύστανε μοίρας ὅσον παροίχῃ. ia^2 cr ba

μεταστένομαι δὲ σὸν ἄλγος, ἀντ.
ὦ τάλαινα παίδων
μᾶτερ, ἃ φονεύσεις
τέκνα νυμφιδίων ἕνεκεν λεχέων, ἅ
σοι προλιπὼν ἀνόμως
ἄλλᾳ ξυνοικεῖ πόσις συνεύνῳ.

Παιδαγωγός

δέσποιν', ἀφεῖνται παῖδες οἵδε σοι φυγῆς,
καὶ δῶρα νύμφη βασιλὶς ἀσμένη χεροῖν
ἐδέξατ'· εἰρήνη δὲ τἀκεῖθεν τέκνοις.
ἔα.
τί συγχυθεῖσ' ἕστηκας ἡνίκ' εὐτυχεῖς;
Μη αἰαῖ.
Πα τάδ' οὐ ξυνῳδὰ τοῖσιν ἐξηγγελμένοις.
Μη αἰαῖ μάλ' αὖθις.
Πα μῶν τιν' ἀγγέλλων τύχην
οὐκ οἶδα, δόξης δ' ἐσφάλην εὐαγγέλου;

τί σὴν ἔστρεψας ἔμπαλιν παρηίδα
κοὐκ ἀσμένη τόνδ' ἐξ ἐμοῦ δέχῃ λόγον;

Zweite Strophe

Unglücksgatte,
Unglückseidam
Unsrer Fürsten!
Wie hast du, nichts ahnend,
Das Leben der Knaben vernichtet,
Das Leben der Braut zerstört!
Ganz verblendet
Irrtest du weit vom Ziel!

Gegenstrophe

Unheilsmutter!
Dir auch gelten
Meine Seufzer.
Bald wirst du sie töten,
Die Ärmsten, wegen des Lagers,
Das frevelnd dein Gatte verließ,
Ob des Betts, das
Frevelnd er neu bestieg!

FÜNFTE HAUPTSZENE

Wärter

kommt mit den Knaben

Hohe Herrin, die Knaben sind ledig des Banns,
Die Fürstin nahm freudig aus ihrer Hand
Die Geschenke und Frieden empfingen sie selbst.
Doch stehst du betroffen vor all diesem Glück!
Me Wehe, o weh!
Wä Wie klirrt dieser Schrei in den frohen Bericht?
Me Wehe und nochmals wehe!
Wä Hab ich wirklich so böse Kunde gebracht?
Und glaubte, der Bote des Glücks zu sein!

Μη ἤγγειλας οἷ' ἤγγειλας· οὐ σὲ μέμφομαι.
Πα τί δαὶ κατηφεῖς ὄμμα καὶ δακρυρροεῖς;
Μη πολλή μ' ἀνάγκη, πρέσβυ· ταῦτα γὰρ θεοὶ
κἀγὼ κακῶς φρονοῦσ' ἐμηχανησάμην.
Πα θάρσει· κάτει τοι καὶ σὺ πρὸς τέκνων ἔτι.
Μη ἄλλους κατάξω πρόσθεν ἡ τάλαιν' ἐγώ.
Πα οὔτοι μόνη σὺ σῶν ἀπεζύγης τέκνων·
κούφως φέρειν χρὴ θνητὸν ὄντα συμφοράς.
Μη δράσω τάδ'. ἀλλὰ βαῖνε δωμάτων ἔσω
καὶ παισὶ πόρσυν' οἷα χρὴ καθ' ἡμέραν.

ὦ τέκνα τέκνα, σφῷν μὲν ἔστι δὴ πόλις
καὶ δῶμ', ἐν ᾧ, λιπόντες ἀθλίαν ἐμέ,
οἰκήσετ' αἰεὶ μητρὸς ἐστερημένοι·
ἐγὼ δ' ἐς ἄλλην γαῖαν εἶμι δὴ φυγάς,
πρὶν σφῷν ὀνάσθαι κἀπιδεῖν εὐδαίμονας,
πρὶν λέκτρα καὶ γυναῖκα καὶ γαμηλίους
εὐνὰς ἀγῆλαι λαμπάδας τ' ἀνασχεθεῖν.
ὦ δυστάλαινα τῆς ἐμῆς αὐθαδίας.
ἄλλως ἄρ' ὑμᾶς, ὦ τέκν', ἐξεθρεψάμην,
ἄλλως δ' ἐμόχθουν καὶ κατεξάνθην πόνοις,
στερρὰς ἐνεγκοῦσ' ἐν τόκοις ἀλγηδόνας.
ἦ μήν ποθ' ἡ δύστηνος εἶχον ἐλπίδας
πολλὰς ἐν ὑμῖν, γηροβοσκήσειν τ' ἐμὲ
καὶ κατθανοῦσαν χερσὶν εὖ περιστελεῖν,
ζηλωτὸν ἀνθρώποισι· νῦν δ' ὄλωλε δὴ
γλυκεῖα φροντίς. σφῷν γὰρ ἐστερημένη
λυπρὸν διάξω βίοτον ἀλγεινόν τ' ἐμοί.
ὑμεῖς δὲ μητέρ' οὐκέτ' ὄμμασιν φίλοις
ὄψεσθ', ἐς ἄλλο σχῆμ' ἀποστάντες βίου.
φεῦ φεῦ· τί προσδέρκεσθέ μ' ὄμμασιν, τέκνα;
τί προσγελᾶτε τὸν πανύστατον γέλων;
αἰαῖ· τί δράσω; καρδία γὰρ οἴχεται,
γυναῖκες, ὄμμα φαιδρὸν ὡς εἶδον τέκνων.
οὐκ ἂν δυναίμην· χαιρέτω βουλεύματα
τὰ πρόσθεν· ἄξω παῖδας ἐκ γαίας ἐμούς.

Me Dich trifft kein Vorwurf, du sprachst, was du sprachst.
Wä Was starrst du zu Boden und weinst und weinst?
Me Wie muß ich beklagen, was Götter verhängt,
Was mein Wahn sich selber ins Werk gesetzt!
Wä Sei getrost, dich geleiten die Söhne zurück.
Me Erst geleite ich andre zu ihrer Ruh!
Wä Wie oft wurden Mütter und Kinder getrennt!
Der Mensch muß sich fügen in jedes Geschick.
Me Ich will es tragen. Doch geh jetzt hinein
Und besorge den Knaben des Tages Bedarf!

Wärter ab

Ach, ihr Kinder habt immer noch gastliches Haus,
Das ihr fern von der Mutter als Waisen bewohnt.
Ich ziehe verstoßen in anderes Land,
Darf mich euer nicht freun, euer Glück nicht sehn,
Euch die Braut nicht führen in euer Haus,
Euch die Fackel nicht halten am Hochzeitsbett.
Welches Unglück schuf mir mein trotziger Sinn!
Vergeblich zog ich euch beide auf,
Vergeblich ertrug ich Sorgen und Müh,
Vergeblich schon die Qual der Geburt.
Was erhofft ich alles von eurer Hand,
Des Alters Pflege, den Totenschmuck,
Zum Neid aller andern! Nun schwand er dahin,
Der süße Glaube. Wo ihr nicht seid,
Ist das Leben nur bitter und schmerzliche Last.
Eure lieben Augen, sie werden nicht mehr
Eure Mutter schauen, ihr seid schon bestimmt
Für andere Seite des Lebens.
Oh, oh!
Wie schaut ihr mich an, wie fliegt euch so süß
Euer letztes Lachen übers Gesicht!
Was tun, ihr Frauen? Mir schwand aller Mut,
Als ins strahlende Aug ich den Kindern sah.
Wie könnt ichs vollenden – fahr wohl, mein Entschluß!
Ich zieh mit den Söhnen ins fremde Land.

τί δεῖ με πατέρα τῶνδε τοῖς τούτων κακοῖς
λυποῦσαν αὐτὴν δὶς τόσα κτᾶσθαι κακά;
οὐ δῆτ' ἔγωγε. χαιρέτω βουλεύματα.
καίτοι τί πάσχω; βούλομαι γέλωτ' ὀφλεῖν
ἐχθροὺς μεθεῖσα τοὺς ἐμοὺς ἀζημίους;
τολμητέον τάδ'. ἀλλὰ τῆς ἐμῆς κάκης,
τὸ καὶ προσέσθαι μαλθακοὺς λόγους φρενί.
χωρεῖτε, παῖδες, ἐς δόμους. ὅτῳ δὲ μὴ
θέμις παρεῖναι τοῖς ἐμοῖσι θύμασιν,
αὐτῷ μελήσει· χεῖρα δ' οὐ διαφθερῶ.
ἆ ἆ.
μὴ δῆτα, θυμέ, μὴ σύ γ' ἐργάσῃ τάδε·
ἔασον αὐτούς, ὦ τάλαν, φεῖσαι τέκνων·
ἐκεῖ μεθ' ἡμῶν ζῶντες εὐφρανοῦσί σε.
μὰ τοὺς παρ' Ἅιδῃ νερτέρους ἀλάστορας,
οὔτοι ποτ' ἔσται τοῦθ' ὅπως ἐχθροῖς ἐγὼ
παῖδας παρήσω τοὺς ἐμοὺς καθυβρίσαι.
πάντως σφ' ἀνάγκη κατθανεῖν· ἐπεὶ δὲ χρή,
ἡμεῖς κτενοῦμεν οἵπερ ἐξεφύσαμεν.
πάντως πέπρωται ταῦτα κοὐκ ἐκφεύξεται.
καὶ δὴ 'πὶ κρατὶ στέφανος, ἐν πέπλοισι δὲ
νύμφη τύραννος ὄλλυται, σάφ' οἶδ' ἐγώ.
ἀλλ', εἶμι γὰρ δὴ τλημονεστάτην ὁδόν,
καὶ τούσδε πέμψω τλημονεστέραν ἔτι,
παῖδας προσειπεῖν βούλομαι. δότ', ὦ τέκνα,
δότ' ἀσπάσασθαι μητρὶ δεξιὰν χέρα.
ὦ φιλτάτη χείρ, φίλτατον δέ μοι στόμα
καὶ σχῆμα καὶ πρόσωπον εὐγενὲς τέκνων,
εὐδαιμονοῖτον, ἀλλ' ἐκεῖ· τὰ δ' ἐνθάδε
πατὴρ ἀφείλετ'. ὦ γλυκεῖα προσβολή,
ὦ μαλθακὸς χρὼς πνεῦμά θ' ἥδιστον τέκνων.
χωρεῖτε χωρεῖτ'· οὐ γὰρ εἰμὶ προσβλέπειν
οἵα τ' ἔθ' ὑμᾶς ἀλλὰ νικῶμαι κακοῖς.
καὶ μανθάνω μὲν οἷα δρᾶν μέλλω κακά,
θυμὸς δὲ κρείσσων τῶν ἐμῶν βουλευμάτων,
ὅσπερ μεγίστων αἴτιος κακῶν βροτοῖς.

Schwer träfe den Vater der Kinder Leid,
Doch die Mutter trüge die doppelte Last.
Das darf nicht sein, darum fort mit dem Plan! –
Wohin trieb ich? So soll ich ihn schonen und soll
Der Feind mich noch höhnen? Ich stehe zur Tat.
Besiege die Schwachheit, mein elendes Herz!
Geht ins Haus, ihr Kinder! Wen Scheu vertreibt
Von dem Opfer, der ziehe den eigenen Weg
Und lähme nicht länger des Opferers Hand! –
Nein! Nein!
Du wildes Herz, unseliges Herz,
Verschone die Kinder, laß ab vom Werk,
Wo immer sie weilen, sie bleiben dein Stolz. –
Doch wie? Bei den Geistern des unteren Reichs!
Nie dürfen sie fallen in Feindes Hand,
In Schande und Not! Ihr Tod ist gewiß,
Und da er gewiß, wird mit eigener Hand
Die Mutter zerstören, was einst sie gebar.
Ganz unabwendbar ist dieses Los.
Schon schmückt sich zum Tode die fürstliche Braut
Mit dem Kleid und der Krone, zum sicheren Tod.
So schreite ich selber unseligsten Weg
Und schicke die Knaben noch schlimmeren Pfad.
Noch einmal, ihr Kinder, zu euch! O reicht
Eurer Mutter die Hände zu innigstem Gruß!
Liebste Hand! Liebstes Haupt! O du liebste Gestalt!
Schönstes Antlitz! Lebt wohl – dort im unteren Reich!
Das obere nahm euch der Vater hinweg.
O süßes Umfangen! Du zarteste Haut!
O reinster Hauch eures Mundes! Geht, geht!

Knaben gehen ins Haus

Nicht vermag ich euch länger ins Auge zu schaun,
Die Not ist zu groß und sie lehrt mich zu spät,
Wie furchtbare Tat ich verrichten muß.
Der klare Verstand weicht dem dunklen Trieb,
Diesem Unheilstifter in aller Welt!

Χο πολλάκις ἤδη an^{2}
διὰ λεπτοτέρων μύθων ἔμολον an^{4}
καὶ πρὸς ἁμίλλας ἦλθον μείζους
ἢ χρὴ γενεὰν θῆλυν ἐρευνᾶν·
ἀλλὰ γὰρ ἔστιν μοῦσα καὶ ἡμῖν,
ἣ προσομιλεῖ σοφίας ἕνεκεν·
πάσαισι μὲν οὔ· παῦρον δὲ γένος –
μίαν ἐν πολλαῖς εὕροις ἂν ἴσως –
οὐκ ἀπόμουσον τὸ γυναικῶν.

καί φημι βροτῶν οἵτινές εἰσιν
πάμπαν ἄπειροι μηδ' ἐφύτευσαν
παῖδας, προφέρειν εἰς εὐτυχίαν
τῶν γειναμένων.
οἱ μὲν ἄτεκνοι δι' ἀπειροσύνην
εἴθ' ἡδὺ βροτοῖς εἴτ' ἀνιαρὸν
παῖδες τελέθουσ' οὐχὶ τυχόντες
πολλῶν μόχθων ἀπέχονται·
οἷσι δὲ τέκνων ἔστιν ἐν οἴκοις
γλυκερὸν βλάστημ', ἐσορῶ μελέτῃ
κατατρυχομένους τὸν ἅπαντα χρόνον,
πρῶτον μὲν ὅπως θρέψουσι καλῶς
βίοτόν θ' ὁπόθεν λείψουσι τέκνοις·
ἔτι δ' ἐκ τούτων εἴτ' ἐπὶ φλαύροις
εἴτ' ἐπὶ χρηστοῖς
μοχθοῦσι, τόδ' ἐστὶν ἄδηλον.
ἓν δὲ τὸ πάντων λοίσθιον ἤδη
πᾶσιν κατερῶ θνητοῖσι κακόν·
καὶ δὴ γὰρ ἅλις βίοτόν θ' ηὗρον
σῶμά τ' ἐς ἥβην ἤλυθε τέκνων
χρηστοί τ' ἐγένοντ'· εἰ δὲ κυρήσαι

FÜNFTES STANDLIED

Chor

Wie bin ich so oft
Auf schmalerem Pfad der Gedanken gewandelt,
Zu steilerem Gipfel des Fragens gestiegen,
Als Frauen geziemt!
Aber auch uns besuchen die Musen;
Göttin des Wissens,
Sie findet auch uns.
Findet nicht alle,
Von tausend nur eine,
Doch die Erwählte,
Sie folgt dem Ruf.
So darf ich euch lehren:
Die niemals Geburt oder Zeugung erfuhren,
Sie stehen voran auf den Stufen des Glücks.
Der Kinderlose
Tappt nie im Dunkeln,
Fragt nie, ob zum Glück,
Ob zum Fluch ihm die neuen Geburten bestimmt sind,
Ist tausend Qualen entrückt.
Doch welche im Hause
Lieblicher Haufe der Kinder umspielt,
Ewig verzehrt sie die nagende Sorge
Um tägliches Brot,
Um ein kärgliches Erbe –
Noch mehr: ob um schlechte,
Um gute Art sie sich mühn,
Bleibt lange
Den Eltern verborgen.
Eines bleibt immer das äußerste Leid,
Das Zeugenden droht:
Sind reich auch die Kinder bedacht
Und wuchsen sie glücklich heran,
Erwiesen sie tüchtigen Sinn –

δαίμων οὕτως, φροῦδος ἐς Ἅιδην
θάνατος προφέρων σώματα τέκνων.
πῶς οὖν λύει πρὸς τοῖς ἄλλοις
τήνδ' ἔτι λύπην ἀνιαροτάτην
παίδων ἕνεκεν
θνητοῖσι θεοὺς ἐπιβάλλειν;

Μη φίλαι, πάλαι τοι προσμένουσα τὴν τύχην
καραδοκῶ τἀκεῖθεν οἷ προβήσεται.
καὶ δὴ δέδορκα τόνδε τῶν Ἰάσονος
στείχοντ' ὀπαδῶν· πνεῦμα δ' ἠρεθισμένον
δείκνυσιν ὥς τι καινὸν ἀγγελεῖ κακόν.

Θεράπων

ὦ δεινὸν ἔργον παρανόμως εἰργασμένον,
Μήδεια, φεῦγε φεῦγε, μήτε ναΐαν
λιποῦσ' ἀπήνην μήτ' ὄχον πεδοστιβῆ.
Μη τί δ' ἄξιόν μοι τῆσδε τυγχάνει φυγῆς;
Θε ὄλωλεν ἡ τύραννος ἀρτίως κόρη
Κρέων θ' ὁ φύσας φαρμάκων τῶν σῶν ὕπο.
Μη κάλλιστον εἶπας μῦθον, ἐν δ' εὐεργέταις
τὸ λοιπὸν ἤδη καὶ φίλοις ἐμοῖς ἔσῃ.
Θε τί φῄς; φρονεῖς μὲν ὀρθὰ κοὐ μαίνῃ, γύναι,
ἥτις, τυράννων ἑστίαν ᾐκισμένη,
χαίρεις κλύουσα κοὐ φοβῇ τὰ τοιάδε;
Μη ἔχω τι κἀγὼ τοῖς γε σοῖς ἐναντίον
λόγοισιν εἰπεῖν· ἀλλὰ μὴ σπέρχου, φίλος,
λέξον δέ· πῶς ὤλοντο; δὶς τόσον γὰρ ἂν
τέρψειας ἡμᾶς, εἰ τεθνᾶσι παγκάκως.
Θε ἐπεὶ τέκνων σῶν ἦλθε δίπτυχος γονὴ
σὺν πατρί, καὶ παρῆλθε νυμφικοὺς δόμους,

Plötzlich kann jener Dämon erscheinen,
Nimmt sie der Tod hinweg,
Trägt sie ins untere Reich.
O sinnloses Leben,
Wenn Götter den Menschen
Zu allen den anderen Leiden
Häufen das äußerste Leid:
Der Kinder Verscheiden!

SECHSTE HAUPTSZENE

Me Schon lang erwart ich mit Ungeduld,
Ihr Lieben, was dort im Palast sich begibt.
Da seh ich den Mann aus des Jason Gefolg
Mit keuchendem Atem herbeigestürzt,
Der nur neues Unheil verkünden kann.

Diener des Jason

O furchtbares Werk, verruchteste Tat!
Flieh, flieh, Medeia, mit Schiffen des Meers,
Mit Wagen der Straße! Nur fort und flieh!
Me Und was stürzt mich in diese eilige Flucht?
Die Soeben raffte dein grausames Gift
Unsre Fürstin und ihren Vater hinweg!
Me O freudigste Botschaft! O treuester Freund!
Für ewig steh ich in deiner Schuld!
Die Bist du ganz von Sinnen? Du hast den Herd
Dieser Fürsten zertrümmert und schauderst nicht?

Me Viel könnt ich erwidern auf solches Wort,
Mein hastiger Freund. Doch gib mir Bericht
Wie sie starben, und doppelt erquickst du mein Herz,
Wenn sie beide erlitten den qualvollsten Tod.
Die Der Knaben Paar trat ins Hochzeitshaus
Mit dem Vater Jason und hocherfreut

ἥσθημεν οἵπερ σοῖς ἐκάμνομεν κακοῖς
δμῶες· δι᾽ ὤτων δ᾽ εὐθὺς ἦν πολὺς λόγος
σὲ καὶ πόσιν σὸν νεῖκος ἐσπεῖσθαι τὸ πρίν.
κυνεῖ δ᾽ ὃ μέν τις χεῖρ᾽, ὃ δὲ ξανθὸν κάρα
παίδων· ἐγὼ δὲ καὐτὸς ἡδονῆς ὕπο
στέγας γυναικῶν σὺν τέκνοις ἅμ᾽ ἑσπόμην.
δέσποινα δ᾽ ἣν νῦν ἀντὶ σοῦ θαυμάζομεν,
πρὶν μὲν τέκνων σῶν εἰσιδεῖν ξυνωρίδα,
πρόθυμον εἶχ᾽ ὀφθαλμὸν εἰς ᾽Ιάσονα·
ἔπειτα μέντοι προυκαλύψατ᾽ ὄμματα
λευκήν τ᾽ ἀπέστρεψ᾽ ἔμπαλιν παρηίδα,
παίδων μυσαχθεῖσ᾽ εἰσόδους· πόσις δὲ σὸς
ὀργάς τ᾽ ἀφῄρει καὶ χόλον νεάνιδος
λέγων τάδ᾽· Οὐ μὴ δυσμενὴς ἔσῃ φίλοις,
παύσῃ δὲ θυμοῦ καὶ πάλιν στρέψεις κάρα,
φίλους νομίζουσ᾽ οὕσπερ ἂν πόσις σέθεν,
δέξῃ δὲ δῶρα καὶ παραιτήσῃ πατρὸς
φυγὰς ἀφεῖναι παισὶ τοῖσδ᾽ ἐμὴν χάριν;
ἣ δ᾽ ὡς ἐσεῖδε κόσμον, οὐκ ἠνέσχετο,
ἀλλ᾽ ᾔνεσ᾽ ἀνδρὶ πάντα, καὶ πρὶν ἐκ δόμων
μακρὰν ἀπεῖναι πατέρα καὶ παῖδας σέθεν
λαβοῦσα πέπλους ποικίλους ἠμπέσχετο,
χρυσοῦν τε θεῖσα στέφανον ἀμφὶ βοστρύχοις
λαμπρῷ κατόπτρῳ σχηματίζεται κόμην,
ἄψυχον εἰκὼ προσγελῶσα σώματος.
κἄπειτ᾽ ἀναστᾶσ᾽ ἐκ θρόνων διέρχεται
στέγας, ἁβρὸν βαίνουσα παλλεύκῳ ποδί,
δώροις ὑπερχαίρουσα, πολλὰ πολλάκις
τένοντ᾽ ἐς ὀρθὸν ὄμμασι σκοπουμένη.
τοὐνθένδε μέντοι δεινὸν ἦν θέαμ᾽ ἰδεῖν·
χροιὰν γὰρ ἀλλάξασα λεχρία πάλιν
χωρεῖ τρέμουσα κῶλα καὶ μόλις φθάνει
θρόνοισιν ἐμπεσοῦσα μὴ χαμαὶ πεσεῖν.
καί τις γεραιὰ προσπόλων, δόξασά που
ἢ Πανὸς ὀργὰς ἤ τινος θεῶν μολεῖν,
ἀνωλόλυξε, πρίν γ᾽ ὁρᾷ διὰ στόμα

Sahens alle Diener, die mit dir geweint,
Und es flog ein Raunen von Mund zu Mund,
Daß der Gatten Zwist nun begraben sei.
Wir küßten die Hände, das blonde Gelock
Deiner Söhne; ich selber lief völlig entzückt
Hinter ihnen hinein in der Frauen Gemach.
Die Frau, die uns jetzt statt deiner befiehlt,
Bemerkte erst später der Kinder Gespann,
So war sie von Jasons Erscheinung gebannt.
Kaum sieht sie das Paar, deckt voll Abscheu sie
Ihre Augen und wendet das zarte Gesicht.
Doch dein Gatte verscheuchte des Mädchens Groll.
„Warum bist du", so sagt er, „den Meinen so feind?
Bezwinge dein Herz und wende dein Haupt
Und laß meine Lieben die Deinigen sein!
Sie bringen dir Gaben, so bitte für mich
Deinen Vater, die Knaben zu lösen vom Bann!"

Kaum sah sie den Schmuck, widerstand sie nicht mehr,
Sagte alles zu, und eh noch der Mann
Mit den Kindern sich weit vom Palast entfernt,
Trug sie schon das Gewand, trug sie schon den Schmuck,
Flocht neu vor dem Spiegel der Haare Gelock
Und lächelte selig zum Ebenbild.
Dann verließ sie den Sessel, durchschritt das Gemach
Mit des schimmernden Fußes wiegendem Schritt,
Trug stolz ihre Krone erhobenen Haupts,
Sah stolz auf den Fall ihres neuen Gewands.
Was weiter geschah, war ein grausiges Bild.
Sie wechselt die Farbe und taumelt zurück,
Schleppt mit zitternden Gliedern sich wieder zum Stuhl,
Erreicht ihn mit Not und sinkt auf den Sitz.
Eine alte Dienerin schreit laut auf,
Wähnt, daß Pan sie mit göttlichem Schrecken schlug,
Bis sie sieht, daß dem Mund weißer Schaum entquillt,

χωροῦντα λευκὸν ἀφρόν, ὀμμάτων τ' ἄπο
κόρας στρέφουσαν, αἷμά τ' οὐκ ἐνὸν χροΐ·
εἶτ' ἀντίμολπον ἧκεν ὀλολυγῆς μέγαν
κωκυτόν. εὐθὺς δ' ἡ μὲν ἐς πατρὸς δόμους
ὥρμησεν, ἡ δὲ πρὸς τὸν ἀρτίως πόσιν,
φράσουσα νύμφης συμφοράν· ἅπασα δὲ
στέγη πυκνοῖσιν ἐκτύπει δρομήμασιν.
ἤδη δ' ἀνέλκων κῶλον ἕκπλεθρον δρόμου
ταχὺς βαδιστὴς τερμόνων ἂν ἥπτετο,
ἡ δ' ἐξ ἀναύδου καὶ μύσαντος ὄμματος
δεινὸν στενάξασ' ἡ τάλαιν' ἠγείρετο.
διπλοῦν γὰρ αὐτῇ πῆμ' ἐπεστρατεύετο·
χρυσοῦς μὲν ἀμφὶ κρατὶ κείμενος πλόκος
θαυμαστὸν ἵει νᾶμα παμφάγου πυρός,
πέπλοι δὲ λεπτοί, σῶν τέκνων δωρήματα,
λεπτὴν ἔδαπτον σάρκα τῆς δυσδαίμονος.
φεύγει δ' ἀναστᾶσ' ἐκ θρόνων πυρουμένη,
σείουσα χαίτην κρᾶτά τ' ἄλλοτ' ἄλλοσε,
ῥῖψαι θέλουσα στέφανον· ἀλλ' ἀραρότως
σύνδεσμα χρυσὸς εἶχε, πῦρ δ', ἐπεὶ κόμην
ἔσεισε, μᾶλλον δὶς τόσως ἐλάμπετο.
πίτνει δ' ἐς οὖδας συμφορᾷ νικωμένη,
καὶ τῷ τεκόντι κάρτα δυσμαθὴς ἰδεῖν·
οὔτ' ὀμμάτων γὰρ δῆλος ἦν κατάστασις
οὔτ' εὐφυὲς πρόσωπον, αἷμα δ' ἐξ ἄκρου
ἔσταζε κρατὸς συμπεφυρμένον πυρί,
σάρκες δ' ἀπ' ὀστέων ὥστε πεύκινον δάκρυ
γναθμοῖς ἀδήλοις φαρμάκων ἀπέρρεον,
δεινὸν θέαμα· πᾶσι δ' ἦν φόβος θιγεῖν
νεκροῦ· τύχην γὰρ εἴχομεν διδάσκαλον.
πατὴρ δ' ὁ τλήμων συμφορᾶς ἀγνωσίᾳ
ἄφνω προσελθὼν δῶμα προσπίτνει νεκρῷ·
ᾤμωξε δ' εὐθύς, καὶ περιπτύξας χέρας
κυνεῖ προσαυδῶν τοιάδ'· Ὦ δύστηνε παῖ,
τίς σ' ὧδ' ἀτίμως δαιμόνων ἀπώλεσε;
τίς τὸν γέροντα τύμβον ὀρφανὸν σέθεν

Daß die Augen sich drehn, jede Farbe entflieht.
Da schickt sie dem Schrei laute Klagen nach,
Man stürzt zu dem Vater, zum neuen Gemahl,
Das Unheil zu melden, der ganze Palast
Erdröhnt von den Tritten, vom Hin und vom Her.
Und sie lag so lang, als ein Läufer braucht,
Um die Rennbahn ganz zu durchmessen, still
Mit geschlossenem Aug. Dann erwachte sie jäh
Mit lautem Wehschrei, von doppeltem Schmerz:
Von der goldenen Krone auf ihrem Haupt
Troff seltsam verzehrender Feuerstrom
Und das Seidengewand, das die Kinder gebracht,
Fraß sich tief in das zarte Gewebe der Haut.
Sie springt auf, zu entrinnen der feurigen Glut,
Schüttelt wild ihre Locken, die Krone vom Haupt
Zu schleudern – die sitzt wie ein eiserner Ring
Und im Schwung flammt das Feuer nur mächtiger auf.

Da stürzt sie vor Qualen zu Boden, es bleibt
Keinem Vater mehr kenntlich die Form, die er schuf,
So war gänzlich zerstört ihrer Augen Bereich
Und das schöne Antlitz, es troff das Blut
Mit Feuer vermischt ihr vom Scheitel, das Fleisch
Schmolz herab von den Knochen wie Fichtenharz:
Unsichtbar fraßen die Zähne des Gifts.
Ein furchtbares Bild! Von ihm schrecklich belehrt,
Wagt sich keiner von uns an die Tote heran.
Da stürzt plötzlich der Vater herein und er wirft,
Nichts ahnend vom Gift, sich über sein Kind,
Klagt laut und umarmt es und küßt es und ruft:
„Welcher Dämon hat dich so grausam zerstört,
Unglückliches Kind, und am Rande des Grabs

τίθησιν; οἴμοι, συνθάνοιμί σοι, τέκνον.
ἐπεὶ δὲ θρήνων καὶ γόων ἐπαύσατο,
χρῄζων γεραιὸν ἐξαναστῆσαι δέμας
προσείχεθ' ὥστε κισσὸς ἔρνεσιν δάφνης
λεπτοῖσι πέπλοις, δεινὰ δ' ἦν παλαίσματα·
ὁ μὲν γὰρ ἤθελ' ἐξαναστῆσαι γόνυ,
ἡ δ' ἀντελάζυτ'. εἰ δὲ πρὸς βίαν ἄγοι,
σάρκας γεραιὰς ἐσπάρασσ' ἀπ' ὀστέων.
χρόνῳ δ' ἀπέσβη καὶ μεθῆχ' ὁ δύσμορος
ψυχήν· κακοῦ γὰρ οὐκέτ' ἦν ὑπέρτερος.
κεῖνται δὲ νεκροὶ παῖς τε καὶ γέρων πατὴρ
πέλας, ποθεινὴ δακρύοισι συμφορά.
καί μοι τὸ μὲν σὸν ἐκποδὼν ἔστω λόγου·
γνώσῃ γὰρ αὐτὴ ζημίας ἀποστροφήν.
τὰ θνητὰ δ' οὐ νῦν πρῶτον ἡγοῦμαι σκιάν,
οὐδ' ἂν τρέσας εἴποιμι τοὺς σοφοὺς βροτῶν
δοκοῦντας εἶναι καὶ μεριμνητὰς λόγων
τούτους μεγίστην μωρίαν ὀφλισκάνειν.
θνητῶν γὰρ οὐδείς ἐστιν εὐδαίμων ἀνήρ·
ὄλβου δ' ἐπιρρυέντος εὐτυχέστερος
ἄλλου γένοιτ' ἂν ἄλλος, εὐδαίμων δ' ἂν οὔ.
Χο ἔοιχ' ὁ δαίμων πολλὰ τῇδ' ἐν ἡμέρᾳ
κακὰ ξυνάπτειν ἐνδίκως Ἰάσονι.
ὦ τλῆμον, ὥς σου συμφορὰς οἰκτίρομεν,
κόρη Κρέοντος, ἥτις εἰς Ἅιδου δόμους
οἴχῃ γάμων ἕκατι τῶν Ἰάσονος.
Μη φίλαι, δέδοκται τοὔργον ὡς τάχιστά μοι
παῖδας κτανούσῃ τῆσδ' ἀφορμᾶσθαι χθονός,
καὶ μὴ σχολὴν ἄγουσαν ἐκδοῦναι τέκνα
ἄλλῃ φονεῦσαι δυσμενεστέρᾳ χερί. 1239
ἀλλ' εἶ' ὁπλίζου, καρδία. τί μέλλομεν 1242
τὰ δεινὰ κἀναγκαῖα μὴ πράσσειν κακά;
ἄγ', ὦ τάλαινα χεὶρ ἐμή, λαβὲ ξίφος,
λάβ', ἕρπε πρὸς βαλβῖδα λυπηρὰν βίου,

πάντως σφ' ἀνάγκη κατθανεῖν· ἐπεὶ δὲ χρή, 1240
ἡμεῖς κτενοῦμεν, οἵπερ ἐξεφύσαμεν.

Deinen Vater verwaist? O stürb ich mit dir!"
Und als er sein Jammern und Klagen gestillt,
Wollt er lösen vom Kind seine greise Gestalt;
Doch blieb, wie der Efeu am Lorbeerstamm,
Er am Seidenkleid haften. Ein furchtbarer Kampf
Beginnt: Will er heben das Knie, so läßt
Ihn die Leiche nicht los, und braucht er Gewalt,
Reißt er selbst von den Knochen sein welkendes Fleisch.
Spät endet das Spiel: der Unselige haucht,
Von den Qualen besiegt, seinen letzten Hauch.
So liegen sie beide, der Greis und sein Kind,
Allen Tränenfluten ein würdiges Ziel.
Von dir will ich schweigen und wie du entrinnst
Deiner Strafe, das muß deine Sorge sein;
Doch, daß Menschending nur ein Schatten ist,
Erwies sich aufs neue. Ich sags ohne Scheu:
Die Weisen und Klugen auf dieser Welt
Sind die größten Toren; kein Sterblicher kennt
Das Glück, und erhebt ihn auch Gold oder Rang:
Glückselig kann er nicht heißen.

ab

Chf Viel Leid hat heut ein gerechter Gott
Um Jason gehäuft. Wir beklagen dein Los,
Tochter Kreons, unseliges Fürstenkind,
Das um Jason hinab in den Hades ging.

Me Nun ist es beschlossen, ihr Frauen, ich muß
Meine Kinder töten und ohne Verzug
Dieses Land verlassen. Schon droht die Gefahr,
Daß sie fallen in mördrische Hände des Feinds.
Mein Herz, werde stark! Was schreckst du zurück
Vor dem harten, doch unabdingbaren Werk?
Unseligste Hand, ergreife das Schwert,
Entriegle die Pforten des Trauerlands.

καὶ μὴ κακισθῇς μηδ' ἀναμνησθῇς τέκνων,
ὡς φίλταθ', ὡς ἔτικτες· ἀλλὰ τήνδε γε
λαθοῦ βραχεῖαν ἡμέραν παίδων σέθεν,
κἄπειτα θρήνει· καὶ γὰρ εἰ κτενεῖς σφ', ὅμως
φίλοι γ' ἔφυσαν· δυστυχὴς δ' ἐγὼ γυνή.

Χο ἰὼ Γᾶ τε καὶ παμφαὴς — do cr — στρ.
ἀκτὶς 'Αελίου, κατίδετ' ἴδετε τὰν — do^2
ὀλομέναν γυναῖκα, πρὶν φοινίαν — do^2
τέκνοις προσβαλεῖν χέρ' αὐτοκτόνον· — do^2
τεᾶς γὰρ ἀπὸ χρυσέας γονᾶς — do ia^2
ἔβλαστεν, θεοῦ δ' αἷματι πίτνειν — do ia^2
φόβος ὑπ' ἀνέρων. — do
ἀλλά νιν, ὦ φάος διογενές, κάτειρ- — do^2
γε κατάπαυσον, ἔξελ' οἴκων τάλαι- — do^2
ναν φονίαν τ' 'Ερινὺν ὑπ' ἀλαστόρων. — do^2

μάταν μόχθος ἔρρει τέκνων, — ἀντ.
μάταν ἄρα γένος φίλιον ἔτεκες, ὦ
κυανεᾶν λιποῦσα Συμπληγάδων
πετρᾶν ἀξενωτάταν ἐσβολάν.
δειλαία, τί σοι φρενῶν βαρὺς
χόλος προσπίτνει καὶ δυσμενὴς
φόνος ἀμείβεται;
χαλεπὰ γὰρ βροτοῖς ὁμογενῆ μιά-
σματ' ἐπὶ γαῖαν αὐτοφόνταις ξυνῳ-
δὰ θεόθεν πίτνοντ' ἐπὶ δόμοις ἄχη.

Sei nicht feig, vergiß jetzt das süße Glück,
Das du einst gebarst! Nur den kurzen Tag!
Dann weine in Strömen! Sie sind ja dein Glück,
Auch wenn du sie tötest, unseligstes Weib!

ab

SECHSTES STANDLIED

Chor

Erste Strophe

O schaue herauf, Mutter Erde!
O schaue herab, Strahl der Sonne,
Bevor die unselige Frau
Blutige Hand an die Kinder legt!
Deinem goldenen Samen
Ist sie entsprungen –
Göttlichem Blut
Droht der Tod von Menschenhand.
Rette, du göttliches Licht,
Hemme den Arm,
Scheuche vom Hause den Mord,
Verjage die Blutgier
Der Rachegeister!

Gegenstrophe

Umsonst verrann alle Mühe,
Umsonst gebarst du die Lieben,
Durchquertest unwirtlichen Paß
Schwärzlich drohenden Felsentors!
Feuer furchtbaren Grolles
Hat dich befallen –
Weh, diese Glut
Wird doch nur vom Blut gelöscht!
Mordlast eigenen Bluts
Ruht auf dem Land,
Fällt auf den Mörder zurück,
Ruft Rache der Götter
Auf ganze Häuser!

Χο ἀκούεις βοὰν ἀκούεις τέκνων; do^2 1273 στρ.
ἰὼ τλᾶμον, ὦ κακοτυχὲς γύναι. do^2 1274

Παῖδες

οἴμοι, τί δράσω; ποῖ φύγω μητρὸς χέρας; ia^6 1271
οὐκ οἶδ', ἄδελφε φίλτατ'· ὀλλύμεσθα γάρ. ia^6 1272
Χο παρέλθω δόμους; ἀρῆξαι φόνον do^2 1275
δοκεῖ μοι τέκνοις. do

Πα ναί, πρὸς θεῶν, ἀρήξατ'· ἐν δέοντι γάρ. ia^6
ὡς ἐγγὺς ἤδη γ' ἐσμὲν ἀρκύων ξίφους. ia^6
Χο τάλαιν', ὡς ἄρ' ἦσθα πέτρος ἢ σίδα- do^2
ρος, ἅτις τέκνων do
ὃν ἔτεκες ἄροτον αὐτόχειρι μοίρᾳ κτενεῖς. ia^4 do

μίαν δὴ κλύω μίαν τῶν πάρος ἀντ.
γυναῖκ' ἐν φίλοις χέρα βαλεῖν τέκνοις·
Ἰνὼ μανεῖσαν ἐκ θεῶν, ὅθ' ἡ Διὸς
δάμαρ νιν ἐξέπεμψε δωμάτων ἄλῃ·
πίτνει δ' ἁ τάλαιν' ἐς ἅλμαν φόνῳ
τέκνων δυσσεβεῖ,
ἀκτῆς ὑπερτείνασα ποντίας πόδα,
δυοῖν τε παίδοιν συνθανοῦσ' ἀπόλλυται.
τί δῆτ' οὖν γένοιτ' ἂν ἔτι δεινόν; ὦ
γυναικῶν λέχος
πολύπονον, ὅσα βροτοῖς ἔρεξας ἤδη κακά.

Zweite Strophe

Ch *mit Rufen der Knaben*
Hörst du die Rufe, o hörst du die Knaben?
Weh dir, o weh,
Unglückselige Mutter!
Rufe von innen:
Wohin fliehn, wohin fliehn vor der Mutter Hand? –
Ich weiß nicht, mein Bruder. Das ist schon der Tod!
Ch Dringen wir ein,
Wehren wir schnell
Dem blutigen Werke!
Rufe von innen:
Bei den Göttern, so helft uns in äußerster Not!
Das Schwert rückt näher! Nun sind wir im Netz.
Ch Ist dein Herz ein Stein?
Ist es hart wie Stahl?
Deiner Knaben Saat,
Die du liebend gebarst,
Mähst du mit tödlicher Hand!

Gegenstrophe

Eine nur weiß ich, nur eine vor Alters
Legte die Hand
An die eigenen Kinder:
Die rasende Ino, ein Opfer des Wahns,
Von der Gattin des Zeus in die Irre verbannt,
Sprang in die Flut,
Löschte den Mord
Der eigenen Söhne.
Von steiler Klippe sprang sie hinab,
Zu teilen erschlagener Kinder Los.
Gibt es schlimmeres Ding
Als der Frauen Bett?
O du Quelle der Qual,
Welche Ströme der Qual
Hast du den Menschen gesandt!

Ια γυναῖκες, αἳ τῆσδ' ἐγγὺς ἕστατε στέγης,
ἆρ' ἐν δόμοισιν ἡ τὰ δείν' εἰργασμένη
Μήδεια τοῖσδ' ἔτ', ἢ μεθέστηκεν φυγῇ;
δεῖ γάρ νιν ἤτοι γῆς γε κρυφθῆναι κάτω,
ἢ πτηνὸν ἆραι σῶμ' ἐς αἰθέρος βάθος,
εἰ μὴ τυράννων δώμασιν δώσει δίκην. 1298
ἀλλ' οὐ γὰρ αὐτῆς φροντίδ' ὡς τέκνων ἔχω· 1301
κείνην μὲν οὓς ἔδρασεν ἔρξουσιν κακῶς,
ἐμῶν δὲ παίδων ἦλθον ἐκσώσων βίον,
μή μοί τι δράσωσ' οἱ προσήκοντες γένει,
μητρῷον ἐκπράσσοντες ἀνόσιον φόνον.
Χο ὦ τλῆμον, οὐκ οἶσθ' οἷ κακῶν ἐλήλυθας,
Ἰᾶσον· οὐ γὰρ τούσδ' ἂν ἐφθέγξω λόγους.
Ια τί δ' ἔστιν; ἦ που κἄμ' ἀποκτεῖναι θέλει;
Χο παῖδες τεθνᾶσι χειρὶ μητρῴᾳ σέθεν.
Ια οἴμοι τί λέξεις; ὥς μ' ἀπώλεσας, γύναι.
Χο ὡς οὐκέτ' ὄντων σῶν τέκνων φρόντιζε δή.
Ια ποῦ γάρ νιν ἔκτειν'; ἐντὸς ἢ ἔξωθεν δόμων;
Χο πύλας ἀνοίξας σῶν τέκνων ὄψῃ φόνον.
Ια χαλᾶτε κλῇδας ὡς τάχιστα, πρόσπολοι,
ἐκλύεθ' ἁρμούς, ὡς ἴδω διπλοῦν κακόν,
τοὺς μὲν θανόντας – τὴν δὲ τείσωμαι φόνῳ.

Μη τί τάσδε κινεῖς κἀναμοχλεύεις πύλας,
νεκροὺς ἐρευνῶν κἀμὲ τὴν εἰργασμένην;
παῦσαι πόνου τοῦδ'. εἰ δ' ἐμοῦ χρείαν ἔχεις,
λέγ', εἴ τι βούλῃ, χειρὶ δ' οὐ ψαύσεις ποτέ.
τοιόνδ' ὄχημα πατρὸς Ἥλιος πατὴρ
δίδωσιν ἡμῖν, ἔρυμα πολεμίας χερός.

πέποιθ' ἀποκτείνασα κοιράνους χθονὸς 1299
ἀθῷος αὐτὴ τῶνδε φεύξεσθαι δόμων; 1300

SCHLUSSZENE

Ja Ihr Frauen, so nah vor Medeias Haus,
Ist die Mörderin hier oder ist sie geflohn?
Und wie will sie der Strafe entrinnen? Wohin?
Wenn der Schoß der Erde sie nicht verbirgt,
Wenn kein Flügel sie hoch in die Luft entführt,
So büßt sie den Herrschern die grausige Tat.
Doch gedenk ich der Kinder und nicht dieses Weibs,
Das den Lohn empfängt aus des Rächers Hand;
Ja, der Kinder, die schleunigst ich retten will,
Bevor noch die Sippe des Königs die Tat
Ihrer Mutter sie furchtbar entgelten läßt.
Chf Armer Jason, du kennst nicht dein ganzes Leid,
Sonst hättest du all diese Worte gespart.
Ja Wie? Hat sie mich selber dem Tod bestimmt?
Chf Deine Söhne erschlug sie mit eigener Hand.
Ja O weh mir, was sagst du, du tötest mich!
Chf Such sie nicht mehr unter den Lebenden!
Ja Wo geschah es? Im Freien? Hier drinnen im Haus?
Chf Mach das Tor auf, da liegt das erschlagene Paar!
Ja Die Riegel zurück und auf mit dem Schloß!
Ich will dieses doppelte Unheil sehn:
Die Knaben schon tot und die Mörderin,
Die mein Schwert auf der Stelle zum Hades schickt!

das Gefolge öffnet: Medeia steht auf dem Drachenwagen neben den Leichen der Kinder

Me Du rüttelst am Schloß, hebst die Flügel aus,
Suchst die Toten und suchst ihre Mörderin –
Vergebliche Müh! Wenn du meiner bedarfst,
So sag dein Begehr, doch berühre mich nicht!
Diesen Wagen sandte mir Helios,
Mein Ahnherr beschützt mich vor jedem Feind.

Ια ὦ μῖσος, ὦ μέγιστον ἐχθίστη γύναι
θεοῖς τε κἀμοὶ παντί τ' ἀνθρώπων γένει,
ἥτις τέκνοισι σοῖσιν ἐμβαλεῖν ξίφος
ἔτλης τεκοῦσα, κἄμ' ἄπαιδ' ἀπώλεσας·
καὶ ταῦτα δράσασ' ἥλιόν τε προσβλέπεις
καὶ γαῖαν, ἔργον τλᾶσα δυσσεβέστατον·
ὄλοι'· ἐγὼ δὲ νῦν φρονῶ, τότ' οὐ φρονῶν,
ὅτ' ἐκ δόμων σε βαρβάρου τ' ἀπὸ χθονὸς
Ἕλλην' ἐς οἶκον ἠγόμην, κακὸν μέγα,
πατρός τε καὶ γῆς προδότιν ἥ σ' ἐθρέψατο.
τὸν σὸν δ' ἀλάστορ' εἰς ἔμ' ἔσκηψαν θεοί·
κτανοῦσα γὰρ δὴ σὸν κάσιν παρέστιον
τὸ καλλίπρῳρον εἰσέβης Ἀργοῦς σκάφος.
ἤρξω μὲν ἐκ τοιῶνδε· νυμφευθεῖσα δὲ
παρ' ἀνδρὶ τῷδε καὶ τεκοῦσά μοι τέκνα,
εὐνῆς ἕκατι καὶ λέχους σφ' ἀπώλεσας.
οὐκ ἔστιν ἥτις τοῦτ' ἂν Ἑλληνὶς γυνὴ
ἔτλη ποθ', ὧν γε πρόσθεν ἠξίουν ἐγὼ
γῆμαι σέ, κῆδος ἐχθρὸν ὀλέθριόν τ' ἐμοί,
λέαιναν, οὐ γυναῖκα, τῆς Τυρσηνίδος
Σκύλλης ἔχουσαν ἀγριωτέραν φύσιν.
ἀλλ' οὐ γὰρ ἄν σε μυρίοις ὀνείδεσι
δάκοιμι· τοιόνδ' ἐμπέφυκέ σοι θράσος·
ἔρρ', αἰσχροποιὲ καὶ τέκνων μιαιφόνε·
ἐμοὶ δὲ τὸν ἐμὸν δαίμον' αἰάζειν πάρα,
ὃς οὔτε λέκτρων νεογάμων ὀνήσομαι,
οὐ παῖδας οὓς ἔφυσα κἀξεθρεψάμην
ἕξω προσειπεῖν ζῶντας, ἀλλ' ἀπώλεσα.
Μη μακρὰν ἂν ἐξέτεινα τοῖσδ' ἐναντίον
λόγοισιν, εἰ μὴ Ζεὺς πατὴρ ἠπίστατο
οἷ' ἐξ ἐμοῦ πέπονθας οἷά τ' εἰργάσω·
σὺ δ' οὐκ ἔμελλες τἄμ' ἀτιμάσας λέχη
τερπνὸν διάξειν βίοτον ἐγγελῶν ἐμοί,
οὐδ' ἡ τύραννος, οὐδ' ὁ σοὶ προσθεὶς γάμους
Κρέων ἀνατεὶ τῆσδέ μ' ἐκβαλεῖν χθονός.

Ja Du Greuel, in innerster Seele verhaßt
Den Göttern und mir und dem Menschengeschlecht,
Hast die Hand an die eigenen Kinder gelegt,
Nahmst die Knaben und nahmst mir das Leben hinweg
Und schaust nach der ekelerregenden Tat
Noch die Erde an und das Sonnenlicht.
Sei verflucht! Nun weiß ich, und weiß es zu spät,
Welches Scheusal ich einst vom barbarischen Land
Nach Hellas brachte, Verräterin
Am eigenen Vater und Vaterland.
Solchen Teufel hat mir die Hölle gesandt:
Erst schlugst du am Herd noch den Bruder tot,
Dann stiegst du zu mir in das Griechenschiff.
So begannst du. Dann wurdest du mir vermählt,
Gebarst mir Kinder und brachtest sie um,
Nur aus Bettneid. Das hätte kein griechisches Weib
Je gewagt! Und dich hab ich vor allen erwählt,
Ein Weib des Zanks und des Meuchelmords,
Ja kein Weib: eine Löwin und wilderes Tier
Als Skylla, des Westmeers Verwüsterin.
Doch auch tausend Flüche erschütterten nicht
Deine freche Seele; so fahre dahin,
Kindermörderin, Hure, verrufenes Weib!
Mir bleibt nur die Klage um finsteren Stern,
Um verlorenes Glück meines neuen Betts,
Um die Saat, die ich zeugte und glücklich erzog,
Die mein Mund nicht mehr grüßt, die ich ewig verlor.

Me Vieles könnt ich erwidern, doch richtet Zeus,
Er weiß, was du nahmst, und weiß, was du gabst.
Ihr durftet, nachdem du mein Bett entehrt,
Nicht lachend ins Land aller Freuden ziehn,
Noch sollte der König, der Stifter des Bunds,
Mich ungestraft stoßen aus seinem Land.

πρὸς ταῦτα καὶ λέαιναν, εἰ βούλῃ, κάλει
καὶ Σκύλλαν ἣ Τυρσηνὸν ᾤκησεν πέδον·
τῆς σῆς γὰρ ὡς χρὴ καρδίας ἀνθηψάμην.
Ια καὐτή γε λυπῇ καὶ κακῶν κοινωνὸς εἶ.
Μη σάφ' ἴσθι· λύει δ' ἄλγος, ἢν σὺ μὴ 'γγελᾷς.
Ια ὦ τέκνα, μητρὸς ὡς κακῆς ἐκύρσατε.
Μη ὦ παῖδες, ὡς ὤλεσθε πατρῴᾳ νόσῳ.
Ια οὔτοι νυν ἡμὴ δεξιά σφ' ἀπώλεσεν.
Μη ἀλλ' ὕβρις, οἵ τε σοὶ νεοδμῆτες γάμοι.
Ια λέχους σφε κἠξίωσας οὕνεκα κτανεῖν.
Μη σμικρὸν γυναικὶ πῆμα τοῦτ' εἶναι δοκεῖς;
Ια ἥτις γε σώφρων· σοὶ δὲ πάντ' ἐστὶν κακά.
Μη οἵδ' οὐκέτ' εἰσί· τοῦτο γάρ σε δήξεται.
Ια οἵδ' εἰσίν, οἴμοι, σῷ κάρᾳ μιάστορες.
Μη ἴσασιν ὅστις ἦρξε πημονῆς θεοί.
Ια ἴσασι δῆτα σήν γ' ἀπόπτυστον φρένα.
Μη στύγει· πικρὰν δὲ βάξιν ἐχθαίρω σέθεν.
Ια καὶ μὴν ἐγὼ σήν· ῥᾴδιον δ' ἀπαλλαγαί.
Μη †πῶς οὖν; τί δράσω;† κάρτα γὰρ κἀγὼ θέλω.
Ια θάψαι νεκρούς μοι τούσδε καὶ κλαῦσαι πάρες.
Μη οὐ δῆτ', ἐπεί σφας τῇδ' ἐγὼ θάψω χερί,
φέρουσ' ἐς Ἥρας τέμενος Ἀκραίας θεοῦ,
ὡς μή τις αὐτοὺς πολεμίων καθυβρίσῃ,
τύμβους ἀνασπῶν· γῇ δὲ τῇδε Σισύφου
σεμνὴν ἑορτὴν καὶ τέλη προσάψομεν
τὸ λοιπὸν ἀντὶ τοῦδε δυσσεβοῦς φόνου.
αὐτὴ δὲ γαῖαν εἶμι τὴν Ἐρεχθέως,
Αἰγεῖ συνοικήσουσα τῷ Πανδίονος.
σὺ δ', ὥσπερ εἰκός, κατθανῇ κακὸς κακῶς,
Ἀργοῦς κάρα σὸν λειψάνῳ πεπληγμένος,
πικρὰς τελευτὰς τῶν ἐμῶν γάμων ἰδών.

Ια ἀλλά σ' Ἐρινὺς ὀλέσειε τέκνων an[4]
φονία τε Δίκη.

Nenne ruhig mich Löwin und Skylla, ich traf
Dich nach deinem Verdienst in dein innerstes Herz.

Ja Und trafst dich selber im gleichen Stoß!
Me Die Wunde heilt, wenn dein Lachen erstirbt.
Ja Ach, euch Knaben gebar das verruchteste Weib!
Me Und ein rasender Vater gab euch den Tod.
Ja Führten diese Hände den tödlichen Streich?
Me Nicht die Hand, doch dein schändlicher Ehebruch.
Ja Zweite Ehe, erlaubt sie den Kindermord?
Me Du glaubst, eine Frau nimmt das leicht in den Kauf?
Ja Jede kluge; du kennst nur Verdorbenheit.
Me Sieh die ewige Strafe: die Söhne sind tot.
Ja Als Furien schwirren sie um dein Haupt.
Me Die Götter kennen den Stifter des Leids.
Ja Sie kennen dein grauenerregendes Herz!
Me Hasse weiter, doch ende das ekle Gekeif!
Ja Und du deines. Wie fällt uns der Abschied leicht!
Me Ich nähme ihn gern, doch du zauderst noch.
Ja Gib die Toten für Grab und für Klage heraus!
Me Niemals! Ich begrab sie mit eigener Hand
Auf der Hera hochheiligem Berg und es soll
Keine Feindhand erbrechen und schänden das Grab!
Und ich stifte Korinth hohen Festes Brauch
Zur ewigen Sühne für blutige Tat.
Ich selber zieh in Erechtheus' Land
Zu Aigeus, dem Sohne des Pandion.
Du stirbst einst gerechten und elenden Tod,
Getroffen vom Balken des Ruderschiffs,
Das die alte Brautfahrt bitter beschließt!

der Wagen erhebt sich in die Luft

Zweigesang

Ja Fluchgeist der Kinder,
Mordende Göttin des Rechts
Soll dich vernichten!

Μη τίς δὲ κλύει σοῦ θεὸς ἢ δαίμων,
τοῦ ψευδόρκου καὶ ξειναπάτου;

Ια φεῦ φεῦ, μυσαρὰ καὶ παιδολέτορ.

Μη στεῖχε πρὸς οἴκους καὶ θάπτ' ἄλοχον.

Ια στείχω, δισσῶν γ' ἄμορος τέκνων.

Μη οὔπω θρηνεῖς· μένε καὶ γῆρας;

Ια ὦ τέκνα φίλτατα.
Μη μητρί γε, σοὶ δ' οὔ.
Ια κἄπειτ' ἔκανες;
Μη σέ γε πημαίνουσ'.
Ια ὤμοι, φιλίου χρῄζω στόματος
παίδων ὁ τάλας προσπτύξασθαι.

Μη νῦν σφε προσαυδᾷς, νῦν ἀσπάζῃ,
τότ' ἀπωσάμενος.

Ια δός μοι πρὸς θεῶν
μαλακοῦ χρωτὸς ψαῦσαι τέκνων.

Μη οὐκ ἔστι· μάτην ἔπος ἔρριπται.

Ια Ζεῦ, τάδ' ἀκούεις ὡς ἀπελαυνόμεθ',
οἷά τε πάσχομεν ἐκ τῆς μυσαρᾶς
καὶ παιδοφόνου τῆσδε λεαίνης;

Me Welcher Gott, welcher Geist
Leiht dir sein Ohr,
Der das Gastrecht bricht,
Falsche Eide schwört?
Ja Sei verflucht, du verruchte
Mördrin der Söhne!
Me Kehre heim zum Palast,
Begrabe die Braut!
Ja Soll ich ziehen,
Soll ich lassen
Meine Knaben?
Me Du wirst klagen,
Du wirst stöhnen
Bis zum Grabe!
Ja Ihr liebsten Kinder, o liebe Söhne!
Me Der Mutter waren sie lieb, nicht dir!
Ja Und du hast sie getötet!
Me Um dich zu töten.
Ja Weh, wie verlangt mich,
Lieblichsten Mund
Der Knaben zu küssen!
Me Jetzt willst du sie grüßen,
Jetzt willst du sie küssen,
Stießest sie damals hinweg!
Ja Laß mich, ich flehe,
Zarteste Wange
Der Knaben berühren!
Me Genug aller Worte,
Spare die Bitten,
Es wird nicht geschehn! *sie entschwindet*
Ja Vernahmst du, Zeus,
Wie sie mich fortstieß,
Was ich erlitt
Von reißender Löwin,
Die eigene Brut verschlang?

ἀλλ' ὁπόσον γοῦν πάρα καὶ δύναμαι
τάδε καὶ θρηνῶ κἀπιθοάζω,
μαρτυρόμενος δαίμονας ὥς μοι
τέκνα κτείνασ' ἀποκωλύεις
ψαῦσαί τε χεροῖν θάψαι τε νεκρούς,
οὓς μήποτ' ἐγὼ φύσας ὄφελον
πρὸς σοῦ φθιμένους ἐπιδέσθαι.

Χο πολλῶν ταμίας Ζεὺς ἐν Ὀλύμπῳ,
πολλὰ δ' ἀέλπτως κραίνουσι θεοί·
καὶ τὰ δοκηθέντ' οὐκ ἐτελέσθη,
τῶν δ' ἀδοκήτων πόρον ηὗρε θεός.
τοιόνδ' ἀπέβη τόδε πρᾶγμα.

Doch bleibt mir das eine,
Das eine vermag ich:
Zu klagen, zu jammern
Und ewige Geister
Als Zeugen zu rufen:
Sie erschlug die Kinder und läßt
Nicht mich die Knaben berühren,
Nicht diese Toten bestatten!
O hätt ich nie diese Kinder gezeugt,
Sie erschlagen zu sehen
Von deiner Hand!

ab

Chor

im Abziehen

Alles verwaltet
Zeus im Olympos,
Niemals Geahntes
Bereiten die Götter.
Was wir erhofften,
Es ward nicht vollendet –
Wo wir die Hoffnung begruben,
Fanden die Götter den Weg.
So geschah es
Auch hier.

HIPPOLYTOS

ΙΠΠΟΛΥΤΟΣ

Τὰ τοῦ δράματος πρόσωπα

Ἀφροδίτη · Ἱππόλυτος · Χορὸς ὀπαδῶν · Θεράπων
Χορός · Τροφός · Φαίδρα · Θεράπαινα
Θησεύς · Ἄγγελος · Ἄρτεμις

Ἀφροδίτη

Πολλὴ μὲν ἐν βροτοῖσι κοὐκ ἀνώνυμος,
θεὰ κέκλημαι Κύπρις, οὐρανοῦ τ' ἔσω·
ὅσοι τε Πόντου τερμόνων τ' Ἀτλαντικῶν
ναίουσιν εἴσω φῶς ὁρῶντες ἡλίου,
τοὺς μὲν σέβοντας τἀμὰ πρεσβεύω κράτη,
σφάλλω δ' ὅσοι φρονοῦσιν εἰς ἡμᾶς μέγα.
ἔνεστι γὰρ δὴ κἀν θεῶν γένει τόδε·
τιμώμενοι χαίρουσιν ἀνθρώπων ὕπο.
δείξω δὲ μύθων τῶνδ' ἀλήθειαν τάχα·
ὁ γάρ με Θησέως παῖς, Ἀμαζόνος τόκος,
Ἱππόλυτος, ἁγνοῦ Πιτθέως παιδεύματα,
μόνος πολιτῶν τῆσδε γῆς Τροζηνίας
λέγει κακίστην δαιμόνων πεφυκέναι,
ἀναίνεται δὲ λέκτρα κοὐ ψαύει γάμων·

HIPPOLYTOS

Personen des Dramas

Aphrodite · Hippolytos, *Sohn des Theseus*
Jagdgefolge *des Hippolytos* · Der alte Diener
Chor *der Frauen von Trözen* · Die Amme *der Phaidra*
Phaidra, *zweite Gemahlin des Theseus*
Dienerin (*hinter der Szene*) · Theseus
Bote (*Stallknecht des Hippolytos*) · Artemis
Gefolge *der Phaidra, des Theseus, des Hippolytos*

Der Schauplatz ist in Trözen vor dem Königspalast; vor dem Eingang steht ein Aphroditebild und ein Artemisbild.
Die Tragödie wurde 428 v. Chr. aufgeführt.

VORSZENE

Aphrodite
erscheint auf dem Dach des Palastes

Ich bin die Göttin Kypris, auf dem Erdenrund
So hochgefeiert wie im Himmel hochgerühmt.
Vom Pontus bis zum Westmeer: wo die Sonne scheint,
Hab ich getreue Diener – die ich hoch belohne,
Doch wer es wagt, mich zu verachten, fällt.
Denn darin sind sich auch die Götter gleich:
Sie lieben es, wenn sie der Mensch verehrt.
Bald mach ich meine Worte furchtbar wahr.
Denn Theseus' Sohn, der Amazone Kind,
Hippolytos, des frommen Pittheus Zögling,
Nennt mich, als einzger Bürger dieses Lands,
Die allerschlimmste Gottheit, die es gibt.
Er flieht die Ehe, haßt der Liebe Werk.

Φοίβου δ' ἀδελφὴν Ἄρτεμιν, Διὸς κόρην,
τιμᾷ, μεγίστην δαιμόνων ἡγούμενος·
χλωρὰν δ' ἀν' ὕλην παρθένῳ ξυνὼν ἀεὶ
κυσὶν ταχείαις θῆρας ἐξαιρεῖ χθονός,
μείζω βροτείας προσπεσὼν ὁμιλίας.
τούτοισι μέν νυν οὐ φθονῶ· τί γάρ με δεῖ;
ἃ δ' εἰς ἔμ' ἡμάρτηκε, τιμωρήσομαι
Ἱππόλυτον ἐν τῇδ' ἡμέρᾳ· τὰ πολλὰ δὲ
πάλαι προκόψασ' οὐ πόνου πολλοῦ με δεῖ.
ἐλθόντα γάρ νιν Πιτθέως ποτ' ἐκ δόμων
σεμνῶν ἐς ὄψιν καὶ τέλη μυστηρίων
Πανδίονος γῆν, πατρὸς εὐγενὴς δάμαρ
ἰδοῦσα Φαίδρα καρδίαν κατέσχετο
ἔρωτι δεινῷ τοῖς ἐμοῖς βουλεύμασιν.
καὶ πρὶν μὲν ἐλθεῖν τήνδε γῆν Τροζηνίαν,
πέτραν παρ' αὐτὴν Παλλάδος, κατόψιον
γῆς τῆσδε, ναὸν Κύπριδος ἐγκαθίσατο,
ἐρῶσ' ἔρωτ' ἔκδημον· Ἱππολύτῳ δ' ἔπι
τὸ λοιπὸν ὠνόμαζ' ἐνιδρῦσθαι θεάν.
ἐπεὶ δὲ Θησεὺς Κεκροπίαν λείπει χθόνα,
μίασμα φεύγων αἵματος Παλλαντιδῶν,
καὶ τήνδε σὺν δάμαρτι ναυστολεῖ χθόνα,
ἐνιαυσίαν ἔκδημον αἰνέσας φυγήν,
ἐνταῦθα δὴ στένουσα κἀκπεπληγμένη
κέντροις ἔρωτος ἡ τάλαιν' ἀπόλλυται
σιγῇ· ξύνοιδε δ' οὔτις οἰκετῶν νόσον.
ἀλλ' οὔτι ταύτῃ τόνδ' ἔρωτα χρὴ πεσεῖν·
δείξω δὲ Θησεῖ πρᾶγμα κἀκφανήσεται.
καὶ τὸν μὲν ἡμῖν πολέμιον νεανίαν
κτενεῖ πατὴρ ἀραῖσιν, ἃς ὁ πόντιος
ἄναξ Ποσειδῶν ὤπασεν Θησεῖ γέρας,
μηδὲν μάταιον ἐς τρὶς εὔξασθαι θεῷ.
ἡ δ' εὐκλεὴς μέν, ἀλλ' ὅμως ἀπόλλυται,
Φαίδρα· τὸ γὰρ τῆσδ' οὐ προτιμήσω κακὸν
τὸ μὴ οὐ παρασχεῖν τοὺς ἐμοὺς ἐχθροὺς ἐμοὶ
δίκην τοσαύτην ὥστ' ἐμοὶ καλῶς ἔχειν.

Doch Phoibos' Schwester Artemis, das Kind des Zeus,
Hat er als höchste Gottheit sich erkoren.
Mit dieser Jungfrau schweift er durch den grünen Hain,
Jagt wilde Tiere mit den schnellen Hunden auf,
Ihr mehr, als einem Sterbling ziemt, vertraut.
Des trag ich keinen Neid, wie sollt ich auch?
Doch was er gegen mich gefrevelt, wird bestraft
An diesem Jüngling noch an diesem Tag.
Was lang geplant, bedarf nicht vieler Müh.
Als er von Pittheus' Haus in attisch Land
Zur Schau und Feier heiliger Weihen zog,
Sah ihn des Vaters Gattin und entbrannte
In wilder Leidenschaft durch meine Macht.
Und schon bevor sie nach Trözen kam, hat sie dort
An Pallas' Fels, im Angesichte dieses Lands
Hinübersehnend mir ein Heiligtum gestiftet
Und heimlich „beim Hippolytos" es zubenannt.
Seit Theseus dann mit ihr des Kekrops Stadt verließ,
Sich selber bannend ob der Vettern Mord
Auf Jahresfrist, und dieses Land bezog,
Nimmt ihre Qual kein Ende und in Seufzern
Verzehrt die Ärmste sich in aller Stille;
Kein Mensch im ganzen Hause kennt ihr Leid.

Doch soll dies Unheil nicht so glimpflich enden:
Ich zeig es Theseus an und alles kommt ans Licht.
Der eigne Vater wird dem Jüngling, der mir trotzt,
Den Untergang bereiten durch Poseidons Kraft,
Der einst drei sichre Wünsche ihm verlieh;
Auch Phaidra muß, die edle Fürstin, untergehn.
Ich kanns ihr nicht ersparen: zahlen muß der Feind
Die Buße, die den Durst mir völlig stillt.

ἀλλ', εἰσορῶ γὰρ τόνδε παῖδα Θησέως
στείχοντα, θήρας μόχθον ἐκλελοιπότα,
Ἱππόλυτον, ἔξω τῶνδε βήσομαι τόπων.
πολὺς δ' ἅμ' αὐτῷ προσπόλων ὀπισθόπους
κῶμος λέλακεν, Ἄρτεμιν τιμῶν θεὰν
ὕμνοισιν· οὐ γὰρ οἶδ' ἀνεῳγμένας πύλας
Ἅιδου, φάος δὲ λοίσθιον βλέπων τόδε.

Ἱππόλυτος

ἕπεσθ' ἀείδοντες ἕπεσθε   ia^2 ch⏑
τὰν Διὸς οὐρανίαν   hem
Ἄρτεμιν, ᾇ μελόμεσθα.   hem⏑

πότνια πότνια σεμνοτάτα,   da^3-
Ζανὸς γένεθλον.   -ch

Χορὸς ὀπαδῶν

χαῖρε, χαῖρέ μοι, ὦ κόρα   gl
Λατοῦς Ἄρτεμι καὶ Διός,   gl
ἃ μέγαν κατ' οὐρανὸν   tr^2 cr   67
ναίεις εὐπατέρειαν αὐ-   gl
λάν, Ζηνὸς πολύχρυσον οἶκον.   gl-

Ιπ χαῖρέ μοι, ὦ καλλίστα   da^3
καλλίστα τῶν κατ' Ὄλυμπον,   -da^3
Ἄρτεμι.   da

Ιπ σοὶ τόνδε πλεκτὸν στέφανον ἐξ ἀκηράτου
λειμῶνος, ὦ δέσποινα, κοσμήσας φέρω,

καλλίστα πολὺ παρθένων,   gl   66

Schon seh ich dort des Theseus Sohn, Hippolytos,
Heimziehen nach vollbrachtem Werk der Jagd:
Nicht länger duldets mich an diesem Ort.
Ein großer Schwarm von Dienern folgt ihm auf dem Fuß
Und preist mit lautem Lied die Göttin Artemis –
Er ahnt nicht, daß des Hades Tore offen stehn,
Und doch ist dies der letzte Tag, den er erblickt.

ab

Hippolytos

zieht mit seinem Jagdgefolge ein

Mir nach, mir nach und preist
Die himmlische Tochter,
Der wir zu eigen,
Artemis!

er tritt vor das Standbild mit einem Kranz

Herrin, ehrwürdige Herrin,
Von Zeus entstammt,
Artemis!

Gefolge

Heil dir, Heil der Tochter
Letos und des Zeus,
Artemis!
Die im weiten Himmel
Edelsten Vaters Halle bewohnt,
Zeus' goldschimmerndes Haus,
Artemis!

Hi Heil dir, schönste,
Allerschönste der Frauen
Im Olymp,
Artemis!

bekränzt das Bild der Artemis

So nimm denn diese Blumen, die zum Kranz
Ich dir auf unberührter Wiese brach,

ἔνθ' οὔτε ποιμὴν ἀξιοῖ φέρβειν βοτὰ
οὔτ' ἦλθέ πω σίδαρος, ἀλλ' ἀκήρατον
μέλισσα λειμῶν' ἠρινὴ διέρχεται,
Αἰδὼς δὲ ποταμίαισι κηπεύει δρόσοις·
ὅσοις διδακτὸν μηδέν, ἀλλ' ἐν τῇ φύσει
τὸ σωφρονεῖν εἴληχεν ἐς τὰ πάνθ' ὁμῶς,
τούτοις δρέπεσθαι, τοῖς κακοῖσι δ' οὐ θέμις.
ἀλλ', ὦ φίλη δέσποινα, χρυσέας κόμης
ἀνάδημα δέξαι χειρὸς εὐσεβοῦς ἄπο.
μόνῳ γάρ ἐστι τοῦτ' ἐμοὶ γέρας βροτῶν·
σοὶ καὶ ξύνειμι καὶ λόγοις ἀμείβομαι,
κλύων μὲν αὐδήν, ὄμμα δ' οὐχ ὁρῶν τὸ σόν.
τέλος δὲ κάμψαιμ' ὥσπερ ἠρξάμην βίου.

Θεράπων

ἄναξ – θεοὺς γὰρ δεσπότας καλεῖν χρεών –
ἆρ' ἄν τί μου δέξαιο βουλεύσαντος εὖ;
Ιπ καὶ κάρτα γ'· ἦ γὰρ οὐ σοφοὶ φαινοίμεθ' ἄν.
Θε οἶσθ' οὖν βροτοῖσιν ὃς καθέστηκεν νόμος;
Ιπ οὐκ οἶδα· τοῦ δὲ καί μ' ἀνιστορεῖς πέρι;
Θε μισεῖν τὸ σεμνὸν καὶ τὸ μὴ πᾶσιν φίλον.
Ιπ ὀρθῶς γε· τίς δ' οὐ σεμνὸς ἀχθεινὸς βροτῶν;
Θε ἐν δ' εὐπροσηγόροισιν ἔστι τις χάρις;
Ιπ πλείστη γε, καὶ κέρδος γε σὺν μόχθῳ βραχεῖ.
Θε ἦ κἀν θεοῖσι ταὐτὸν ἐλπίζεις τόδε;
Ιπ εἴπερ γε θνητοὶ θεῶν νόμοισι χρώμεθα.
Θε πῶς οὖν σὺ σεμνὴν δαίμον' οὐ προσεννέπεις;
Ιπ τίν'; εὐλαβοῦ δὲ μή τί σου σφαλῇ στόμα.
Θε τήνδ', ἣ πύλαισι σαῖς ἐφέστηκεν Κύπρις.
Ιπ πρόσωθεν αὐτὴν ἁγνὸς ὢν ἀσπάζομαι.

Θε σεμνός γε μέντοι κἀπίσημος ἐν βροτοῖς.
Ιπ ἄλλοισιν ἄλλος θεῶν τε κἀνθρώπων μέλει.
Θε εὐδαιμονοίης νοῦν ἔχων ὅσον σε δεῖ.

Wo nie ein Hirt die Herden weiden darf,
Wo keine Sichel klingt, wo nur im Lenz
Die Biene durch die lichten Auen schwärmt;
Der Keuschheit Göttin wässert sie mit kühlem Quell.
Nur wer im allertiefsten Herzen rein ist, darf
Hier ernten – andre haben hier kein Recht.
Nimm liebste Herrin, für dein goldnes Haar
Hier diesen Kranz aus einer frommen Hand!
Nur mir allein verliehst du dieses Recht:
Dir nahe sein, mit dir die Rede tauschen.
Sieht dich mein Auge nicht, so hört dich doch mein Ohr.
O lenke meine Lebensfahrt zum guten Ziel,
Mein Abend gleiche meinem frohen Morgen!

Der Alte

tritt vor

Mein Fürst – denn Herren nenn ich nur die Himmlischen –
Hörst du wohl gnädig einen guten Rat?
Hi Sprich nur, wir sind nicht unvernünftig, sprich!
Al Du weißt, daß unter Menschen es der Brauch...?
Hi Nichts weiß ich, wohin zielt die Fragerei?
Al Daß sie das Stolze hassen, das sich eng verschließt?
Hi Mit Recht! Den Dünkelhaften liebt kein Mensch.
Al Doch ist, wer mit sich reden läßt, beliebt?
Hi Durchaus! Es kostet wenig und trägt viel!
Al Und stehts nicht bei den Göttern ebenso?
Hi Gewiß, denn ihnen tuns die Menschen nach.
Al Doch weigerst du der hohen Göttin deinen Gruß!
Hi Wen meinst du, Alter? Hüte deine Zunge wohl!
Al Steht nicht vor deinem Hause Aphrodites Bild?
Hi *flüchtig hinübergrüßend*
Die spricht ein Reiner nur von weitem an!
Al Doch ist sie eine stolze Göttin, weltgerühmt.
Hi Es hat wohl jeder seine Freunde, hier wie dort.
Al Der Himmel steh dir bei, er wahre deinen Sinn!

Ιπ οὐδείς μ' ἀρέσκει νυκτὶ θαυμαστὸς θεῶν.
Θε τιμαῖσιν, ὦ παῖ, δαιμόνων χρῆσθαι χρεών.
Ιπ χωρεῖτ', ὀπαδοί, καὶ παρελθόντες δόμους
σίτων μέλεσθε· τερπνὸν ἐκ κυναγίας
τράπεζα πλήρης· καὶ καταψήχειν χρεὼν
ἵππους, ὅπως ἂν ἅρμασιν ζεύξας ὕπο
βορᾶς κορεσθεὶς γυμνάσω τὰ πρόσφορα.
τὴν σὴν δὲ Κύπριν πόλλ' ἐγὼ χαίρειν λέγω.

Θε ἡμεῖς δέ – τοὺς νέους γὰρ οὐ μιμητέον,
φρονοῦντας οὕτως – ὡς πρέπει δούλοις λέγειν,

προσευξόμεσθα τοῖσι σοῖς ἀγάλμασιν,
δέσποινα Κύπρι. χρὴ δὲ συγγνώμην ἔχειν,
εἴ τίς σ' ὑφ' ἥβης σπλάγχνον ἔντονον φέρων
μάταια βάζει· μὴ δόκει τούτων κλύειν·
σοφωτέρους γὰρ χρὴ βροτῶν εἶναι θεούς.

Χορός

Ὠκεανοῦ τις ὕδωρ στάζουσα πέτρα λέγεται, hem–hem στρ.
βαπτὰν κάλπισι ῥυτὰν an^2 ba^
παγὰν προιεῖσα κρημνῶν· an^2 ba
ὅθι μοί τις ἦν φίλα an ia^2
πορφύρεα φάρεα hyp
ποταμίᾳ δρόσῳ hyp
τέγγουσα, θερ- ia^2
μᾶς δ' ἐπὶ νῶτα πέτρας εὐ- ch ba–
αλίου κατέβαλλ'· ὅθεν gl
μοι πρώτα φάτις ἦλθε δεσποίνας· hem ba–

Hi *sich abwendend*
Ein Gott, dem nachts man huldigt, bleibt mir fern!
Al Man muß die Götter ehren nach dem alten Brauch.
Hi Nun denkt der Speisen, Leute! Tretet in das Haus!
Wer von der Jagd kommt, liebt den vollen Tisch.
Und striegelt mir die Pferde, die ich nach dem Mahl
Am Wagen tummeln will, wie sichs gehört.
Doch deine Kypris, Alter, lebe wohl!

sie gehen ins Haus

Al Ich aber folge diesen jungen Leuten nicht
Und denk und rede als ein treuer Knecht.

er tritt vor das Aphroditebild

Ich bete, Herrin Kypris, fromm zu deinem Bild.
Du mußt verzeihen, wenn das stolze junge Blut
Törichtes redet! Höre nicht darauf! Der Gott
Muß immer klüger bleiben als der Mensch.

ab ins Haus

EINZUGSLIED

Chor

Erste Strophe

Des Ringstroms heiliges Wasser
Spendet, so sagt man, ein Felsen:
Stark strömende Quelle,
Krüge darein zu tauchen,
Entsendet sein Steilhang.
Dort sah ich heute die Freundin, sie
Hat Purpurgewänder im Tau der
Fluten gebadet, hat sie gebreitet
Über die Rücken der glühenden Felsen.
Ach, sie brachte mir erste schwere
Kunde von meiner Herrin Qualen:

τειρομέναν νοσερᾷ κοίτᾳ δέμας ἐντὸς ἔχειν ἀντ.
οἴκων, λεπτὰ δὲ φάρη
ξανθὰν κεφαλὰν σκιάζειν·
τριτάταν δέ νιν κλύω
τάνδ᾽ ἀβρωσίᾳ
στόματος ἁμέραν
Δάματρος ἀ-
κτᾶς δέμας ἁγνὸν ἴσχειν, κρυ-
πτῷ πάθει θανάτου θέλου-
σαν κέλσαι ποτὶ τέρμα δύστανον.

ἦ σύ γ᾽ ἔνθεος, ὦ κούρα, gl στρ.
εἴτ᾽ ἐκ Πανὸς εἴθ᾽ Ἑκάτας –ia^{2} an
ἢ σεμνῶν Κορυβάντων φοι- gl
τᾷς ἢ ματρὸς ὀρείας; gl∧
σὺ δ᾽ ἀμφὶ τὰν πολύθηρον Δί- –gl
κτυνναν ἀμπλακίαις ἀνίε- gl
ρος ἀθύτων πελάνων τρύχῃ; ba an^{2}
φοιτᾷ γὰρ καὶ διὰ λίμνας an^{3}–
χέρσον θ᾽ ὑπὲρ πελάγους ia^{2} an
δίναις ἐν νοτίαις ἅλμας. gl

ἢ πόσιν, τὸν Ἐρεχθειδᾶν ἀντ.
ἀρχαγόν, τὸν εὐπατρίδαν,
ποιμαίνει τις ἐν οἴκοις κρυ-
πτὰ κοίτα λεχέων σῶν;
ἢ ναυβάτας τις ἔπλευσεν Κρή-
τας ἔξορμος ἀνὴρ λιμένα
τὸν εὐξεινότατον ναύταις,
φήμαν πέμπων βασιλείᾳ,
λύπᾳ δ᾽ ὑπὲρ παθέων
εὐναία δέδεται ψυχά;

Gegenstrophe

Vom langen Leiden gebrochen,
Berge sie ihre Gestalt im
Innern Gemach des Hauses,
Zartester Schleier beschatte
Die goldene Haarflut.
Den dritten Tag schon, so hör ich, hält
Von ihrem Munde die Herrin,
Dem streng verwehrenden, lieblichen Munde,
Ferne das goldene Korn der Demeter,
Geheimes leidend, fest entschlossen,
Zum Unheilsstrand des Tods zu treiben.

Zweite Strophe

Hat dich mit Wahnsinn geschlagen
Pan? Oder Hekate?
Tatens die Korybanten,
Heilig Geleit der Mutter der Berge?
Oder es trifft dich der Zorn
Jener kretischen Jägerin?
Hast du ihr Opfergaben geschmälert?
Sie verfolgt dich im Festen, im Nassen
Über die Meere
Durch die Strudel der wogenden Salzflut.

Gegenstrophe

Oder es hält deinen Gatten,
Mächtigsten edeln Sproß
Des alten Herrschers Erechtheus,
Heimliches Bündnis fern deinem Lager?
Oder es kam übers Meer,
Aufgebrochen von Kretas Strand,
Schiffer zu unserm so gastlichen Hafen,
Kunde bringend aus ferner Heimat,
Unselige Botschaft,
Die dich erdrückt, dich ans Lager fesselt?

φιλεῖ δὲ τᾷ δυστρόπῳ γυναικῶν   ia^2 cr ba
ἁρμονίᾳ κακὰ   ch ba∧
δύστανος ἀμηχανία συνοικεῖν,   an^2 ba
ὠδίνων τε καὶ ἀφροσύνας.   ∧an^4
δι' ἐμᾶς ᾖξέν ποτε νηδύος ἅδ'   an^4
αὔρα. τὰν δ' εὔλοχον οὐρανίαν   an^4
τόξων μεδέουσαν ἀύτευν   an^4∧
Ἄρτεμιν, καί μοι πολυζήλωτος αἰεὶ   tr^6
σὺν θεοῖσι φοιτᾷ.   cr ba

Χο ἀλλ' ἥδε τροφὸς γεραιὰ πρὸ θυρῶν   an^4
τήνδε κομίζουσ' ἔξω μελάθρων.
στυγνὸν δ' ὀφρύων νέφος αὐξάνεται.
τί ποτ' ἔστι μαθεῖν ἔραται ψυχή.
τί δεδήληται
δέμας ἀλλόχροον βασιλείας;

Τροφός

ὦ κακὰ θνητῶν στυγεραί τε νόσοι.
τί σ' ἐγὼ δράσω; τί δὲ μὴ δράσω;
τόδε σοι φέγγος λαμπρόν, ὅδ' αἰθήρ·
ἔξω δὲ δόμων ἤδη νοσερᾶς
δέμνια κοίτης.
δεῦρο γὰρ ἐλθεῖν πᾶν ἔπος ἦν σοι·
τάχα δ' ἐς θαλάμους σπεύσεις τὸ πάλιν.

Dritte Strophe

Oder gesellt sich auch hier nach der Frauen
Unselig schwankendem Bau
Zur Ohnmacht der Wehen
Die Tollheit der Launen?
Auch meinen Leib hat
Einst der Sturm durchzittert.
Da schrie ich zur Herrin der guten Geburten,
Zur bogenwaltenden himmlischen Jungfrau
Artemis, und immer
Wandelt die Hochverehrte
Unter den gnädigen Göttern.

ERSTE HAUPTSZENE

Ch Da tritt schon die Alte heraus aus dem Tor,
Sie geleitet die Herrin
Hinaus ins Freie.
Wie schattet so dunkel der Braue Gewölk!
Dies Leiden zu wissen, begehrt mein Herz.
Was hat sie zerstört,
Die bleiche Gestalt meiner Herrin?

Phaidra tritt, von der Amme gestützt, aus dem Haus. Dienerinnen tragen eine Kline heraus, auf die sie sich niederläßt

Amme

O der furchtbaren Leiden des Menschengeschlechts!
Was soll ich dir tun? Was nicht dir tun?
Wir trugen dein Bett dir heraus in den Hof,
So freu dich des Lichts und atme die Luft!
„Nichts wie ins Freie!"
So war deine Rede.
Doch treibt es dich bald in die Zimmer zurück.

ταχὺ γὰρ σφάλλῃ κοὐδενὶ χαίρεις,
οὐδέ σ' ἀρέσκει τὸ παρόν, τὸ δ' ἀπὸν
φίλτερον ἡγῇ.
κρεῖσσον δὲ νοσεῖν ἢ θεραπεύειν·
τὸ μέν ἐστιν ἁπλοῦν, τῷ δὲ συνάπτει
λύπη τε φρενῶν χερσίν τε πόνος.
πᾶς δ' ὀδυνηρὸς βίος ἀνθρώπων,
κοὐκ ἔστι πόνων ἀνάπαυσις.
ἀλλ' ὅ τι τοῦ ζῆν φίλτερον ἄλλο
σκότος ἀμπίσχων κρύπτει νεφέλαις.
δυσέρωτες δὴ φαινόμεθ' ὄντες
τοῦδ' ὅ τι τοῦτο στίλβει κατὰ γῆν,
δι' ἀπειροσύνην ἄλλου βιότου
κοὐκ ἀπόδειξιν τῶν ὑπὸ γαίας·
μύθοις δ' ἄλλως φερόμεσθα.

Φαίδρα

αἴρετέ μου δέμας, ὀρθοῦτε κάρα·
λέλυμαι μελέων σύνδεσμα, φίλαι.
λάβετ' εὐπήχεις χεῖρας, πρόπολοι.
βαρύ μοι κεφαλᾶς ἐπίκρανον ἔχειν·
ἄφελ', ἀμπέτασον βόστρυχον ὤμοις.

Τρ θάρσει, τέκνον, καὶ μὴ χαλεπῶς
μετάβαλλε δέμας.
ῥᾷον δὲ νόσον μετά θ' ἡσυχίας
καὶ γενναίου λήματος οἴσεις·
μοχθεῖν δὲ βροτοῖσιν ἀνάγκη.

Φα αἰαῖ·
πῶς ἂν δροσερᾶς ἀπὸ κρηνῖδος

Dem schwankenden Sinne machts keiner zum Dank,
Immer mißfällt dir
Das Nahe. Das Ferne
Ist stets dir lieber.
Ach, eher noch krank als Pflegerin sein!
Der Kranke ist krank; doch dem Wärter gesellt
Zu der Hände Beschwer sich die seelische Pein.
Menschliches Leben:
Ein einziger Jammer,
Ein endloses Leid. Und was soll der Mensch
Außer dem Leben begehren?
Mit dunklen Wolken ist alles verhängt.
Wir lieben betrogenen Herzens das Licht,
Wenn es wirklich hier auf der Erde erglänzt,
Denn wir kennen kein anderes Leben.
Wer gibt uns Gewähr von der drüberen Welt?
Uns täuschen nur schwankende Bilder.

Phaidra

Richtet den Körper mir auf,
Stützet mein Haupt!
Es löst sich, es löst sich
Meiner Glieder Band, meine Lieben.
Fügt die zarten Hände,
Die Arme, ihr Treuen!
Nehmt mir des Schleiertuchs Last von dem Haupte!
Laßt meine Locken die Schultern umfliegen!
Am Ruhe, nur Ruhe, mein Kind!
Nicht wälze im Unmut
Dich hierhin, dich dorthin!
Ruhigen Muts, standhaften Sinns
Trägst dein Übel du leichter.
Leiden ist allen Menschen beschieden.
Pha *sich aufrichtend*
Oh, oh!
Könnt ich den klaren, den kühlenden Trank

καθαρῶν ὑδάτων πῶμ' ἀρυσαίμαν,
ὑπό τ' αἰγείροις ἔν τε κομήτῃ 210
λειμῶνι κλιθεῖσ' ἀναπαυσαίμαν; 211

Τρ τί ποτ', ὦ τέκνον, τάδε κηραίνεις; 223
τί δὲ κρηναίων νασμῶν ἔρασαι; 225
πάρα γὰρ δροσερὰ πύργοις συνεχὴς
κλιτύς, ὅθεν σοι πῶμα γένοιτ' ἄν. 227

Φα πέμπετέ μ' εἰς ὄρος· εἶμι πρὸς ὕλαν 215
καὶ παρὰ πεύκας, ἵνα θηροφόνοι
στείβουσι κύνες
βαλιαῖς ἐλάφοις ἐγχριμπτόμεναι·
πρὸς θεῶν, ἔραμαι κυσὶ θωΰξαι
καὶ παρὰ χαίταν ξανθὰν ῥῖψαι 220
Θεσσαλὸν ὅρπακ', ἐπίλογχον ἔχουσ'
ἐν χειρὶ βέλος. 222

Τρ ὦ παῖ, τί θροεῖς; 212
οὐ μὴ παρ' ὄχλῳ τάδε γηρύσῃ 213
μανίας ἔποχον ῥίπτουσα λόγον; 214

Φα δέσποιν' ἁλίας Ἄρτεμι Λίμνας 228
καὶ γυμνασίων τῶν ἱπποκρότων,
εἴθε γενοίμαν ἐν σοῖς δαπέδοις, 230
πώλους Ἐνέτας δαμαλιζομένα.

Τρ τί τόδ' αὖ παράφρων ἔρριψας ἔπος;
νῦν δὴ μὲν ὄρος βᾶσ' ἐπὶ θήρας
πόθον ἐστέλλου, νῦν δ' αὖ ψαμάθοις
ἐπ' ἀκυμάντοις πώλων ἔρασαι. 235
τάδε μαντείας ἄξια πολλῆς,
ὅστις σε θεῶν ἀνασειράζει

τί κυνηγεσίων καὶ σοὶ μελέτη; 224

Selber aus sprudelnder Quelle schöpfen,
Im Schatten der Pappeln,
Auf blumiger Aue
Hingelagert mich freuen der Ruhe!

Am Wie kommt, mein Kind, dies Gelüsten zu dir?
Was steht nach den sprudelnden Quellen dein Sinn?
Ganz nah an dem Tor ist der schattige Hang;
Da schöpft man aus Brunnen
Leicht deinen Trunk.

Pha *aufspringend*
Zieht in die Berge mit mir! Mich lockt der Wald,
Lockt der Tann, wo die gierige Meute
Jagender Hunde
Sich an die Ferse
Scheckigen Rehes heftet.
Gott, wie verlangt mich, die Hunde zu hetzen!
Am blonden Gelocke vorbei mit erhobener
Hand das spitze Geschoß zu entsenden,
Thessalischen Speer!

Am Mein Kind, nicht so laut!
Daß von den Leuten nur
Keiner es hört, dies Wort,
Das den sinnverstörten
Lippen entflohen!

Pha *stürmisch bewegt*
Artemis, Herrin der Rennbahn am Meere,
Die vom Stampfen der Rosse erdröhnt,
O wär ich auf deinem sandigen Boden,
Wie wollt ich die prächtigen Fohlen tummeln!

Am Schon wieder entfahren dir Worte des Wahnes!
Kaum trieb dich die Sehnsucht hinauf in die Berge
Zur Jagd, so steht dir
Schon der Sinn
Nach der wogengeschützten, der sandigen Rennbahn.
Große Seherkunst muß dies ergründen:
Welcher der Götter dich aus der Bahn reißt,

καὶ παρακόπτει φρένας, ὦ παῖ.

Φα δύστηνος ἐγώ, τί ποτ' εἰργασάμην;
ποῖ παρεπλάγχθην γνώμης ἀγαθῆς;
ἐμάνην, ἔπεσον δαίμονος ἄτῃ.
φεῦ φεῦ, τλήμων.
μαῖα, πάλιν μου κρύψον κεφαλήν,
αἰδούμεθα γὰρ τὰ λελεγμένα μοι.
κρύπτε· κατ' ὄσσων δάκρυ μοι βαίνει,
καὶ ἐπ' αἰσχύνην ὄμμα τέτραπται.
τὸ γὰρ ὀρθοῦσθαι γνώμην ὀδυνᾷ·
τὸ δὲ μαινόμενον κακόν· ἀλλὰ κρατεῖ
μὴ γιγνώσκοντ' ἀπολέσθαι.

Τρ κρύπτω· τὸ δ' ἐμὸν πότε δὴ θάνατος
σῶμα καλύψει;
πολλὰ διδάσκει μ' ὁ πολὺς βίοτος·
χρῆν γὰρ μετρίας εἰς ἀλλήλους
φιλίας θνητοὺς ἀνακίρνασθαι
καὶ μὴ πρὸς ἄκρον μυελὸν ψυχῆς,
εὔλυτα δ' εἶναι στέργηθρα φρενῶν
ἀπό τ' ὤσασθαι καὶ ξυντεῖναι.
τὸ δ' ὑπὲρ δισσῶν μίαν ὠδίνειν
ψυχὴν χαλεπὸν βάρος, ὡς κἀγὼ
τῆσδ' ὑπεραλγῶ.
βιότου δ' ἀτρεκεῖς ἐπιτηδεύσεις
φασὶ σφάλλειν πλέον ἢ τέρπειν
τῇ θ' ὑγιείᾳ μᾶλλον πολεμεῖν.
οὕτω τὸ λίαν ἧσσον ἐπαινῶ
τοῦ μηδὲν ἄγαν·
καὶ ξυμφήσουσι σοφοί μοι.

Χο γύναι γεραιά, βασιλίδος πιστὴ τροφέ, ia^6

Dir deinen Sinn
Wirrt, mein Kind.
Pha *sich niederlassend*
Ich Unglücksfrau, was hab ich getan!
Aus der ruhigen Bahn
Wohin mich verirrt!
Vom Gott geblendet, gestürzt, verwirrt!
Weh mir unseligster Frau!
Mütterchen, hülle mir wieder das Haupt!
Scham verzehrt mich ob meinen Reden.
Decke mich zu, aus den Augen
Stürzt mir die Träne
Und vor Schande
Birgt sich der Blick.
Kehrt die Besinnung,
Zuckt der Schmerz;
Der Wahnsinn ist furchtbar: doch besser sterben,
Bevor die Einsicht zurückkehrt.
Am Laß dich bedecken! Wann wird gnädig der Tod
Mich selber verhüllen?
Ein langes Leben hat viel mich gelehrt:
Es sollen die Menschen in maßvolle Freundschaft
Nur sich begeben,
Nicht bis zum innersten Mark
Sich entflammen.
Leichtes Band nur vereine die Seelen,
Leicht zu knüpfen, leicht zu lösen.
Daß eine Seele für beide leidet,
Ist schwerste Last, mich
Drückt sie zu Boden.
Überspanntes Mühen schafft mehr Leid wie Lust,
Höhlt die Kraft aus. Das Zuviel hat
Nicht mein Lob, vielmehr
Das Gleichmaß.
Darin bestärken mich weise Männer.
Chf Getreue alte Amme unsrer Königin,

Φαίδρας ὁρῶμεν τάσδε δυστήνους τύχας,
ἄσημα δ' ἡμῖν ἥτις ἐστὶν ἡ νόσος·
σοῦ δ' ἂν πυθέσθαι καὶ κλύειν βουλοίμεθ' ἄν.
Τρ οὐκ οἶδ' ἐλέγχους· οὐ γὰρ ἐννέπειν θέλει.
Χο οὐδ' ἥτις ἀρχὴ τῶνδε πημάτων ἔφυ;
Τρ ἐς ταὐτὸν ἥκεις· πάντα γὰρ σιγᾷ τάδε.
Χο ὡς ἀσθενεῖ τε καὶ κατέξανται δέμας.
Τρ πῶς δ' οὔ, τριταίαν γ' οὖσ' ἄσιτος ἡμέραν;
Χο πότερον ὑπ' ἄτης ἢ θανεῖν πειρωμένη;
Τρ θανεῖν· ἀσιτεῖ γ' εἰς ἀπόστασιν βίου.
Χο θαυμαστὸν εἶπας, εἰ τάδ' ἐξαρκεῖ πόσει.
Τρ κρύπτει γὰρ ἥδε πῆμα κοὔ φησιν νοσεῖν.
Χο ὁ δ' ἐς πρόσωπον οὐ τεκμαίρεται βλέπων;
Τρ ἔκδημος ὢν γὰρ τῆσδε τυγχάνει χθονός.
Χο σὺ δ' οὐκ ἀνάγκην προσφέρεις, πειρωμένη
νόσον πυθέσθαι τῆσδε καὶ πλάνον φρενῶν;
Τρ ἐς πάντ' ἀφῖγμαι κοὐδὲν εἴργασμαι πλέον·
οὐ μὴν ἀνήσω γ' οὐδὲ νῦν προθυμίας,
ὡς ἂν παροῦσα καὶ σύ μοι ξυμμαρτυρῇς
οἵα πέφυκα δυστυχοῦσι δεσπόταις.

ἄγ', ὦ φίλη παῖ, τῶν πάροιθε μὲν λόγων
λαθώμεθ' ἄμφω, καὶ σύ θ' ἡδίων γενοῦ
στυγνὴν ὀφρὺν λύσασα καὶ γνώμης ὁδόν,
ἐγώ θ', ὅπῃ σοι μὴ καλῶς τόθ' εἱπόμην,
μεθεῖσ' ἐπ' ἄλλον εἶμι βελτίω λόγον.
κεἰ μὲν νοσεῖς τι τῶν ἀπορρήτων κακῶν,
γυναῖκες αἵδε συγκαθιστάναι νόσον·
εἰ δ' ἔκφορός σοι συμφορὰ πρὸς ἄρσενας,
λέγ', ὡς ἰατροῖς πρᾶγμα μηνυθῇ τόδε.
εἶέν· τί σιγᾷς; οὐκ ἐχρῆν σιγᾶν, τέκνον,
ἀλλ' ἤ μ' ἐλέγχειν, εἴ τι μὴ καλῶς λέγω,
ἢ τοῖσιν εὖ λεχθεῖσι συγχωρεῖν λόγοις.
φθέγξαι τι, δεῦρ' ἄθρησον. – ὦ τάλαιν' ἐγώ,
γυναῖκες, ἄλλως τούσδε μοχθοῦμεν πόνους,
ἴσον δ' ἄπεσμεν τῷ πρίν· οὔτε γὰρ τότε

Wie furchtbar seh ich Phaidra heimgesucht!
Doch scheint mir ihre Krankheit rätselhaft.
Sag du uns, was dies Leid bedeuten soll!
Am Ich kann es nicht erforschen, sie enthüllt es nicht.
Chf Auch wie das Übel ausbrach, weiß man nicht?
Am Das gleiche Schweigen breitet sie auch über dies.
Chf Wie schwach, wie abgezehrt ist dieser Leib!
Am Der schon drei Tage ohne Nahrung blieb!
Chf Ist sie von Sinnen? Plant sie ihren Tod?
Am Der Tod ist der Enthaltung klares Ziel.
Chf Nie läßt ihr Gatte solche Tat geschehn!
Am Sie hehlt ihr Leiden, spricht ihm nie davon.
Chf Bringt nicht ihr Anblick alles an den Tag?
Am Schon viele Tage ist der König außer Lands.
Chf Und kannst dus nicht erzwingen, suchst du nie
Die Krankheit zu ergründen, den verwirrten Sinn?
Am Jed Mittel ward versucht, kein Ziel erreicht.
Doch laß ich nicht von meinem Eifer ab.
Seid selber Zeuge, hört es selbst mit an,
Wie schwer mich meiner Herrschaft Leid bedrückt.

zu Phaidra

Mein liebes Kind, was vorher wir gesagt,
Sei ganz vergessen! Du wirst sanfter sein,
Die Stirn entwölken, ändern deinen Sinn.
Und ich will deinem Denken treuer folgen,
Dir bessre Worte geben als zuvor.
Hast du ein Leiden, das man scheu verbirgt:
Die Frauen stehn zur Hilfe treu bereit.
Verträgt die Krankheit eines Mannes Ohr,
So sprich und Ärzten machen wir sie kund. –
O weh! Du schweigst. Das solltest du nicht tun,
Sollst lieber sagen, was mein Wort verfehlt,
Und wenn es nicht gefehlt, ihm folgsam sein.
Sprich doch ein Wort! Blick auf mich Ärmste! – Ach!
Fruchtlose Müh, ihr Fraun! Kein Schritt zum Ziel!

λόγοις ἐτέγγεθ' ἥδε νῦν τ' οὐ πείθεται.
ἀλλ' ἴσθι μέντοι – πρὸς τάδ' αὐθαδεστέρα
γίγνου θαλάσσης – εἰ θανῇ, προδοῦσα σοὺς
παῖδας πατρῴων μὴ μεθέξοντας δόμων,
μὰ τὴν ἄνασσαν ἱππίαν Ἀμαζόνα,
ἣ σοῖς τέκνοισι δεσπότην ἐγείνατο
νόθον φρονοῦντα γνήσι', οἶσθά νιν καλῶς,
Ἱππόλυτον
Φα οἴμοι.
Τρ θιγγάνει σέθεν τόδε;
Φα ἀπώλεσάς με, μαῖα, καί σε πρὸς θεῶν
τοῦδ' ἀνδρὸς αὖθις λίσσομαι σιγᾶν πέρι.
Τρ ὁρᾷς; φρονεῖς μὲν εὖ, φρονοῦσα δ' οὐ θέλεις
παῖδάς τ' ὀνῆσαι καὶ σὸν ἐκσῶσαι βίον.
Φα φιλῶ τέκν'· ἄλλῃ δ' ἐν τύχῃ χειμάζομαι.
Τρ ἁγνὰς μέν, ὦ παῖ, χεῖρας αἵματος φορεῖς;
Φα χεῖρες μὲν ἁγναί, φρὴν δ' ἔχει μίασμά τι.
Τρ μῶν ἐξ ἐπακτοῦ πημονῆς ἐχθρῶν τινος;
Φα φίλος μ' ἀπόλλυσ' οὐχ ἑκοῦσαν οὐχ ἑκών.
Τρ Θησεύς τιν' ἡμάρτηκεν ἐς σ' ἁμαρτίαν;
Φα μὴ δρῶσ' ἔγωγ' ἐκεῖνον ὀφθείην κακῶς.
Τρ τί γὰρ τὸ δεινὸν τοῦθ' ὅ σ' ἐξαίρει θανεῖν;
Φα ἔα μ' ἁμαρτεῖν· οὐ γὰρ ἐς σὲ ἁμαρτάνω.

Τρ οὐ δῆθ' ἑκοῦσά γ', ἐν δὲ σοὶ λελείψομαι.
Φα τί δρᾷς; βιάζῃ χειρὸς ἐξαρτωμένη;
Τρ καὶ σῶν γε γονάτων, κοὐ μεθήσομαί ποτε.
Φα κάκ', ὦ τάλαινα, σοὶ τάδ', εἰ πεύσῃ, κακά.
Τρ μεῖζον γὰρ ἢ σοῦ μὴ τυχεῖν τί μοι κακόν;
Φα ὀλῇ· τὸ μέντοι πρᾶγμ' ἐμοὶ τιμὴν φέρει.
Τρ κἄπειτα κρύπτεις χρήσθ' ἱκνουμένης ἐμοῦ;
Φα ἐκ τῶν γὰρ αἰσχρῶν ἐσθλὰ μηχανώμεθα.
Τρ οὐκοῦν λέγουσα τιμιωτέρα φανῇ.
Φα ἄπελθε πρὸς θεῶν δεξιᾶς τ' ἐμῆς μέθες.
Τρ οὐ δῆτ', ἐπεί μοι δῶρον οὐ δίδως ὃ χρῆν.
Φα δώσω· σέβας γὰρ χειρὸς αἰδοῦμαι τὸ σόν.

Wie vordem bleibt sie meinen Reden taub.
Doch wisse: deine Kinder – und jetzt bleibe hart
Wie stummes Meer! – verrätst du, wenn du stirbst,
Und gibst sie völlig der Enterbung preis!
Die Amazone, jene Reiterfürstin, ach,
Gebar sie deinen Söhnen nicht den künftgen Herrn?
Den hochgesinnten Bastard, den du kennst,
Hippolytos? ...
Pha Wehe!
Am Greift dir das ans Herz?
Pha Ich bin des Todes, Mutter! Ich beschwöre dich,
Nimm nie mehr diesen Namen in den Mund!
Am Sieh, wie du mich verstehst! Nun kommst du zur Vernunft,
Mußt für die Kinder sorgen, darfst nicht untergehn.
Pha Die armen Kinder! Doch mich schüttelt andrer Sturm.
Am Es klebt an deiner Hand doch kein vergossnes Blut?
Pha Die Hand ist rein, doch ist der Sinn befleckt.
Am Das hat ein Zauber, hat ein Feind getan!
Pha Ein Freund verdirbt mich, weiß nicht, was er tut.
Am Hat König Theseus gegen dich gefehlt?
Pha O stünd *ich* schuldbeladen nie vor *ihm*!
Am Welch andres Unheil treibt dich in den Tod?
Pha Dir tat ich nichts zuleid, so laß mich! geh!
Am *fällt ihr zu Füßen*
Nur wenn ich muß. Mein Platz ist stets bei dir.
Pha Was hast du? Hältst du meine Hände fest?
Am Und deine Kniee. Niemals laß ich dich.
Pha Leid brächte dir die Rede! bittres Leid!
Am Gibts schlimmres Leid als ausgestoßen sein?
Pha Es wird dich töten – mich entehrt es nicht.
Am Ists ehrbar, hehl es nicht der Bittenden!
Pha Nur mein Verstummen gibt ihm seinen Wert.
Am Es steigt ein Wert, wenn man ihn offenbart.
Pha Geh jetzt, bei Gott! Laß endlich meine Hand!
Am Nicht eh dem Bettler seine Gabe ward!
Pha Seis drum! Nie stieß ich Bettlers Hand zurück.

Τρ σιγῷμ' ἂν ἤδη· σὸς γὰρ οὑντεῦθεν λόγος.
Φα ὦ τλῆμον, οἷον, μῆτερ, ἠράσθης ἔρον.
Τρ ὃν ἔσχε ταύρου, τέκνον, ἢ τί φῂς τόδε;
Φα σύ τ', ὦ τάλαιν' ὅμαιμε, Διονύσου δάμαρ.
Τρ τέκνον, τί πάσχεις; συγγόνους κακορροθεῖς;
Φα τρίτη δ' ἐγὼ δύστηνος ὡς ἀπόλλυμαι.
Τρ ἔκ τοι πέπληγμαι· ποῖ προβήσεται λόγος;
Φα ἐκεῖθεν ἡμεῖς, οὐ νεωστί, δυστυχεῖς.
Τρ οὐδέν τι μᾶλλον οἶδ' ἃ βούλομαι κλύειν.
Φα φεῦ·
πῶς ἂν σύ μοι λέξειας ἁμὲ χρὴ λέγειν;
Τρ οὐ μάντις εἰμὶ τἀφανῆ γνῶναι σαφῶς.
Φα τί τοῦθ', ὃ δὴ λέγουσιν ἀνθρώπους, ἐρᾶν;
Τρ ἥδιστον, ὦ παῖ, ταὐτὸν ἀλγεινόν θ' ἅμα.
Φα ἡμεῖς ἂν εἶμεν θατέρῳ κεχρημένοι.
Τρ τί φῄς; ἐρᾷς, ὦ τέκνον; ἀνθρώπων τίνος;
Φα ὅστις ποθ' οὗτός ἐσθ', ὁ τῆς Ἀμαζόνος
Τρ Ἱππόλυτον αὐδᾷς;
Φα σοῦ τάδ', οὐκ ἐμοῦ κλύεις.
Τρ οἴμοι, τί λέξεις, τέκνον; ὥς μ' ἀπώλεσας.
γυναῖκες, οὐκ ἀνασχέτ'· οὐκ ἀνέξομαι
ζῶσ'· ἐχθρὸν ἦμαρ, ἐχθρὸν εἰσορῶ φάος.
ῥίψω μεθήσω σῶμ', ἀπαλλαχθήσομαι
βίου θανοῦσα· χαίρετ'· οὐκέτ' εἴμ' ἐγώ.
οἱ σώφρονες γὰρ οὐχ ἑκόντες, ἀλλ' ὅμως
κακῶν ἐρῶσι. Κύπρις οὐκ ἄρ' ἦν θεός,
ἀλλ' εἴ τι μεῖζον ἄλλο γίγνεται θεοῦ,
ἣ τήνδε κἀμὲ καὶ δόμους ἀπώλεσεν.

Χο ἄιες ὤ, ἔκλυες ὤ, cr^2 στρ.
ἀνήκουστα τᾶς do
τυράννου πάθεα μέλεα θρεομένας; do^2

Am Nun schweig ich stille, nun hast du das Wort.
Pha O meiner ärmsten Mutter Liebesglut!
Am Du sprichst vom Stier, mein Kind, den sie begehrt?
Pha Dionysos' Gattin, ärmstes Schwesterherz!
Am Mein Kind, was ist dir? Schmäh nicht dein Geschlecht!
Pha Ich ärmste Dritte bin dem Tod geweiht.
Am Was soll noch folgen? Grauen faßt mich an.
Pha Dorther stammt unser Elend, altes Stammesleid.
Am O laß mich endlich wissen, was ich muß!
Pha Wehe!
Sag dus an meiner Stelle! Ich vermag es nicht.
Am Ich bin kein Seher, der Verborgnes sieht.
Pha Was ist das, was man Liebesleidenschaft benennt?
Am Das Süßeste, mein Kind, und doch zugleich so herb.
Pha Mir wurde nur die Bitterkeit vertraut.
Am Was muß ich hören? Kind! Wer hat dein Herz entflammt?
Pha Frag nach dem Namen nicht! – Der Amazone Sohn...
Am Sag nicht: Hippolytos.
Pha Du sprachst dieses Wort, nicht ich.
Am O sprich nicht weiter, Kind! Schon dieses ist mein Tod.
Ihr Fraun! So Unerhörtes überleb ich nicht.
Verhaßt ist mir der Tag, verhaßt der Sonne Schein.
Ich spring vom Felsen, werf mein Leben weg.
Lebt wohl, ich sterbe, denn die Edlen selbst
Ziehts gegen ihren Willen, mit Gewalt,
Zum Übel. Kypris (wenn dies möglich ist)
Ist mehr noch als ein Gott. Sie hat die Königin,
Hat mich, hat dieses ganze Haus zu Fall gebracht.

Chor

(Strophe zu Vers 669ff.)

Hast du gehört,
Hast du vernommen
Unerhörte,
Traurige, klagende Worte der Herrin?

ὀλοίμαν ἔγωγε, πρὶν σᾶν, φίλα, do^2
κατανύσαι φρενῶν. ἰώ μοι, φεῦ φεῦ. do^2
ὦ τάλαινα τῶνδ' ἀλγέων· cr do
ὦ πόνοι τρέφοντες βροτούς. cr do
ὄλωλας, ἐξέφηνας ἐς φάος κακά. ia^6
τίς σε παναμέριος ὅδε χρόνος μένει; do^2
τελευτάσεταί τι καινὸν δόμοις. do^2
ἄσημα δ' οὐκέτ' ἐστὶν οἷ φθίνει τύχα ia^6
Κύπριδος, ὦ τάλαινα παῖ Κρησία. do^2
Φα Τροζήνιαι γυναῖκες, αἳ τόδ' ἔσχατον
οἰκεῖτε χώρας Πελοπίας προνώπιον,
ἤδη ποτ' ἄλλως νυκτὸς ἐν μακρῷ χρόνῳ
θνητῶν ἐφρόντισ' ᾗ διέφθαρται βίος.
καί μοι δοκοῦσιν οὐ κατὰ γνώμης φύσιν
πράσσειν κάκιον· ἔστι γὰρ τό γ' εὖ φρονεῖν
πολλοῖσιν· ἀλλὰ τῇδ' ἀθρητέον τόδε·
τὰ χρήστ' ἐπιστάμεσθα καὶ γιγνώσκομεν,
οὐκ ἐκπονοῦμεν δ', οἱ μὲν ἀργίας ὕπο,
οἱ δ' ἡδονὴν προθέντες ἀντὶ τοῦ καλοῦ
ἄλλην τιν'. εἰσὶ δ' ἡδοναὶ πολλαὶ βίου,
μακραί τε λέσχαι καὶ σχολή, τερπνὸν κακόν,
αἰδώς τε. δισσαὶ δ' εἰσίν, ἡ μὲν οὐ κακή,
ἡ δ' ἄχθος οἴκων. εἰ δ' ὁ καιρὸς ἦν σαφής,
οὐκ ἂν δύ' ἤστην ταὔτ' ἔχοντε γράμματα.
ταῦτ' οὖν ἐπειδὴ τυγχάνω φρονοῦσ' ἐγώ,
οὐκ ἔσθ' ὁποίῳ φαρμάκῳ διαφθερεῖν
ἔμελλον, ὥστε τοὔμπαλιν πεσεῖν φρενῶν.
λέξω δὲ καὶ σοὶ τῆς ἐμῆς γνώμης ὁδόν·
ἐπεί μ' ἔρως ἔτρωσεν, ἐσκόπουν ὅπως
κάλλιστ' ἐνέγκαιμ' αὐτόν. ἠρξάμην μὲν οὖν
ἐκ τοῦδε, σιγᾶν τήνδε καὶ κρύπτειν νόσον.
γλώσσῃ γὰρ οὐδὲν πιστόν, ἣ θυραῖα μὲν
φρονήματ' ἀνδρῶν νουθετεῖν ἐπίσταται,
αὐτὴ δ' ὑφ' αὑτῆς πλεῖστα κέκτηται κακά.
τὸ δεύτερον δὲ τὴν ἄνοιαν εὖ φέρειν
τῷ σωφρονεῖν νικῶσα προυνοησάμην.

Ach, lieber tot als so ganz von Sinnen
Wie diese Fürstin. O wehe, o weh!
Schwer befällt sie dieses Unheil.
Leid umhegt die Menschen.
Du bist verloren, seit du dies ans Licht gebracht.
Tag für Tag lauern jetzt die Stunden.
Neues zieht herauf über das Haus.
Überdeutlich zeichnet Kypris den Pfad
Des Unheils, ärmste Kreterin.

Pha Ihr Frauen von Trözene, die ihr hier
Am Eingangstor der Pelopsinsel wohnt,
Schon oft bedachte ich in langer Nacht,
Was unser Menschendasein so verdirbt,
Und ich erkannte: nicht der Unverstand
Ist Wurzel alles Übels – an der Einsicht fehlts
Den meisten nicht, ganz anders liegt der Grund:
Was recht ist, sehen wir und wissen wir
Und tun es doch nicht, seis aus Lässigkeit,
Seis, weil die Lust des schönen Augenblicks
Das gute Werk verdrängt. Und schlimmste Übel sind:
Das, ach, so allbeliebte müßige Geschwätz
Und falsche Scham. Es gibt auch gute, echte Scham,
Und spräche jederzeit die innre Stimme klar,
Wir gäben nicht den gleichen Namen diesen zwei.
All dies erkannt ich und kein Zaubermittel kann
Mir dieses rauben, diesem Glauben mich entziehn! –
Nun weih ich euch in mein geheimstes Denken ein.
Als Leidenschaft mich anfiel, suchte ich mein Los
Mit Würde zu ertragen. Ganz verstummen war
Das erste; keiner durfte diese Krankheit sehn.
Der Zunge traut man nicht; sie meistert zwar geschickt
Den fremden Sinn, doch richtet sie sich selbst zugrund.
Und ich beschloß als zweites: die Vernunft
Muß immer siegen über dumpfen Trieb.

τρίτον δ', ἐπειδὴ τοισίδ' οὐκ ἐξήνυτον
Κύπριν κρατῆσαι, κατθανεῖν ἔδοξέ μοι,
κράτιστον, οὐδεὶς ἀντερεῖ, βουλευμάτων.
ἐμοὶ γὰρ εἴη μήτε λανθάνειν καλὰ
μήτ' αἰσχρὰ δρώσῃ μάρτυρας πολλοὺς ἔχειν.
τὸ δ' ἔργον ᾔδη τὴν νόσον τε δυσκλεᾶ,
γυνή τε πρὸς τοῖσδ' οὖσ' ἐγίγνωσκον καλῶς,
μίσημα πᾶσιν. ὡς ὄλοιτο παγκάκως
ἥτις πρὸς ἄνδρας ἤρξατ' αἰσχύνειν λέχη
πρώτη θυραίους. ἐκ δὲ γενναίων δόμων
τόδ' ἦρξε θηλείαισι γίγνεσθαι κακόν.
ὅταν γὰρ αἰσχρὰ τοῖσιν ἐσθλοῖσιν δοκῇ,
ἦ κάρτα δόξει τοῖς κακοῖς γ' εἶναι καλά.
μισῶ δὲ καὶ τὰς σώφρονας μὲν ἐν λόγοις,
λάθρᾳ δὲ τόλμας οὐ καλὰς κεκτημένας.
αἳ πῶς ποτ', ὦ δέσποινα ποντία Κύπρι,
βλέπουσιν ἐς πρόσωπα τῶν ξυνευνετῶν
οὐδὲ σκότον φρίσσουσι τὸν ξυνεργάτην
τέραμνά τ' οἴκων μή ποτε φθογγὴν ἀφῇ;
ἡμᾶς γὰρ αὐτὸ τοῦτ' ἀποκτείνει, φίλαι,
ὡς μήποτ' ἄνδρα τὸν ἐμὸν αἰσχύνασ' ἁλῶ,
μὴ παῖδας οὓς ἔτικτον· ἀλλ' ἐλεύθεροι
παρρησίᾳ θάλλοντες οἰκοῖεν πόλιν
κλεινῶν Ἀθηνῶν, μητρὸς οὕνεκ' εὐκλεεῖς.
δουλοῖ γὰρ ἄνδρα, κἂν θρασύσπλαγχνός τις ᾖ,
ὅταν ξυνειδῇ μητρὸς ἢ πατρὸς κακά.
μόνον δὲ τοῦτό φασ' ἁμιλλᾶσθαι βίῳ,
γνώμην δικαίαν κἀγαθήν, ὅτῳ παρῇ.
κακοὺς δὲ θνητῶν ἐξέφην', ὅταν τύχῃ,
προθεὶς κάτοπτρον ὥστε παρθένῳ νέᾳ
χρόνος· παρ' οἷσι μήποτ' ὀφθείην ἐγώ.
Χο φεῦ φεῦ· τὸ σῶφρον ὡς ἁπανταχοῦ καλὸν
καὶ δόξαν ἐσθλὴν ἐν βροτοῖς καρπίζεται.
Τρ δέσποιν', ἐμοί τοι συμφορὰ μὲν ἀρτίως
ἡ σὴ παρέσχε δεινὸν ἐξαίφνης φόβον·
νῦν δ' ἐννοοῦμαι φαῦλος οὖσα· κἀν βροτοῖς

Zuletzt beschloß ich, da der Sterbliche
Nicht über Kypris triumphieren kann, den Tod,
Das sicherste der Mittel! Leugnets nicht!
Man will nicht heimlich ehrbar sein und will erst recht
Auch nicht vor vielen Zeugen Unrecht tun.
Das Tun war ehrlos und das Leiden auch.
Zutiefst empfand ich, daß ich nur ein Weib,
Und Weiber haßt man. Jene sei verflucht,
Die erstmals Ehebruch mit Fremden pflog.
Aus edlen Häusern brach dies Unheil auf
Und brachte Unheil auf die Frauenwelt;
Denn dulden schon die Großen solchen Schimpf,
So nennt die Menge bald das Schlechte gut.
Wie haß ich auch die Frauen, die mit Worten fromm,
Doch heimlich voller übler Taten sind.
Wie können sie, o Kypris, Meeresherrscherin,
Den Ehemännern in die Augen sehn
Und nicht das Dunkel fürchten, das die Tat bezeugt,
Des Hauses Wand, die plötzlich sprechen kann?
Denn dieses, meine Lieben, treibt mich in den Tod,
Daß ich dem Gatten keine Schande bringen darf
Noch meinen Söhnen. Freie Männer sollen sie
Athens berühmte Mauern zieren, ohne Furcht,
Von keiner Mutter Schande je befleckt.
Das macht den kühnsten Mann zum Sklavensohn,
Wenn Makel er an seinen Eltern kennt.
Dies eine steht dem Leben noch an Wert voran:
Daß uns ein guter Ruf, gerechtes Urteil ziert.
Den schlechten Mann entlarvt, wenn es sich trifft, die Zeit;
Wie einem Mädchen hält sie ihm den Spiegel vor.
Mit solchen möcht ich nie gesehen sein.

Chf Wie wahr! Der edle Sinn bewährt sich stets
Und erntet auf der Welt den guten Ruf.

Am Geliebte Herrin, vorhin hat dein Mißgeschick
Mir plötzlich schweren Schrecken eingejagt.
Nun merk ich, wie ich fehlte. Ach, das zweitemal

αἱ δεύτεραί πως φροντίδες σοφώτεραι.
οὐ γὰρ περισσὸν οὐδὲν οὐδ' ἔξω λόγου
πέπονθας· ὀργαὶ δ' ἐς σ' ἀπέσκηψαν θεᾶς.
ἐρᾷς· τί τοῦτο θαῦμα; σὺν πολλοῖς βροτῶν.
κἄπειτ' ἔρωτος οὕνεκα ψυχὴν ὀλεῖς;
οὔ τἄρα λύει τοῖς ἐρῶσι τῶν πέλας,
ὅσοι τε μέλλουσ', εἰ θανεῖν αὐτοὺς χρεών·
Κύπρις γὰρ οὐ φορητός, ἢν πολλὴ ῥυῇ·
ἣ τὸν μὲν εἴκονθ' ἡσυχῇ μετέρχεται,
ὃν δ' ἂν περισσὸν καὶ φρονοῦνθ' εὕρῃ μέγα,
τοῦτον λαβοῦσα – πῶς δοκεῖς; – καθύβρισεν.
φοιτᾷ δ' ἀν' αἰθέρ', ἔστι δ' ἐν θαλασσίῳ
κλύδωνι Κύπρις, πάντα δ' ἐκ ταύτης ἔφυ·
ἥδ' ἐστὶν ἡ σπείρουσα καὶ διδοῦσ' ἔρον,
οὗ πάντες ἐσμὲν οἱ κατὰ χθόν' ἔγγονοι.
ὅσοι μὲν οὖν γραφάς τε τῶν παλαιτέρων
ἔχουσιν αὐτοί τ' εἰσὶν ἐν μούσαις ἀεί,
ἴσασι μὲν Ζεὺς ὥς ποτ' ἠράσθη γάμων
Σεμέλης, ἴσασι δ' ὡς ἀνήρπασέν ποτε
ἡ καλλιφεγγὴς Κέφαλον ἐς θεοὺς Ἕως
ἔρωτος εἵνεκ'· ἀλλ' ὅμως ἐν οὐρανῷ
ναίουσι κοὐ φεύγουσιν ἐκποδὼν θεούς,
στέργουσι δ', οἶμαι, ξυμφορᾷ νικώμενοι.
σὺ δ' οὐκ ἀνέξῃ; χρῆν σ' ἐπὶ ῥητοῖς ἄρα
πατέρα φυτεύειν, ἢ 'πὶ δεσπόταις θεοῖς
ἄλλοισιν, εἰ μὴ τούσδε γε στέρξεις νόμους.
πόσους δοκεῖς δὴ κάρτ' ἔχοντας εὖ φρενῶν
νοσοῦνθ' ὁρῶντας λέκτρα μὴ δοκεῖν ὁρᾶν;
πόσους δὲ παισὶ πατέρας ἡμαρτηκόσι
συνεκκομίζειν Κύπριν; ἐν σοφοῖσι γὰρ
τάδ' ἐστὶ θνητῶν, λανθάνειν τὰ μὴ καλά.
οὐδ' ἐκπονεῖν τοι χρὴ βίον λίαν βροτούς·
οὐδ' ἂν στέγην γὰρ ἧς κατηρεφεῖς δόμοι
καλῶς ἀκριβώσειαν· ἐς δὲ τὴν τύχην
πεσοῦσ' ὅσην σὺ πῶς ἂν ἐκνεῦσαι δοκεῖς;
ἀλλ', εἰ τὰ πλείω χρηστὰ τῶν κακῶν ἔχεις,

Urteilen alle klüger als zuerst.
Nichts Ungewohntes, Unerhörtes fiel dich an,
Es traf die Göttin dich mit ihrem Blitz.
Mit vielen teilst du solche Leidenschaft,
Und ihretwegen gehst du in den Tod?
Sind alle Liebenden der Gegenwart
Und Zukunft diesem raschen Tod geweiht?
Ein starker, wilder Strom kann Kypris sein;
Wer sich ihr schmiegt, den trägt sie ruhig fort,
Doch wen sie stolz und überheblich findet,
Den faßt sie, wirbelt jählings ihn hinab.
Sie wandelt durch die Lüfte; in der Meeresflut
Ist sie zugegen; jedes Wesen stammt aus ihr.
Sie ist die Zeugung, wirkt den Liebestrieb,
Dem jedes Leben dieser Welt entspringt.
Wer Bücher über jene alte Welt besitzt,
Wer selber mit den Musen lebt und sinnt,
Der weiß, daß Zeus der Semele genaht
In Liebesglut, und daß den Kephalos
Die helle Eos zu den Göttern weggerafft
In gleicher Flamme; und doch wohnen sie
Friedlich zusammen mit den Göttern im Olymp,
Mit ihrem Liebeslose ganz versöhnt.
Du kannst das nicht? Dein Vater hat dich nicht
Mit Sonderrecht gezeugt, in andrer Götter Reich!
So füge dieser Welt und ihrem Lauf dich ein!
Wieviele kluge Männer sehn der Frauen Bett
Verwirrt und tun, als sähen sie es nicht?
Wie mancher Vater bringt des Kindes Liebesnot
Zum guten Ende? Bei den Klugen gilt
Der Brauch, daß Schimpfliches verborgen bleibt.
Man nehme doch das Leben nicht so haargenau,
Wo doch schon keines Daches Winkel ganz
Dem Lot genügt. Man schwimmt nicht mehr ans Land,
Wenn man in Strudels Mitte treibt wie du.
Da doch dein Gutes weit das Schlimme überwiegt,

ἄνθρωπος οὖσα, κάρτα γ' εὖ πράξειας ἄν.
ἀλλ', ὦ φίλη παῖ, λῆγε μὲν κακῶν φρενῶν,
λῆξον δ' ὑβρίζουσ'· οὐ γὰρ ἄλλο πλὴν ὕβρις
τάδ' ἐστί, κρείσσω δαιμόνων εἶναι θέλειν·
τόλμα δ' ἐρῶσα· θεὸς ἐβουλήθη τάδε.
Χο Φαίδρα, λέγει μὲν ἥδε χρησιμώτερα
πρὸς τὴν παροῦσαν ξυμφοράν, αἰνῶ δὲ σέ.
ὁ δ' αἶνος οὗτος δυσχερέστερος λόγων
τῶν τῆσδε καὶ σοὶ μᾶλλον ἀλγίων κλύειν.
Φα τοῦτ' ἔσθ' ὃ θνητῶν εὖ πόλεις οἰκουμένας
δόμους τ' ἀπόλλυσ', οἱ καλοὶ λίαν λόγοι.
οὐ γὰρ τὰ τοῖσιν ὠσὶ τερπνὰ χρὴ λέγειν,
ἀλλ' ἐξ ὅτου τις εὐκλεὴς γενήσεται.
Τρ τί σεμνομυθεῖς; οὐ λόγων εὐσχημόνων
δεῖ σ', ἀλλὰ τἀνδρός. ὡς τάχος διοιστέον,
τὸν εὐθὺν ἐξειπόντας ἀμφὶ σοῦ λόγον.
εἰ μὲν γὰρ ἦν σοι μὴ 'πὶ συμφοραῖς βίος
τοιαῖσδε, σώφρων δ' οὖσ' ἐτύγχανες γυνή,
οὐκ ἄν ποτ' εὐνῆς οὕνεχ' ἡδονῆς τε σῆς
προσῆγον ἄν σε δεῦρο· νῦν δ' ἀγὼν μέγας
σῶσαι βίον σόν, κοὐκ ἐπίφθονον τόδε.
Φα ὦ δεινὰ λέξασ', οὐχὶ συγκλήσεις στόμα
καὶ μὴ μεθήσεις αὖθις αἰσχίστους λόγους;
Τρ αἰσχρ', ἀλλ' ἀμείνω τῶν καλῶν τάδ' ἐστί σοι.
κρεῖσσον δὲ τοὔργον, εἴπερ ἐκσώσει γέ σε,
ἢ τοὔνομ', ᾧ σὺ κατθανῇ γαυρουμένη.
Φα καὶ μή σε πρὸς θεῶν, εὖ λέγεις γὰρ αἰσχρὰ δέ,
πέρα προβῇς τῶνδ'· ὡς ὑπείργασμαι μὲν εὖ
ψυχὴν ἔρωτι, τἀσχρὰ δ' ἢν λέγῃς καλῶς,
ἐς τοῦθ' ὃ φεύγω νῦν ἀναλωθήσομαι.
Τρ εἴ τοι δοκεῖ σοι, χρῆν μὲν οὔ σ' ἁμαρτάνειν·
εἰ δ' οὖν, πιθοῦ μοι· δευτέρα γὰρ ἡ χάρις.
νοσοῦσα δ' εὖ πως τὴν νόσον καταστρέφου.
εἰσὶν δ' ἐπῳδαὶ καὶ λόγοι θελκτήριοι·
φανήσεταί τι τῆσδε φάρμακον νόσου.
ἦ τἄρ' ἂν ὀψέ γ' ἄνδρες ἐξεύροιεν ἄν,

So sei zufrieden, denn du bist ein Mensch!
Und laß dein dunkles Planen, liebes Kind;
Laß deinen Frevelmut! Was ist es sonst,
Will einer stärker als die Götter sein?
Begehre kühn! Ein Gott hat es gewollt.
Chf Phaidra, die Amme geht jetzt auf dein Leid
Mit Klugheit ein, doch lob ich deinen Sinn.
Mein Lob ist freilich herber als das Wort
Der Alten, träufelt nicht so süß ins Ohr.
Pha Das ist der Untergang von ganzen Staaten und
Von manchem Hause: die Sophisterei.
Nicht was den Ohren schmeichelt, rede man,
Nein, was den Hörer hebt, die Ehre stärkt!
Am Wozu die Phrasen! Anstandsregeln helfen nicht;
Dir fehlt der Mann! Ihm sei, was dich befiel,
Nun schleunigst hinterbracht und gradheraus gesagt!
Wärst du nicht so ins Unheil schon verstrickt,
Wärst du noch bei Verstande, nur dem heißen Blut
Zuliebe gäb ich niemals solchen Rat.
Nun aber steht dein Leben auf dem Spiel;
In seiner Rettung kann nichts Arges sein.
Pha Furchtbares sprichst du. Wahre deinen Mund,
Nie wieder laß so Häßliches vernehmen!
Am Ob häßlich oder nicht, es bringt zum Ziel!
Das Rettungswerk steht höher, wenns gelingt,
Als stolzer Ruf, der nur zum Tode führt.
Pha Nicht weiter in der klugen, üblen Rederei!
Noch bin ich nicht von Leidenschaft zermürbt,
Doch färbst du weiter alles Schlimme schön,
So end ich da, wo nie ich enden will.
Am Nun, wenn du meinst, so bleibe fromm! Verwirf
Den Plan! Doch hab ich einen zweiten, folge dem!
Der Kranke gehe gegen seine Krankheit an.
Heilsame Sprüche gibt es, Zauberlieder auch,
Es wird sich eines finden, das dir hilft.
Wo Männerrat versiegt, hilft Frauenlist.

εἰ μὴ γυναῖκες μηχανὰς εὑρήσομεν. 481
δεῖ δ' ἐξ ἐκείνου δή τι τοῦ ποθουμένου 513
σημεῖον, ἢ πλόκον τιν' ἢ πέπλων ἄπο 514
λαβεῖν, συνάψαι τ' ἐκ δυοῖν μίαν χάριν. 515
ἔστιν κατ' οἴκους φίλτρα μοι θελκτήρια 509
ἔρωτος, ἦλθε δ' ἄρτι μοι γνώμης ἔσω, 510
ἅ σ' οὔτ' ἐπ' αἰσχροῖς οὔτ' ἐπὶ βλάβῃ φρενῶν 511
παύσει νόσου τῆσδ', ἢν σὺ μὴ γένῃ κακή. 512
Φα πότερα δὲ χριστὸν ἢ ποτὸν τὸ φάρμακον; 516
Τρ οὐκ οἶδ'· ὀνάσθαι, μὴ μαθεῖν βούλου, τέκνον.
Φα δέδοιχ' ὅπως μοι μὴ λίαν φανῇς σοφή.
Τρ πάντ' ἂν φοβηθεῖσ' ἴσθι· δειμαίνεις δὲ τί;
Φα μή μοί τι Θησέως τῶνδε μηνύσῃς τόκῳ. 520
Τρ ἔασον, ὦ παῖ· ταῦτ' ἐγὼ θήσω καλῶς.

μόνον σύ μοι, δέσποινα ποντία Κύπρι,
συνεργὸς εἴης. τἄλλα δ' οἷ' ἐγὼ φρονῶ
τοῖς ἔνδον ἡμῖν ἀρκέσει λέξαι φίλοις.

Χο Ἔρως Ἔρως, ὁ κατ' ὀμμάτων ×gl στρ.
στάζεις πόθον, εἰσάγων γλυκεῖαν -ch reiz 526
ψυχᾷ χάριν οὓς ἐπιστρατεύσῃ, -ch reiz
μή μοί ποτε σὺν κακῷ φανείης ×ch reiz
μηδ' ἄρρυθμος ἔλθοις. -ch-
οὔτε γὰρ πυρὸς οὔτ' ἄστρων gl 530
ὑπέρτερον βέλος, ia² ba^
οἷον τὸ τᾶς Ἀφροδίτας ia² an-
ἵησιν ἐκ χερῶν ia² ba^
Ἔρως, ὁ Διὸς παῖς. ×ch-

Verschaff dir eine Locke jenes Manns,
Den du begehrst, ein Stück von seinem Kleid;
Aus Zwei wird Eins, ersteht ein Liebespfand.
Im Haus ist mir ein Zaubersaft verwahrt,
Der Liebe stillt; er kommt mir in den Sinn.
So bleibt dein Ruf dir heil und dein Verstand
Und du gesundest, greifst du mutig zu.

Pha Ists eine Salbe? Oder ists ein Trank?
Am Weiß ichs? Laß dir nur helfen, frage nicht.
Pha Ich glaube, allzu schlau gehst du hier vor.
Am Und du zu ängstlich! Was befürchtest du?
Pha Daß du des Theseus Sohn mein Leiden nennst.
Am Laß dies, mein Kind, nur meine Sorge sein.

im Abgehen, vor dem Aphroditebild

Hilf du mir, Kypris, Herrscherin des Meers!
Mir liegt nur ob, was ich mir längst ersann:
Ich decke drinnen schleunigst alles auf.

ERSTES STANDLIED

Chor

Erste Strophe

Eros, Eros, der auf die Augen
Sehnsucht träufelt, du bringst die süßen
Freuden der Seele deinen Opfern.
O erscheine mir immer im Guten!
Nahe stets im Frieden!
Nicht des Feuers Glutstrahl
Und nicht der Gestirne
Brennt so mit Macht
Wie der Pfeil der Aphrodite,
Den aus seiner Hand entsendet
Eros, der Sohn des Zeus.

ἄλλως ἄλλως παρά τ' Ἀλφεῷ ἀντ.
Φοίβου τ' ἐπὶ Πυθίοις τεράμνοις
βούταν φόνον Ἑλλὰς αἶ' ἀέξει·
Ἔρωτα δέ, τὸν τύραννον ἀνδρῶν,
τὸν τᾶς Ἀφροδίτας
φιλτάτων θαλάμων κληδοῦ-
χον, οὐ σεβίζομεν,
πέρθοντα καὶ διὰ πάσας
ἰόντα συμφορᾶς
θνατοῖς, ὅταν ἔλθῃ.

τὰν μὲν Οἰχαλίᾳ cr an στρ.
πῶλον ἄζυγα λέκτρων, ἄναν- cr an cr
δρον τὸ πρὶν καὶ ἄνυμφον, οἴ- gl
κων ζεύξασ' ἀπ' Εὐρυτίων –ia^2 an
δρομάδα Ναΐδ' ὅπως τε Βάκ- gl
χαν σὺν αἵματι, σὺν καπνῷ gl
φονίοισί θ' ὑμνοισιν Ἀλκμή- an ba^2
νας τόκῳ Κύπρις ἐξέδωκεν· gl×
ὦ τλάμων ὑμεναίων. gl∧

ὦ Θήβας ἱερὸν ἀντ.
τεῖχος, ὦ στόμα Δίρκας, συνεί-
ποιτ' ἂν ἁ Κύπρις οἷον ἕρ-
πει. βροντᾷ γὰρ ἀμφιπύρῳ
τοκάδα τὰν διγόνοιο Βάκ-
χου νυμφευσαμένα πότμῳ
φονίῳ κατηύνασεν. δεινὰ
γὰρ πάντᾳ γ' ἐπιπνεῖ, μέλισσα δ'
οἵα τις πεπόταται.

Gegenstrophe

Nutzlos, nutzlos am Alpheios
Und bei Phoibos' pythischer Wohnung
Opfert Hellas Rinder auf Rinder –
Eros, den Beherrscher der Menschen,
Der zu Aphrodites
Lieblichsten Gemächern
Den Schlüssel verwaltet,
Ihn ehren sie nicht,
Den Zerstörer, der mit allem
Unheil vollbeladen schreitet,
Wenn er den Sterblichen naht.

Zweite Strophe

In Oichalia das Mädchen,
Das von keinem Manne
Wußte, das unberührte Kind,
Trennte Kypris vom Hause.
Sie entsprang, der stürmischen Nymphe,
Der Mänade vergleichbar.
Und unter Rauch und Leichen,
Zu blutigen Hymnen,
Ward sie Beute des Sohns der Alkmene.
O unselige Hochzeit der beiden!

Gegenstrophe

O Thebens heilige Mauer,
Quellbereich der Dirke,
Du bezeugst der Kypris Gewalt!
Des zeusentstammten Bakchos
Mutter gab sich dem feuerumflammten
Donner bräutlich zu eigen,
Und Kypris streckte sie nieder
Zum Schlafe des Todes.
Mächtig weht ihr Hauch durch die Lande,
Wie eine Biene sucht rings sie die Opfer.

Φα σιγήσατ', ὦ γυναῖκες· ἐξειργάσμεθα.
Χο τί δ' ἔστι, Φαίδρα, δεινὸν ἐν δόμοισί σοι;
Φα ἐπίσχετ', αὐδὴν τῶν ἔσωθεν ἐκμάθω.
Χο σιγῶ· τὸ μέντοι φροίμιον κακὸν τόδε.

Φα ἰώ μοι, αἰαῖ· do
ὢ δυστάλαινα τῶν ἐμῶν παθημάτων.
Χο τίνα θροεῖς αὐδάν; τίνα βοᾷς λόγον; do^2
ἔνεπε, τίς φοβεῖ σε φήμα, γύναι, do^2
φρένας ἐπίσσυτος; do

Φα ἀπωλόμεσθα. ταῖσδ' ἐπιστᾶσαι πύλαις
ἀκούσαθ' οἷος κέλαδος ἐν δόμοις πίτνει.
Χο σὺ παρὰ κλῇθρα, σοὶ μέλει πομπίμα do^2
φάτις δωμάτων. do
ἔνεπε δ' ἔνεπέ μοι, τί ποτ' ἔβα κακόν; do^2

Φα ὁ τῆς φιλίππου παῖς 'Αμαζόνος βοᾷ
Ἱππόλυτος, αὐδῶν δεινὰ πρόσπολον κακά.
Χο ἀχὰν μὲν κλύω, σαφὲς δ' οὐκ ἔχω· do^2
γεγωνεῖ δ' ὄπᾳ do
διὰ πύλας ἔμολεν ἔμολε σοὶ βοά. do^2

Φα καὶ μὴν σαφῶς γε τὴν κακῶν προμνήστριαν,
τὴν δεσπότου προδοῦσαν ἐξαυδᾷ λέχος.
Χο ὤμοι ἐγὼ κακῶν· προδέδοσαι, φίλα. do^2
τί σοι μήσομαι; do
τὰ κρύπτ' ἐκπέφηνε, διὰ δ' ὄλλυσαι. do^2

Φα αἰαῖ, ἒ ἔ. πρόδοτος ἐκ φίλων. ia^2 do
ἀπώλεσέν μ' εἰποῦσα συμφορὰς ἐμάς,
Χο φίλως, καλῶς δ' οὐ τήνδ' ἰωμένη νόσον.
πῶς οὖν; τί δράσεις, ὦ παθοῦσ' ἀμήχανα;
Φα οὐκ οἶδα πλὴν ἕν· κατθανεῖν ὅσον τάχος,

ZWEITE HAUPTSZENE

Pha *steht am Tor und horcht*
Horcht, horcht, ihr Frauen! – Dieses ist mein Tod!
Chf Was für ein Unheil tönt dir aus dem Haus?
Pha Still! Laß mich hören, was man drinnen spricht!
Chf Ich schweige; schlimmen Vorspruch gabst du schon.
Pha Weh mir! Oh, oh!
Ach, meine Leiden sind doch nie gezählt!
Ch Von Lärmen sagst du?
Reden beklagst du?
Sprich, welche Kunde
Weckte, erschreckte, o Frau, deinen Sinn?
Pha Ich bin verloren! Tretet nahe an das Tor
Und hört, was für ein Lärm im Hause tobt!
Ch Du stehst am Riegel,
Löse das Siegel
Von dieser Kunde!
Sag mir, o sag mir: was ist hier geschehn?
Pha Der Sohn der Amazone wettert laut,
Macht harten Vorwurf meiner Dienerin.
Ch Lärm dringt hervor.
Nicht hat mein Ohr
Klar ihn vernommen,
Der Klang, der da drang aus den Toren zu dir.
Pha Laut schilt er sie die schlimmste Kupplerin,
Die ihres eigenen Herren Bett verriet.
Ch So geschah denn die Tat:
Von den Freunden Verrat!
Wie soll ich noch helfen?
Was vertraut, wurde laut. Um dich ists geschehn.
Pha Wehe! Mein Unstern!
Mein Leid enthüllend schuf sie mir Verderben.
Chf In guter Absicht ward sie schlimmer Arzt.
Was nun? Wie steuerst du durch diesen Sturm?
Pha Ich weiß nur eines: ungesäumten Tod!

τῶν νῦν παρόντων πημάτων ἄκος μόνον.

Ιπ ὦ γαῖα μῆτερ ἡλίου τ' ἀναπτυχαί,
οἵων λόγων ἄρρητον εἰσήκουσ' ὄπα.

Τρ σίγησον, ὦ παῖ, πρίν τιν' αἰσθέσθαι βοῆς.
Ιπ οὐκ ἔστ' ἀκούσας δείν' ὅπως σιγήσομαι.
Τρ ναὶ πρός σε τῆς σῆς δεξιᾶς εὐωλένου.
Ιπ οὐ μὴ προσοίσεις χεῖρα μηδ' ἅψῃ πέπλων.

Τρ ὦ πρός σε γονάτων, μηδαμῶς μ' ἐξεργάσῃ.
Ιπ τί δ', εἴπερ, ὡς φῄς, μηδὲν εἴρηκας κακόν;
Τρ ὁ μῦθος, ὦ παῖ, κοινὸς οὐδαμῶς ὅδε.
Ιπ τά τοι κάλ' ἐν πολλοῖσι κάλλιον λέγειν.
Τρ ὦ τέκνον, ὅρκους μηδαμῶς ἀτιμάσῃς.
Ιπ ἡ γλῶσσ' ὀμώμοχ', ἡ δὲ φρὴν ἀνώμοτος.
Τρ ὦ παῖ, τί δράσεις; σοὺς φίλους διεργάσῃ;
Ιπ ἀπέπτυσ'· οὐδεὶς ἄδικός ἐστί μοι φίλος.
Τρ σύγγνωθ'· ἁμαρτεῖν εἰκὸς ἀνθρώπους, τέκνον.
Ιπ ὦ Ζεῦ, τί δὴ κίβδηλον ἀνθρώποις κακὸν
γυναῖκας ἐς φῶς ἡλίου κατῴκισας;
εἰ γὰρ βρότειον ἤθελες σπεῖραι γένος,
οὐκ ἐκ γυναικῶν χρῆν παρασχέσθαι τόδε,
ἀλλ' ἀντιθέντας σοῖσιν ἐν ναοῖς βροτοὺς
ἢ χρυσὸν ἢ σίδηρον ἢ χαλκοῦ βάρος
παίδων πρίασθαι σπέρμα, τοῦ τιμήματος
τῆς ἀξίας ἕκαστον, ἐν δὲ δώμασιν
ναίειν ἐλευθέροισι θηλειῶν ἄτερ.
τούτῳ δὲ δῆλον ὡς γυνὴ κακὸν μέγα·
προσθεὶς γὰρ ὁ σπείρας τε καὶ θρέψας πατὴρ
φερνὰς ἀπῴκισ', ὡς ἀπαλλαχθῇ κακοῦ.
ὁ δ' αὖ λαβὼν ἀτηρὸν ἐς δόμους φυτὸν
γέγηθε κόσμον προστιθεὶς ἀγάλματι
καλὸν κακίστῳ καὶ πέπλοισιν ἐκπονεῖ

νῦν δ' ἐς δόμους μὲν πρῶτον ἄξεσθαι κακὸν
μέλλοντες ὄλβον δωμάτων ἐκπίνομεν.

Das ist der einzge Stern in dunkler Nacht.
Hippolytos stürzt aus dem Hause, Phaidra tritt zurück
Hi O Mutter Erde! Strahl des Sonnenlichts!
Welch unerhörtes Wort drang an mein Ohr!
Am *stürzt nach*
Sei leise, Kind, daß keiner dich vernimmt!
Hi Wie kann ich schweigen, da ich dies gehört!
Am Ich fleh dich an, bei deinem starken Arm...
Hi Weg mit der Hand! Rühr auch mein Kleid nicht an!
Am *ihm zu Füßen fallend*
Bei deinen Knien, schweig! Du tötest mich!
Hi Du sagtest selbst, daß hier nichts Schlimmes sei!
Am Die Sache, Kind, war nicht für jedes Ohr.
Hi Das Gute darf doch laut gepriesen sein!
Am Mein Sohn, brich deine heilgen Schwüre nicht!
Hi Die Zunge schwur, mein Geist sprach keinen Eid.
Am Was tust du, Kind? Die Deinen richtest du zugrund!
Hi Abscheulich! Kann ein Frevler je der Meine sein!
Am Verzeih uns! Menschenherz verirrt sich doch so leicht.
Hi *schleudert die Amme von sich*
Warum hast du der Weiber falsch Geschlecht,
O Zeus, in dieses Sonnenlicht gepflanzt?
War es dein Plan, daß Menschenart sich mehrt,
Ganz ohne Frauen sollte dies geschehn.
In deinen Tempeln müßte man um Geld,
Mit Gold, mit Eisen oder Erzgewicht,
Der Kinder Samen kaufen, jeder, je nachdem
Er eingeschätzt ist, und die Menschen sollten
In freien Häusern leben ohne Frau.
Wie groß dies Übel, zeigt der Vater schon,
Der Mädchen zeugt, sie aufzieht und dann doch
Mit Mitgift losschlägt, ihrer sich befreit.
Wer in sein Haus die Unglückspflanze setzt,
Putzt selber noch das üble Bild heraus,
Hängt Schmuck ihm, hängt ihm schöne Kleider um,

δύστηνος, ὄλβον δωμάτων ὑπεξελών.
ῥᾷστον δ' ὅτῳ τὸ μηδέν, ἀλλ' ἀνωφελὴς
εὐηθίᾳ κατ' οἶκον ἵδρυται γυνή.
σοφὴν δὲ μισῶ· μὴ γὰρ ἔν γ' ἐμοῖς δόμοις
εἴη φρονοῦσα πλεῖον' ἢ γυναῖκα χρή.
τὸ γὰρ κακοῦργον μᾶλλον ἐντίκτει Κύπρις
ἐν ταῖς σοφαῖσιν· ἡ δ' ἀμήχανος γυνὴ
γνώμῃ βραχείᾳ μωρίαν ἀφῃρέθη.
χρῆν δ' ἐς γυναῖκα πρόσπολον μὲν οὐ περᾶν,
ἄφθογγα δ' αὐταῖς συγκατοικίζειν δάκη
θηρῶν, ἵν' εἶχον μήτε προσφωνεῖν τινα
μήτ' ἐξ ἐκείνων φθέγμα δέξασθαι πάλιν.
νῦν δ' αἱ μὲν ἔνδον νῶσιν αἱ κακαὶ κακὰ
βουλεύματ', ἔξω δ' ἐκφέρουσι πρόσπολοι.
ὡς καὶ σύ γ' ἡμῖν πατρός, ὦ κακὸν κάρα,
λέκτρων ἀθίκτων ἦλθες ἐς συναλλαγάς·
ἁγὼ ῥυτοῖς νασμοῖσιν ἐξομόρξομαι,
ἐς ὦτα κλύζων. πῶς ἂν οὖν εἴην κακός,
ὃς οὐδ' ἀκούσας τοιάδ' ἁγνεύειν δοκῶ;
εὖ δ' ἴσθι, τοὐμόν σ' εὐσεβὲς σῴζει, γύναι·
εἰ μὴ γὰρ ὅρκοις θεῶν ἄφρακτος ᾑρέθην,
οὐκ ἄν ποτ' ἔσχον μὴ οὐ τάδ' ἐξειπεῖν πατρί.
νῦν δ' ἐκ δόμων μέν, ἔστ' ἂν ἔκδημος χθονὸς
Θησεύς, ἄπειμι· σῖγα δ' ἕξομεν στόμα.
θεάσομαι δὲ σὺν πατρὸς μολὼν ποδὶ
πῶς νιν προσόψῃ καὶ σὺ καὶ δέσποινα σή·
τῆς σῆς δὲ τόλμης εἴσομαι γεγευμένος.
ὄλοισθε. μισῶν δ' οὔποτ' ἐμπλησθήσομαι
γυναῖκας, οὐδ' εἴ φησί τίς μ' ἀεὶ λέγειν·
ἀεὶ γὰρ οὖν πώς εἰσι κἀκεῖναι κακαί.
ἤ νύν τις αὐτὰς σωφρονεῖν διδαξάτω,
ἢ κἄμ' ἐάτω ταῖσδ' ἐπεμβαίνειν ἀεί.

ἔχει δ' ἀνάγκην, ὥστε κηδεύσας καλοῖς
γαμβροῖσι χαίρων σῴζεται πικρὸν λέχος,
ἢ χρηστὰ λέκτρα, πενθεροὺς δ' ἀνωφελεῖς
λαβὼν πιέζει τἀγαθῷ τὸ δυστυχές.

Dem Ärmsten schmilzt sein Wohlstand schnell dahin.
Glücklich, wem eine Null, ein unscheinbar
Einfältig Weib ins Haus gezogen ist.
Nur keine kluge, allzu schlaue Frau!
Den schlechten Sinn pflanzt Kypris eher in
Die klugen Seelen, und die ungeschickte Frau
Bleibt durch die Einfalt von dem Laster fern.
Und keine Magd umgebe je die Frau,
Nur Tiergezücht, das keine Sprache kennt,
So daß kein Wort sie jemals tauschen kann.
Jetzt spinnen üble Frauen üble Pläne nur
Im Haus, und Mägde tragen sie hinaus
Wie du, die in des Vaters reinem Bett
Mir Wirrung stiften wollte, übles Weib.
Mit frischem Wasser spül ich solche Reden mir
Aus meinem Ohr. Mich hieltst du für verrucht!
Mich hat das bloße Hören schon beschmutzt!
Dich rettet einzig meine Frömmigkeit.
Den Ahnungslosen fingst du mit dem Schwur,
Sonst wäre rasch der Vater eingeweiht.
Nun weilt er fern. Ich meide dieses Haus,
Bis Theseus kommt. Das Schweigen brech ich nicht,
Doch will ich mit ihm kommen, das Gesicht
Zu sehn, mit dem ihn Frau und Magd begrüßt.
Zwar deiner Frechheit bin ich schon gewiß.
O seid verflucht! Und werd ich zum Gespött,
Nie wird mein Herz des Weiberhasses satt.
Sie sind und bleiben eine schlimme Brut.
So lang man sie zum Guten nicht bekehrt,
Sei meine Feindschaft ihr gewisses Teil.

ab zur Stadt

Φα	τάλανες ὦ κακοτυχεῖς	cr^2	ἀντ.
	γυναικῶν πότμοι.	do	
	τίνας νῦν τέχνας ἔχομεν ἢ λόγους	do^2	
	σφαλεῖσαι κάθαμμα λύειν λόγου;	do^2	
	ἐτύχομεν δίκας· ἰὼ γᾶ καὶ φῶς.	do^2	
	πᾷ ποτ' ἐξαλύξω τύχας;	cr do	
	πῶς δὲ πῆμα κρύψω, φίλαι;	cr do	
	τίς ἂν θεῶν ἀρωγὸς ἢ τίς ἂν βροτῶν	ia^6	
	πάρεδρος ἢ ξυνεργὸς ἀδίκων ἔργων	do^2	
	φανείη; τὸ γὰρ παρ' ἡμῖν πάθος	do^2	
	πέραν δυσεκπέρατον ἔρχεται βίου.	ia^6	
	κακοτυχεστάτα γυναικῶν ἐγώ.	do^2	

Χο φεῦ φεῦ· πέπρακται, κοὐ κατώρθωνται τέχναι,
δέσποινα, τῆς σῆς προσπόλου, κακῶς δ' ἔχει.

Φα ὦ παγκακίστη καὶ φίλων διαφθορεῦ,
οἷ' εἰργάσω με. Ζεύς σε γεννήτωρ ἐμὸς
πρόρριζον ἐκτρίψειεν οὐτάσας πυρί.
οὐκ εἶπον – οὐ σῆς προυνοησάμην φρενός; –
σιγᾶν ἐφ' οἷσι νῦν ἐγὼ κακύνομαι;
σὺ δ' οὐκ ἀνέσχου· τοιγὰρ οὐκέτ' εὐκλεεῖς
θανούμεθ'. ἀλλὰ δεῖ με δὴ καινῶν λόγων.
οὗτος γὰρ ὀργῇ συντεθηγμένος φρένας
ἐρεῖ καθ' ἡμῶν πατρὶ σὰς ἁμαρτίας,
πλήσει τε πᾶσαν γαῖαν αἰσχίστων λόγων. 692
ὄλοιο καὶ σὺ χὤστις ἄκοντας φίλους
πρόθυμός ἐστι μὴ καλῶς εὐεργετεῖν.

Τρ δέσποιν', ἔχεις μὲν τἀμὰ μέμψασθαι κακά·
τὸ γὰρ δάκνον σου τὴν διάγνωσιν κρατεῖ·
ἔχω δὲ κἀγὼ πρὸς τάδ', εἰ δέξῃ, λέγειν.
ἔθρεψά σ' εὔνους τ' εἰμί· τῆς νόσου δέ σοι
ζητοῦσα φάρμαχ' ηὗρον οὐχ ἁβουλόμην.

ἐρεῖ δὲ Πιτθεῖ τῷ γέροντι συμφοράς, 691

Pha *tritt vor*

(Gegenstrophe zu Vers 362ff.)

Unselig sind,
Unglücklich sind der
Frauen Lose!
Kann ich noch neue Listen ersinnen?
Nach schwerem Mißlingen den Knoten lösen?
Gefällt ist das Urteil. O Erde! O Licht!
Wie entgeh ich meinem Schicksal?
Wie die Schmach verbergen?
Wird einer von den Göttern, wird ein Sterblicher
Helfer, Teilhaber meines Unrechts?
Ach, aus dieser Not, die ich erfuhr,
Führt kein Ausweg mehr ins Leben zurück
Mich, aller Frauen Unseligste.

Chf Vorbei, vorbei! Die Listen deiner Dienerin,
Sie haben nichts vermocht. Nun steht es schlimm.
Pha Schändliches Weib, des Hauses Erzverderb,
Was tatest du! Dich soll mein Ahnherr Zeus
Von Grund austilgen mit dem Feuerstrahl!
Befahl ich nicht – und ahnt ich nicht voraus –
Von dem zu schweigen, was mich nun entehrt?
Dein Leichtsinn hat mir ehrenvollen Tod
Verwehrt und neue Pläne sind vonnöten.
Der Jüngling wird voll Wut, was du gefehlt,
Bei seinem Vater stellen gegen mich
Und alle Welt wird meiner Schande voll.
Verflucht, wer so wie du mit üblem Dienst
Voreifrig seinen Freunden lästig fällt!
Am Daß du mich tadelst, Herrin, liegt nicht fern,
Da bittrer Schmerz dein Denken unterjocht.
Doch hab ich auch ein Wort zu sagen, mit Verlaub.
Ich zog dich liebreich auf. Ich suchte, und ich fand
Für deine Krankheit nicht das rechte Kraut.

εἰ δ' εὖ γ' ἔπραξα, κάρτ' ἂν ἐν σοφοῖσιν ἦ·
πρὸς τὰς τύχας γὰρ τὰς φρένας κεκτήμεθα.
Φα ἦ γὰρ δίκαια ταῦτα κἀξαρκοῦντά μοι,
τρώσασαν ἡμᾶς εἶτα συγχωρεῖν λόγοις;
Τρ μακρηγοροῦμεν· οὐκ ἐσωφρόνουν ἐγώ.
ἀλλ' ἔστι κἀκ τῶνδ' ὥστε σωθῆναι, τέκνον.
Φα παῦσαι λέγουσα· καὶ τὰ πρὶν γὰρ οὐ καλῶς
παρῄνεσάς μοι κἀπεχείρησας κακά.
ἀλλ' ἐκποδὼν ἄπελθε καὶ σαυτῆς πέρι
φρόντιζ'· ἐγὼ γὰρ τἀμὰ θήσομαι καλῶς.

ὑμεῖς δέ, παῖδες εὐγενεῖς Τροζήνιαι,
τοσόνδε μοι παράσχετ' ἐξαιτουμένῃ,
σιγῇ καλύπτειν ἁνθάδ' εἰσηκούσατε.
Χο ὄμνυμι σεμνὴν Ἄρτεμιν, Διὸς κόρην,
μηδὲν κακῶν σῶν ἐς φάος δείξειν ποτέ.
Φα καλῶς ἔλεξας· ἓν δὲ πᾶν στρέφουσ' ἐγὼ
εὕρημα δῆτα τῆσδε συμφορᾶς ἔχω,
ὥστ' εὐκλεᾶ μὲν παισὶ προσθεῖναι βίον,
αὐτή τ' ὀνάσθαι πρὸς τὰ νῦν πεπτωκότα.
οὐ γάρ ποτ' αἰσχυνῶ γε Κρησίους δόμους,
οὐδ' ἐς πρόσωπον Θησέως ἀφίξομαι
αἰσχροῖς ἐπ' ἔργοις οὕνεκα ψυχῆς μιᾶς.
Χο μέλλεις δὲ δὴ τί δρᾶν ἀνήκεστον κακόν;
Φα θανεῖν· ὅπως δέ, τοῦτ' ἐγὼ βουλεύσομαι.
Χο εὔφημος ἴσθι.
Φα καὶ σύ γ' εὖ με νουθέτει.
ἐγὼ δὲ Κύπριν, ἥπερ ἐξόλλυσί με,
ψυχῆς ἀπαλλαχθεῖσα τῇδ' ἐν ἡμέρᾳ
τέρψω· πικροῦ δ' ἔρωτος ἡσσηθήσομαι.
ἀτὰρ κακόν γε χἀτέρῳ γενήσομαι
θανοῦσ', ἵν' εἰδῇ μὴ 'πὶ τοῖς ἐμοῖς κακοῖς
ὑψηλὸς εἶναι· τῆς νόσου δὲ τῆσδέ μοι
κοινῇ μετασχὼν σωφρονεῖν μαθήσεται.

Wär mirs geglückt, so priese man mich klug!
Nach dem Erfolg bemißt man den Verstand.
Pha Ist das gerecht und tut mir das genug:
Nach schwerem Schlag ein eitles Wortgefecht?
Am Nicht viele Worte: gut! ich war nicht klug.
Doch gibts auch daraus eine Rettung, Kind.
Pha Sei augenblicklich still! Schon vorher war
Dein Rat nicht gut und dein Beginnen schlecht.
Scher dich von dannen! Kümmre dich um dich!
Ich bringe meine Sache selbst zum rechten Ziel.

die Amme geht weg

Ihr aber, edle Frauen von Trözen,
Erfüllt mir diese eine Bitte noch
Und hüllt in Schweigen, was ihr hier gehört!
Ch Ich schwör es bei der hohen Artemis:
Von deinem Unheil bring ich nichts ans Licht.
Pha Dank diesem Wort! – Nach vielem Sinnen fand
Ich endlich einen Ausweg aus der Not,
So daß die Söhne ehrenvoll bestehn,
Ich selber glimpflich wahre meinen Ruf.
Dem Elternhaus bereit ich keine Schmach,
Noch werd ich, um des armen Lebens willen,
Dem Gatten ganz entehrt entgegengehn.
Ch Sinnst du auf unheilvolle, unheilbare Tat?
Pha Ich sterbe, sinne nur noch auf das Wie.
Ch O schweige!
Pha Rate du zum Guten auch!
Ich werde Kypris, die mein Ende will,
Noch heut durch selbstverhängten Tod erfreun,
Als Opfer dieser bittren Leidenschaft.
Noch einen andern stürzt mein Tod hinab;
Er lerne, daß er nicht bei meiner Not
Den Stolzen spiele! In mein Leid verstrickt,
Wird er von seinem Hochmut schnell geheilt.

sie geht ins Haus

Χο Ἠλιβάτοις ὑπὸ κευθμῶσι γενοίμαν, — hem ch– — στρ.
ἵνα με πτεροῦσσαν ὄρνιν — an ia^{2} ×
ἀγέλῃσι ποταναῖς θεὸς ἐνθείη· — an^{2}–an^{2}
ἀρθείην δ' ἐπὶ πόντιον — gl
κῦμα τᾶς Ἀδριηνᾶς — gl∧
ἀκτᾶς Ἠριδανοῦ θ' ὕδωρ· — gl
ἔνθα πορφύρεον σταλάσ- — gl
σουσιν ἐς οἶδμα τάλαι- — hem
ναι κόραι Φαέθοντος οἴ- — gl
κτῳ δακρύων — ch
τὰς ἠλεκτροφαεῖς αὐγάς. — gl

Ἑσπερίδων δ' ἐπὶ μηλόσπορον ἀκτὰν — ἀντ.
ἀνύσαιμι τᾶν ἀοιδῶν,
ἵν' ὁ ποντομέδων πορφυρέας λίμνας
ναύταις οὐκέθ' ὁδὸν νέμει,
σεμνὸν τέρμονα κυρῶν
οὐρανοῦ, τὸν Ἄτλας ἔχει·
κρῆναί τ' ἀμβρόσιαι χέον-
ται Ζηνὸς παρὰ κοί-
ταις, ἵν' ἁ βιόδωρος αὔ-
ξει ζαθέα
χθὼν εὐδαιμονίαν θεοῖς.

ὦ λευκόπτερε Κρησία — gl — στρ.
πορθμίς, ἃ διὰ πόντιον — gl
κῦμ' ἁλίκτυπον ἅλμας — gl∧
ἐπόρευσας ἐμὰν ἄνασσαν — an^{2} ba
ὀλβίων ἀπ' οἴκων, — cr ba
κακονυμφοτάταν ὄνασιν. — an^{2} ba
ἦ γὰρ ἀπ' ἀμφοτέρων — hem
ἢ Κρησίας ἐκ γᾶς δύσορ- — ia^{4}
νις ἔπτατο κλεινὰς Ἀθη- — ia^{4}

ZWEITES STANDLIED

Chor

Erste Strophe

O wär ich in Felsengrotten verborgen!
Nähme mich auf ein Gott
Als fliegenden Vogel in flügelschlagende Scharen!
Über die Wogen der Adria,
Zu Eridanus' Küste wollt ich mich schwingen,
Wo in die purpurne Flut des Flusses
Phaëthons ärmste Schwestern
Mitleidsvoll ihrer Tränen Gold,
Des Bernsteins glänzenden Schimmer träufeln.

Gegenstrophe

Zu den Äpfeln der singenden Hesperiden
Nähm ich meinen Flug,
Wo der Gebieter des dunkelflutenden Meeres
Schiffern die Weiterfahrt verwehrt
An den Grenzen des atlasgetragenen Himmels,
Wo sich die himmlischen Quellen ergießen
Nahe dem Lager des Zeus, da
Wo die reiche, die heilige Flur
Den Göttern ewigen Segen spendet.

Zweite Strophe

Mit weißen Flügeln segelndes kretisches Schiff,
Du brachtest übers Meer,
Durch der Salzflut Wogenkämme,
Aus dem königlichen Haus
Unsre Herrin. O unseliger,
Ganz schlimmbräutlicher Hochzeitstag!
Unheilsvogel saß an beiden Ufern!
Oder er flog vom kretischen Land zu
Athenes ruhmreichen Mauern,

νας· Μουνίχου δ' ἀκταῖσιν ἐκ- ia^4
δήσαντο πλεκτὰς πεισμάτων ia^4
ἀρχάς, ἐπ' ἀπείρου τε γᾶς ἔβασαν. ia^4 ba

ἀνθ' ὧν οὐχ ὁσίων ἐρώ- ἀντ.
των δεινᾷ φρένας Ἀφροδί-
τας νόσῳ κατεκλάσθη·
χαλεπᾷ δ' ὑπέραντλος οὖσα
συμφορᾷ, τεράμνων
ἀπὸ νυμφιδίων κρεμαστὸν
ἅψεται ἀμφὶ βρόχον
λευκᾷ καθαρμόζουσα δεί-
ρᾳ, δαίμονα στυγνὸν καται-
δεσθεῖσα, τὰν δ' εὔδοξον ἀνθ-
αιρουμένα φήμαν, ἀπαλ-
λάσσουσά τ' ἀλγεινὸν φρενῶν ἔρωτα.

Θεράπαινα

ἰοὺ ἰού·
βοηδρομεῖτε πάντες οἱ πέλας δόμων·
ἐν ἀγχόναις δέσποινα, Θησέως δάμαρ.
Χο φεῦ φεῦ, πέπρακται· βασιλὶς οὐκέτ' ἔστι δὴ
γυνή, κρεμαστοῖς ἐν βρόχοις ἠρτημένη.
Θε οὐ σπεύσετ'; οὐκ οἴσει τις ἀμφιδέξιον
σίδηρον, ᾧ τόδ' ἅμμα λύσομεν δέρης;

Χο φίλαι, τί δρῶμεν; ἦ δοκεῖ περᾶν δόμους
λῦσαί τ' ἄνασσαν ἐξ ἐπισπαστῶν βρόχων;
Χο τί δ'; οὐ πάρεισι πρόσπολοι νεανίαι;
τὸ πολλὰ πράσσειν οὐκ ἐν ἀσφαλεῖ βίου.

Als sie an den munychischen Hafen
Die Enden ihrer Taue knüpften und
Festes Land betraten!

Gegenstrophe

Mit solchen Zeichen mußte sie schlimmster Wahn,
Unheilige Leidenschaft
Aphrodites ganz vernichten,
Mußte hohe Flut des Leids
Sie verschlingen. Vom Gebälke
Des Brautgemachs hängt schon der Strick,
Ihn erfaßt sie nun mit beiden Händen,
Legt ihn eng um den weißlichen Nacken.
Grausame Gottheit scheuend,
Hütend ihre gefeierte Ehre,
Wirft sie nun auf immer von sich ab
Herben Liebeswahnsinn.

DRITTE HAUPTSZENE

Dienerin

im Innern

Wehe! Wehe!
Zu Hilfe, schnell, wer in der Nähe, schnell!
Am Strick hängt Theseus' Gattin, unsre Frau.

Chf Schon ists geschehn, die Königin ist tot,
Hat in des Strickes Schlinge sich erhängt.

Die *im Innern*
Schnell, schnell! Kommt keiner mit dem scharfen Stahl,
Der von dem Hals den Knoten schneiden soll?

Chf Was tun, ihr Lieben? Gehn wir selbst ins Haus
Und knüpfen unsre tote Herrin los?

2. Chf Warum nur? Sicher sind schon Männer da.
Der blinde Eifer hat noch nie genützt.

Θε ὀρθώσατ' ἐκτείνοντες ἄθλιον νέκυν·
πικρὸν τόδ' οἰκούρημα δεσπόταις ἐμοῖς.

Χο ὄλωλεν ἡ δύστηνος, ὡς κλύω, γυνή·
ἤδη γὰρ ὡς νεκρόν νιν ἐκτείνουσι δή.

Θησεύς

γυναῖκες, ἴστε τίς ποτ' ἐν δόμοις βοή;
ἠχὼ βαρεῖα προσπόλων ἀφίκετο.
οὐ γάρ τί μ' ὡς θεωρὸν ἀξιοῖ δόμος
πύλας ἀνοίξας εὐφρόνως προσεννέπειν.
μῶν Πιτθέως τι γῆρας εἴργασται νέον;
πρόσω μὲν ἤδη βίοτος, ἀλλ' ὅμως ἔτ' ἂν
λυπηρὸς ἡμῖν τούσδ' ἂν ἐκλίποι δόμους.
Χο οὐκ ἐς γέροντας ἥδε σοι τείνει τύχη,
Θησεῦ· νέοι θανόντες ἀλγυνοῦσί σε.
Θη οἴμοι· τέκνων μοι μή τι συλᾶται βίος;
Χο ζῶσιν, θανούσης μητρὸς ὡς ἄλγιστά σοι.
Θη τί φῄς; ὄλωλεν ἄλοχος; ἐκ τίνος τύχης;
Χο βρόχον κρεμαστὸν ἀγχόνης ἀνήψατο.
Θη λύπῃ παχνωθεῖσ', ἢ ἀπὸ συμφορᾶς τινος;
Χο τοσοῦτον ἴσμεν· ἄρτι γὰρ κἀγὼ δόμοις,
Θησεῦ, πάρειμι σῶν κακῶν πενθήτρια.
Θη αἰαῖ· τί δῆτα τοῖσδ' ἀνέστεμμαι κάρα
πλεκτοῖσι φύλλοις, δυστυχὴς θεωρὸς ὤν;
χαλᾶτε κλῇθρα, πρόσπολοι, πυλωμάτων,
ἐκλύεθ' ἁρμούς, ὡς ἴδω πικρὰν θέαν
γυναικός, ἥ με κατθανοῦσ' ἀπώλεσεν.

Χο ἰὼ ἰὼ τάλαινα μελέων κακῶν· do^2
ἔπαθες, εἰργάσω do
τοσοῦτον ὥστε τούσδε συγχέαι δόμους. ia^6

Die *im Innern*
Nun streckt die Tote hier auf dieses Bett!
Wie traurig hütet sie dem Herrn das Haus!
Chf So ist nichts mehr zu retten! Ärmste Frau!
Schon bahrt man drinnen ihre Leiche auf.

Theseus

kehrt bekränzt zurück, mit Gefolge

Was für ein Lärm in diesem Haus, ihr Fraun?
Von drinnen hört man laut die Mägde schrein
Ich kehr vom Götterfest zurück und keiner
Öffnet das Tor, entbietet frommen Gruß!
Ist Pittheus' Alter etwas widerfahren?
Er ist schon hochbetagt, und dennoch bringt
Es großes Leid, wenn er das Haus verläßt.
Chf Dies Unheil fiel nicht alte Leute an;
Du trauerst, Theseus, heut um jüngres Blut.
The So sind die Kinder mir hinweggerafft?
Chf Nein, ihre Mutter traf ein schlimmes Los.
The Die Gattin tot, was sagst du? Wie geschahs?
Chf Mit Strickes Schlinge knüpfte sie sich auf.
The Hat sie ein Leid erstarrt? Ein Mißgeschick?
Chf Nur soviel weiß ich. Eben kam ich her,
Um deinem Haus mit Klage beizustehn.
The Weh mir! Was trag ich noch, ich Unglücksmann,
Den Kranz des Götterfestes auf dem Haupt?
Ihr Mägde, zieht die Riegel von dem Tor,
Öffnet die Fugung, zeigt das Unglücksbild,
Die Frau, die sterbend mich zu Tode traf!

das Tor wird geöffnet, Bahre und Dienerinnen sind sichtbar

Ch Ärmstes Opfer
Schlimmsten Unheils!
Du littest, du tatest,
Was dieses ganze Haus zu Fall gebracht.

αἰαῖ τόλμας, ὦ βιαίως θανοῦσ᾽ do^2
ἀνοσίῳ τε συμφορᾷ, σᾶς χερὸς do^2
πάλαισμα μελέας. do
τίς ἄρα σάν, τάλαιν᾽, ἀμαυροῖ ζόαν; do^2

Θη ὤμοι ἐγὼ πόνων· ἔπαθον, ὦ πόλις, do^2 στρ.
τὰ μάκιστ᾽ ἐμῶν κακῶν. ὦ τύχα, do^2
ὥς μοι βαρεῖα καὶ δόμοις ἐπεστάθης, ia^6
κηλὶς ἄφραστος ἐξ ἀλαστόρων τινός. ia^6
κατακονὰ μὲν οὖν ἀβίοτος βίου· do^2
κακῶν δ᾽, ὦ τάλας, πέλαγος εἰσορῶ do^2
τοσοῦτον ὥστε μήποτ᾽ ἐκνεῦσαι πάλιν, ia^6
μηδ᾽ ἐκπερᾶσαι κῦμα τῆσδε συμφορᾶς. ia^6
τίνα λόγον τάλας, τίνα τύχαν σέθεν do^2
βαρύποτμον, γύναι, προσαυδῶν τύχω; do^2
ὄρνις γὰρ ὥς τις ἐκ χερῶν ἄφαντος εἶ, ia^6
πήδημ᾽ ἐς Ἅιδου κραιπνὸν ὁρμήσασά μοι. ia^6
αἰαῖ αἰαῖ, μέλεα μέλεα τάδε πάθη. do^2
πρόσωθεν δέ ποθεν ἀνακομίζομαι do^2
τύχαν δαιμόνων do
ἀμπλακίαισι τῶν πάροιθέν τινος. do^2

Χο οὐ σοὶ τάδ᾽, ὦναξ, ἦλθε δὴ μόνῳ κακά, ia^6
πολλῶν μετ᾽ ἄλλων δ᾽ ὤλεσας κεδνὸν λέχος. ia^6
Θη τὸ κατὰ γᾶς θέλω, τὸ κατὰ γᾶς κνέφας ἀντ.
μετοικεῖν σκότῳ θανὼν ὁ τλάμων,

Du hast es gewagt,
Gewaltsam verhängt
In unseliger Not
Tod von eigener kundiger Hand.
Wer hat dein Leben
Mit Dunkel umgeben?
The O schwere Bürde.
Die schwerste, ihr Bürger,
Muß ich hier tragen.
O Schicksalsfelsen,
Wie fielst du schwer auf mich und dieses Haus!
Fluchgeister haben jählings es versehrt.
Das Leben ist Grab,
Ein Schatten, ein Nichts.
Ich sehe die Fluten
Des Jammers steigen;
Kann ich ans Ufer schwimmen? Kann ich mich
Noch retten aus den Wogen dieses Sturms?
Find ich ein Wort,
Kann für dein Los,
Dein schweres, ich je
Entdecken den Namen?
Dem Vogel gleich entschwandst du meiner Hand,
Flogst in des Hades Reich mit jähem Sturz.
Wehe! O schlimmes,
O schlimmstes Verderben!
Uraltes Verhängnis
Der rächenden Götter
Muß ich erfüllen,
Rache für der Ahnen Frevel.
Chf Nicht dir allein begegnet solches Leid:
Wie manchem starb die treue Gattin schon.
The Zur Unterwelt ziehts mich,
Zum unteren Dunkel,
Will ewig die finsteren
Reiche bewohnen,

τῆς σῆς στερηθεὶς φιλτάτης ὁμιλίας·
ἀπώλεσας γὰρ μᾶλλον ἢ κατέφθισο.
τίνος, κλύω, πόθεν θανάσιμος τύχα,
γύναι, σὰν ἔβα, τάλαινα, καρδίαν;
εἴποι τις ἂν τὸ πραχθέν, ἢ μάτην ὄχλον
στέγει τύραννον δῶμα προσπόλων ἐμῶν;
ὤμοι μοι σέθεν ......
μέλεος, οἷον εἶδον ἄλγος δόμων,
οὐ τλητὸν οὐδὲ ῥητόν. ἀλλ' ἀπωλόμην·
ἔρημος οἶκος, καὶ τέκν' ὀρφανεύεται.
αἰαῖ αἰαῖ, ἔλιπες ἔλιπες, ὦ φίλα
γυναικῶν ἀρίστα θ' ὁπόσας ὁρᾷ
φέγγος ἀελίου
τε καὶ νυκτὸς ἀστερωπὸν σέλας.

Χο ὦ τάλας, ὅσον κακὸν ἔχει δόμος. hyp do
δάκρυσί μου βλέφαρα do
καταχυθέντα τέγγεται σᾷ τύχᾳ· do^{2}
τὸ δ' ἐπὶ τῷδε πῆμα φρίσσω πάλαι. do^{2}

Θη ἔα ἔα·
τί δή ποθ' ἥδε δέλτος ἐκ φίλης χερὸς
ἠρτημένη; θέλει τι σημῆναι νέον;
ἀλλ' ἦ λέχους μοι καὶ τέκνων ἐπιστολὰς
ἔγραψεν ἡ δύστηνος, ἐξαιτουμένη;

Da deine liebe Nähe ich verlor.
Ja mehr noch machst du sterben als du starbst.
  Von wem, von wannen
  Hat tödliches Schicksal,
  Unselige Gattin,
  Dein Herze befallen?
O sagt mirs endlich! Herbergt dieses Haus
Des Herrschers nutzlos seinen Dienertroß?
  Wehe, wie fiel ich
  Tief in das Unglück!
  Nicht zu ertragen,
  Niemals zu sagen
Ist dieses Leid. Es ist um mich geschehn,
Das Haus steht leer, die Kinder sind verwaist.
  Wehe, du ließest mich,
  Liebste, verließest mich,
  Beste der Frauen,
  Die jemals beschienen
  Licht dieser Sonne
  Und nächtlicher Glanz der Gestirne.

er tritt zur Bahre

Ch Wehe, o wehe,
  Unseliger König,
  Wie hat sich gefüllt dir
  Der Becher des Leids!
Wie flutet Unheil über dieses Haus!
  Mich netzen die Tränen
  Ob all deinem Leiden.
  Was noch dich erwartet,
  Erschauert mich längst.

The Sieh doch, sieh!
Was ists? Was hängt an ihrem lieben Arm?
Ein Täfelchen, das Botschaft bringen will?
Schrieb sie als letzte Bitte diesen Brief
In Sorgen um die Söhne, um ihr Bett?

θάρσει, τάλαινα· λέκτρα γὰρ τὰ Θησέως
οὐκ ἔστι δῶμά θ' ἥτις εἴσεισιν γυνή.
καὶ μὴν τύποι γε σφενδόνης χρυσηλάτου
τῆς οὐκέτ' οὔσης τῆσδε προσσαίνουσί με.
φέρ', ἐξελίξας περιβολὰς σφραγισμάτων
ἴδω τί λέξαι δέλτος ἥδε μοι θέλει.
Χο ὦ δαῖμον, εἴ πως ἔστι, μὴ σφήλῃς δόμους,
αἰτουμένης δὲ κλῦθί μου· πρὸς γάρ τινος
οἰωνὸν ὥστε μάντις εἰσορῶ κακοῦ.

Θη οἴμοι· τόδ' οἷον ἄλλο πρὸς κακῷ κακόν,
οὐ τλητὸν οὐδὲ λεκτόν. ὦ τάλας ἐγώ.
Χο τί χρῆμα; λέξον, εἴ τί μοι λόγου μέτα.
Θη βοᾷ βοᾷ δέλτος ἄλαστα. πᾷ φύγω — ia^2 ch ia^2
βάρος κακῶν; ἀπὸ γὰρ ὀλόμενος οἴχομαι, — ia^6
οἷον οἷον εἶδον ἐν γραφαῖς μέλος — cr ia^4
φθεγγόμενον τλάμων. — do

Χο αἰαῖ, κακῶν ἀρχηγὸν ἐκφαίνεις λόγον. — ia^6
Θη τόδε μὲν οὐκέτι στόματος ἐν πύλαις — do^2
καθέξω δυσεκπέρατον, ὀλοὸν — do^2
κακόν· ἰὼ πόλις. — do
Ἱππόλυτος εὐνῆς τῆς ἐμῆς ἔτλη θιγεῖν — ia^6
βίᾳ, τὸ σεμνὸν Ζηνὸς ὄμμ' ἀτιμάσας.
ἀλλ', ὦ πάτερ Πόσειδον, ἃς ἐμοί ποτε
ἀρὰς ὑπέσχου τρεῖς, μιᾷ κατέργασαι

Χο φεῦ φεῦ· τόδ' αὖ νεοχμὸν ἐκδοχαῖς — ia^2 do
ἐπιφέρει θεὸς κακόν. ἐμοὶ μὲν οὖν — do^2
ἀβίοτος βίου τύχα †πρὸς τὸ κρανθὲν εἴη τυχεῖν.† — do^3
ὀλομένους γάρ, οὐκέτ' ὄντας λέγω, — do^2
φεῦ φεῦ, τῶν ἐμῶν τυράννων δόμους. — do^2

Getrost, du Ärmste! Keinem andern Weib
Steht Theseus' Haus, steht Theseus' Lager offen.
O dieses Siegel deines goldnen Rings,
Noch nach dem Tod entzückt es meinen Sinn.
Schnell lös ich die Umschnürung von dem Wachs:
Ich muß erfahren, was die Tafel spricht.

Chf O Götter, ist es möglich, richtet nicht
Dies Haus zugrunde, hört mein Flehen an!
Schon schwirrt der Unheilsvogel um das Dach
Und Schlimmes ahnt mein seherischer Sinn.

The Weh mir! Wie häuft sich neues auf das alte Leid,
Ganz unverhüllbar! unenthüllbar! fürchterlich!

Ch Was ist es? Darf ichs hören? Tu es kund!

The Die Tafel ruft,
Die Tafel schreit
Furchtbare Greuel.
O wie entgeh ich
Der Last des Unheils?
Ich bin vernichtet, verloren.
Welch ein Lied,
Schrilles Lied,
Erklang aus der Tafel Zeichen!
O ich Unseliger!

Ch Weh mir! Kein guter Anfang ist dies Wort.

The Nicht mehr verwahr ichs
Im Tor meines Mundes,
Unüberstehbares,
Furchtbares Übel.
Hört es, ihr Bürger!
Hippolytos scheute nicht den hehren Blick des Zeus,
Er ist gewaltsam meinem Bett genaht!
Vater Poseidon! Du hast einst drei Wünsche mir

τούτων ἐμὸν παῖδ', ἡμέραν δὲ μὴ φύγοι
τήνδ', εἴπερ ἡμῖν ὤπασας σαφεῖς ἀράς.
Χο ἄναξ, ἀπεύχου ταῦτα πρὸς θεῶν πάλιν·
γνώσῃ γὰρ αὖθις ἀμπλακών. ἐμοὶ πιθοῦ.
Θη οὐκ ἔστι· καὶ πρός γ' ἐξελῶ σφε τῆσδε γῆς,
δυοῖν δὲ μοίραιν θατέρᾳ πεπλήξεται·
ἢ γὰρ Ποσειδῶν αὐτὸν εἰς Ἅιδου δόμους
θανόντα πέμψει τὰς ἐμὰς ἀρὰς σέβων,
ἢ τῆσδε χώρας ἐκπεσὼν ἀλώμενος
ξένην ἐπ' αἶαν λυπρὸν ἀντλήσει βίον.
Χο καὶ μὴν ὅδ' αὐτὸς παῖς σὸς ἐς καιρὸν πάρα,
Ἱππόλυτος· ὀργῆς δ' ἐξανεὶς κακῆς, ἄναξ
Θησεῦ, τὸ λῷστον σοῖσι βούλευσαι δόμοις.
Ιπ κραυγῆς ἀκούσας σῆς ἀφικόμην, πάτερ,
σπουδῇ· τὸ μέντοι πρᾶγμ' ἐφ' ᾧτινι στένεις
οὐκ οἶδα, βουλοίμην δ' ἂν ἐκ σέθεν κλύειν.

ἔα, τί χρῆμα; σὴν δάμαρθ' ὁρῶ, πάτερ,
νεκρόν· μεγίστου θαύματος τόδ' ἄξιον·
ἣν ἀρτίως ἔλειπον, ἣ φάος τόδε
οὔπω χρόνον παλαιὸν εἰσεδέρκετο.
τί χρῆμα πάσχει; τῷ τρόπῳ διόλλυται;
πάτερ, πυθέσθαι βούλομαι σέθεν πάρα.
σιγᾷς· σιωπῆς δ' οὐδὲν ἔργον ἐν κακοῖς·
ἡ γὰρ ποθοῦσα πάντα καρδία κλύειν
κἀν τοῖς κακοῖσι λίχνος οὖσ' ἁλίσκεται.
οὐ μὴν φίλους γε κἄτι μᾶλλον ἢ φίλους
κρύπτειν δίκαιον σάς, πάτερ, δυσπραξίας.

Θη ὦ πόλλ' ἁμαρτάνοντες ἄνθρωποι μάτην,
τί δὴ τέχνας μὲν μυρίας διδάσκετε
καὶ πάντα μηχανᾶσθε κἀξευρίσκετε,
ἓν δ' οὐκ ἐπίστασθ' οὐδ' ἐθηράσασθέ πω,
φρονεῖν διδάσκειν οἶσιν οὐκ ἔνεστι νοῦς;

Ιπ δεινὸν σοφιστὴν εἶπας, ὅστις εὖ φρονεῖν

Gewährt, vernimm den letzten, töte meinen Sohn,
Wenn deine Flüche taugen, noch an diesem Tag!
Chf Bei allen Göttern, König, nimm den Fluch zurück!
Du wirst ihn noch bereuen! Folge mir!
The Niemals! Auch sei er aus dem Land verbannt,
So daß von zwei Geschicken eins ihn sicher trifft:
Poseidon schickt ihn, meinem Fluche treu,
Zu Hades' Pforten heute noch hinab,
Sonst wird er unstet, fern dem Heimatland,
Das Brot der Fremde essen bis zum Tod.
Chf Da kommt er selbst, dein Sohn, zur rechten Zeit.
Mein König, laß den wilden Grimm, dann wird
Am besten dieses Haus beraten sein.
Hi *mit Gefährten*
Auf deine lauten Rufe kam ich schnell,
Mein Vater, zu erforschen ihren Grund,
Ich weiß nicht, was so bitter du beklagst.

Was muß ich sehen? Deine Gattin tot,
Mein Vater! Welches Staunen faßt mich an!
Die eben ich verließ, die dieses Licht
Vor wenig Augenblicken noch geschaut!
Was ist ihr Leiden? Was ihr jäher Tod?
Mein Vater, laß es mich von dir erfahren! –
Du schweigst? Man soll nicht schweigen in der Not.
Mein Herz, das gierig alles hören will,
Ruht nicht, bis es dein ganzes Leid erfuhr.
Du darfst den Freunden, darfst dem eignen Blut,
Mein Vater, nicht verhehlen, was dich traf.
The *abgewandt* Ach!
Die Menschen fehlen viel und lernen nichts!
Sie sind in tausend Künste eingeweiht,
Sind unternehmend, sind erfinderisch,
Doch nie erjagen sie das eine Ziel:
Sie machen niemals einen Toren klug.
Hi Das muß ein großer Weisheitslehrer sein,

τοὺς μὴ φρονοῦντας δυνατὸς ἔστ᾿ ἀναγκάσαι.
ἀλλ᾿ οὐ γὰρ ἐν δέοντι λεπτουργεῖς, πάτερ,
δέδοικα μή σου γλῶσσ᾿ ὑπερβάλῃ κακοῖς.

Θη φεῦ, χρῆν βροτοῖσι τῶν φίλων τεκμήριον
σαφές τι κεῖσθαι καὶ διάγνωσιν φρενῶν,
ὅστις τ᾿ ἀληθής ἐστιν ὅς τε μὴ φίλος,
δισσάς τε φωνὰς πάντας ἀνθρώπους ἔχειν,
τὴν μὲν δικαίαν, τὴν δ᾿ ὅπως ἐτύγχανεν,
ὡς ἡ φρονοῦσα τἄδικ᾿ ἐξηλέγχετο
πρὸς τῆς δικαίας, κοὐκ ἂν ἠπατώμεθα.
Ιπ ἀλλ᾿ ἦ τις ἐς σὸν οὖς με διαβαλὼν ἔχει
φίλων, νοσοῦμεν δ᾿ οὐδὲν ὄντες αἴτιοι;
ἔκ τοι πέπληγμαι· σοὶ γὰρ ἐκπλήσσουσί με
λόγοι παραλλάσσοντες ἔξεδροι φρενῶν.

Θη φεῦ τῆς βροτείας – ποῖ προβήσεται; – φρενός.
τί τέρμα τόλμης καὶ θράσους γενήσεται;
εἰ γὰρ κατ᾿ ἀνδρὸς βίοτον ἐξογκώσεται,
ὁ δ᾿ ὕστερος τοῦ πρόσθεν εἰς ὑπερβολὴν
πανοῦργος ἔσται, θεοῖσι προσβαλεῖν χθονὶ
ἄλλην δεήσει γαῖαν, ἣ χωρήσεται
τοὺς μὴ δικαίους καὶ κακοὺς πεφυκότας.

σκέψασθε δ᾿ ἐς τόνδ᾿, ὅστις ἐξ ἐμοῦ γεγὼς
ᾔσχυνε τἀμὰ λέκτρα κἀξελέγχεται
πρὸς τῆς θανούσης ἐμφανῶς κάκιστος ὤν.

δεῖξον δ᾿, ἐπειδή γ᾿ ἐς μίασμ᾿ ἐλήλυθα,
τὸ σὸν πρόσωπον δεῦρ᾿ ἐναντίον πατρί.
σὺ δὴ θεοῖσιν ὡς περισσὸς ὢν ἀνὴρ
ξύνει; σὺ σώφρων καὶ κακῶν ἀκήρατος;
οὐκ ἂν πιθοίμην τοῖσι σοῖς κόμποις ἐγὼ

Der zur Vernunft die Narren zwingen kann.
Doch quälst du dich zur Unzeit damit ab,
Die Rede scheint vom Unglück dir verwirrt.

The *abgewandt*
Oh!
Ein sichres Merkmal ihrer Freunde müßten stets
Die Menschen haben, klare Scheidung ihres Sinns,
Wer echt und wahr befunden wird, wer nicht.
Zweistimmig müßten alle Menschen sprechen:
Nach ihrer Willkür – und daneben: unverfälscht.
Von der gerechten Stimme würde stets entlarvt
Die trügerische, keine Täuschung fände statt.

Hi Gewann verleumderischer Freund dein Ohr?
Bin ich anrüchig ohne jede Schuld?
Was mich erschreckt, sind deine wirren Reden,
Sie schweifen aus der Bahn und ängsten mich.

The *abgewandt*
Weh!
Wohin versteigt sich noch des Menschen Sinn?
Zu welchem Gipfel stößt die Frechheit vor?
Wenn sie in jedem Menschenalter schwillt,
Der Junge stets den Alten im Verbrechermut
Noch übertrifft, so müssen Götter neuen Raum
Zur Erde fügen, der das Maß der Bosheit birgt.

zum Chor und Gefolge

Schaut diesen an! Es hat mein eignes Blut
Mein Bett geschändet! Seine Frechheit kam
Durch dieser Toten Zeugnis klar ans Licht.

zu Hippolytos

O blicke deinem Vater, den du schon
Durch deinen Hauch befleckt hast, ins Gesicht!
Das also ist der Auserwählte, Keusche,
Der Unberührte, der mit Göttern Umgang hat?
Nie glaub ich deinem Prahlen, Götter sind

θεοῖσι προσθεὶς ἀμαθίαν φρονεῖν κακῶς.
ἤδη νυν αὔχει καὶ δι' ἀψύχου βορᾶς
σίτοις καπήλευ', Ὀρφέα τ' ἄνακτ' ἔχων
βάκχευε πολλῶν γραμμάτων τιμῶν καπνούς·
ἐπεί γ' ἐλήφθης. τοὺς δὲ τοιούτους ἐγὼ
φεύγειν προφωνῶ πᾶσι· θηρεύουσι γὰρ
σεμνοῖς λόγοισιν, αἰσχρὰ μηχανώμενοι.
τέθνηκεν ἥδε· τοῦτό σ' ἐκσώσειν δοκεῖς;
ἐν τῷδ' ἁλίσκῃ πλεῖστον, ὦ κάκιστε σύ·
ποῖοι γὰρ ὅρκοι κρείσσονες, τίνες λόγοι
τῆσδ' ἂν γένοιντ' ἄν, ὥστε σ' αἰτίαν φυγεῖν;
μισεῖν σε φήσεις τήνδε καὶ τὸ δὴ νόθον
τοῖς γνησίοισι πολέμιον πεφυκέναι·
κακὴν ἄρ' αὐτὴν ἔμπορον βίου λέγεις,
εἰ δυσμενείᾳ σῇ τὰ φίλτατ' ὤλεσεν.
ἀλλ' ὡς τὸ μῶρον ἀνδράσιν μὲν οὐκ ἔνι,
γυναιξὶ δ' ἐμπέφυκεν; οἶδ' ἐγὼ νέους,
οὐδὲν γυναικῶν ὄντας ἀσφαλεστέρους,
ὅταν ταράξῃ Κύπρις ἡβῶσαν φρένα·
τὸ δ' ἄρσεν αὐτοὺς ὠφελεῖ προσκείμενον.
νῦν οὖν τί ταῦτα σοῖς ἁμιλλῶμαι λόγοις
νεκροῦ παρόντος μάρτυρος σαφεστάτου;
ἔξερρε γαίας τῆσδ' ὅσον τάχος φυγάς,
καὶ μήτ' Ἀθήνας τὰς θεοδμήτους μόλῃς,
μήτ' εἰς ὅρους γῆς ἧς ἐμὸν κρατεῖ δόρυ.
εἰ γὰρ παθών γε σοῦ τάδ' ἡσσηθήσομαι,
οὐ μαρτυρήσει μ' Ἴσθμιος Σίνις ποτὲ
κτανεῖν ἑαυτόν, ἀλλὰ κομπάζειν μάτην,
οὐδ' αἱ θαλάσσῃ σύννομοι Σκιρωνίδες
φήσουσι πέτραι τοῖς κακοῖς μ' εἶναι βαρύν.
Χο οὐκ οἶδ' ὅπως εἴποιμ' ἂν εὐτυχεῖν τινα
θνητῶν· τὰ γὰρ δὴ πρῶτ' ἀνέστραπται πάλιν.
Ιπ πάτερ, μένος μὲν ξύστασίς τε σῶν φρενῶν
δεινή· τὸ μέντοι πρᾶγμ' ἔχον καλοὺς λόγους,
εἴ τις διαπτύξειεν, οὐ καλὸν τόδε.
ἐγὼ δ' ἄκομψος εἰς ὄχλον δοῦναι λόγον,

Nicht blind und kennen ihre Leute wohl.
Nun tue groß mit Pflanzenkost und frommem Schein,
Spiele den Eingeweihten, der in Orpheus' Dienst
Den blauen Dunst der Zauberbücher ehrt:
Du bist erkannt. Vor dieser Sorte sei
Die Welt gewarnt, sie steckt voll Schurkerei
Und geht mit frommen Sprüchen auf die Jagd.
Die Frau ist tot. Du meinst, das rettet dich?
O nein! Sie deckt die ganze Bosheit auf!
Du kannst mit keinem Schwur, mit keinem Wort
Die Schrift entkräften, ewig klagt sie an.
Sag nicht, sie habe dich gehaßt, es gelte
Der Bastard stets dem edlen Blut als Feind:
Hätte sie schlechten Kaufs ihr liebes Leben je
In blindem Haß für dein Verderben eingesetzt?
Ist wirklich Unvernunft den Männern fremd,
Den Frauen nur bekannt? So viele weiß ich, die
Noch schwankender als alle Frauen sind,
Wenn Kypris ihren jungen Sinn verwirrt;
Nur kommen sie als Männer leichter weg. –
Wozu noch weiter dieses Wortgefecht,
Da dieser Leichnam alles klar bezeugt.
Geh und verlasse schleunigst dieses Land!
Auch aus dem Götterbau Athen bist du verbannt,
Aus allen Grenzen, die mein Speer beherrscht.
Denn unterlass ich Strafe solcher Tat,
Nennt jener Sinis auf dem Isthmus mich
Als Prahler, nicht als Mann, der ihn bezwang,
Und Skirons meerumrauschter Felsen wird
Es leugnen, daß ich Ungeheuer überwand.

Chf Ich glaube fortan nicht an Menschenglück,
Wenn so das Hohe jäh zu Boden stürzt.

Hi Mein Vater, furchtbar ist dein Sinn erregt.
Doch wisse: was so wohlbegründet scheint,
Es hielte der Enthüllung keinen Stand.
Zum Volk zu reden bin ich ungewandt,

ἐς ἥλικας δὲ κὠλίγους σοφώτερος.
ἔχει δὲ μοῖραν καὶ τόδ'· οἱ γὰρ ἐν σοφοῖς
φαῦλοι παρ' ὄχλῳ μουσικώτεροι λέγειν.
ὅμως δ' ἀνάγκη, ξυμφορᾶς ἀφιγμένης,
γλῶσσάν μ' ἀφεῖναι. πρῶτα δ' ἄρξομαι λέγειν,
ὅθεν μ' ὑπῆλθες πρῶτον ὡς διαφθερῶν
κοὐκ ἀντιλέξοντ'. εἰσορᾷς φάος τόδε
καὶ γαῖαν· ἐν τοῖσδ' οὐκ ἔνεστ' ἀνὴρ ἐμοῦ,
οὐδ' ἢν σὺ μὴ φῇς, σωφρονέστερος γεγώς.
ἐπίσταμαι γὰρ πρῶτα μὲν θεοὺς σέβειν,
φίλοις τε χρῆσθαι μὴ ἀδικεῖν πειρωμένοις,
ἀλλ' οἷσιν αἰδὼς μήτ' ἐπαγγέλλειν κακὰ
μήτ' ἀνθυπουργεῖν αἰσχρὰ τοῖσι χρωμένοις·
οὐκ ἐγγελαστὴς τῶν ὁμιλούντων, πάτερ,
ἀλλ' αὑτὸς οὐ παροῦσι κἀγγὺς ὢν φίλος.
ἑνὸς δ' ἄθικτος, ᾧ με νῦν ἑλεῖν δοκεῖς·
λέχους γὰρ ἐς τόδ' ἡμέρας ἁγνὸν δέμας·
οὐκ οἶδα πρᾶξιν τήνδε πλὴν λόγῳ κλύων
γραφῇ τε λεύσσων· οὐδὲ ταῦτα γὰρ σκοπεῖν
πρόθυμός εἰμι, παρθένον ψυχὴν ἔχων.
καὶ δὴ τὸ σῶφρον τοὐμὸν οὐ πείθει σ' ἴσως·
δεῖ δή σε δεῖξαι τῷ τρόπῳ διεφθάρην.
πότερα τὸ τῆσδε σῶμ' ἐκαλλιστεύετο
πασῶν γυναικῶν; ἢ σὸν οἰκήσειν δόμον
ἔγκληρον εὐνὴν προσλαβὼν ἐπήλπισα;
μάταιος ἄρ' ἦν, οὐδαμοῦ μὲν οὖν φρενῶν.
ἀλλ' ὡς τυραννεῖν ἡδὺ τοῖσι σώφροσιν;
ἥκιστά γ', εἰ μὴ τὰς φρένας διέφθορεν
θνητῶν ὅσοισιν ἁνδάνει μοναρχία.
ἐγὼ δ' ἀγῶνας μὲν κρατεῖν Ἑλληνικοὺς
πρῶτος θέλοιμ' ἄν, ἐν πόλει δὲ δεύτερος
σὺν τοῖς ἀρίστοις εὐτυχεῖν ἀεὶ φίλοις.
πράσσειν τε γὰρ πάρεστι, κίνδυνός τ' ἀπὼν
κρείσσω δίδωσι τῆς τυραννίδος χάριν.
ἓν οὐ λέλεκται τῶν ἐμῶν, τὰ δ' ἄλλ' ἔχεις·
εἰ μὲν γὰρ ἦν μοι μάρτυς οἷός εἰμ' ἐγώ,

Vor wenig Freunden stell ich meinen Mann
Und lob es so: wer Klugen nicht genügt,
Drischt seine langen Reden vor dem Volk.
Doch muß ich, schweren Unheils eingedenk,
Die Zunge lösen. Das stell ich voran,
Womit du deinen Angriff schlau begannst
Als sichrem Griff. Sieh dieser Sonne Licht,
Sieh diese Erde: nirgends lebt ein Mann,
Der, magst dus leugnen, so die Götter ehrt!
Ihr frommer Dienst vor allem liegt mir ob
Und Freundschaft – aber nie mit schlechtem Mann,
Nur dem, der sich vor schlimmen Ränken scheut
Und keinen Vorschub leistet übler Tat.
Und nie verrat ich die Gefährten; stets,
Ob nah, ob fern, bin ich der gleiche Freund.
Wes du mich überführt glaubst, ist mir fremd;
Ich habe bis zur Stunde keine Frau berührt.
Ich kenne nur vom Hören und aus Bildern,
Was keineswegs ich nah erfahren will,
Und rein verbleibe meine Seele bis zum Tod!
Mißtraust du aber meinem frommen Ruf,
So zeige auf, was mich zur Tat verführt!
War diese Frau für mich das schönste Weib?
Der Weg zur Herrschaft über dieses Haus?
So töricht ist kein Mensch, so sinnberaubt.
Lockt Herrschaft überhaupt den Klugen an?
Doch einzig den, dem schon der Sinn verwirrt,
Der auf die Macht im Staat versessen ist.
Bei allen großen Spielen Griechenlands
Will ich der Erste sein, im Staat als Zweiter
Mit besten Freunden mich des Glückes freun.
So kann man wirken, der Gefahr entrückt,
Die dem Tyrannen seine Tage trübt.
Nun ist dir alles, bis auf Eins, gesagt.
Hätt Zeugen ich von meiner Art und stritte

καὶ τῆσδ' ὁρώσης φέγγος ἠγωνιζόμην,
ἔργοις ἂν εἶδες τοὺς κακοὺς διεξιών·
νῦν δ' ὅρκιόν σοι Ζῆνα καὶ πέδον χθονὸς
ὄμνυμι τῶν σῶν μήποθ' ἅψασθαι γάμων
μηδ' ἂν θελῆσαι μηδ' ἂν ἔννοιαν λαβεῖν.
ἦ τἄρ' ὀλοίμην ἀκλεὴς ἀνώνυμος, 1028
καὶ μήτε πόντος μήτε γῆ δέξαιτό μου
σάρκας θανόντος, εἰ κακὸς πέφυκ' ἀνήρ.
εἰ δ' ἥδε δειμαίνουσ' ἀπώλεσεν βίον
οὐκ οἶδ'· ἐμοὶ γὰρ οὐ θέμις πέρα λέγειν.
ἐσωφρόνησεν οὐκ ἔχουσα σωφρονεῖν,
ἡμεῖς δ' ἔχοντες οὐ καλῶς ἐχρώμεθα.
Χο ἀρκοῦσαν εἶπας αἰτίας ἀποστροφήν,
ὅρκους παρασχών, πίστιν οὐ σμικράν, θεῶν.
Θη ἆρ' οὐκ ἐπῳδὸς καὶ γόης πέφυχ' ὅδε,
ὃς τὴν ἐμὴν πέποιθεν εὐοργησίᾳ
ψυχὴν κρατήσειν, τὸν τεκόντ' ἀτιμάσας;
Ιπ καὶ σοῦ γε ταῦτα κάρτα θαυμάζω, πάτερ·
εἰ γὰρ σὺ μὲν παῖς ἦσθ', ἐγὼ δὲ σὸς πατήρ,
ἔκτεινά τοί σ' ἂν κοὐ φυγαῖς ἐζημίουν,
εἴπερ γυναικὸς ἠξίουν σ' ἐμῆς θιγεῖν.
Θη ὡς ἄξιον τόδ' εἶπας, οὐχ οὕτω θανῇ,
ὥσπερ σὺ σαυτῷ τόνδε προὔθηκας νόμον·
ταχὺς γὰρ Ἅιδης ῥᾷστος ἀνδρὶ δυσσεβεῖ,
ἀλλ' ἐκ πατρῴας φυγὰς ἀλητεύων χθονὸς. 1048
Ιπ οἴμοι, τί δράσεις; οὐδὲ μηνυτὴν χρόνον 1051
δέξῃ καθ' ἡμῶν, ἀλλά μ' ἐξελᾷς χθονός;
Θη πέραν γε πόντου καὶ τόπων Ἀτλαντικῶν,
εἴ πως δυναίμην, ὡς σὸν ἐχθαίρω κάρα.
Ιπ οὐδ' ὅρκον οὐδὲ πίστιν οὐδὲ μάντεων
φήμας ἐλέγξας ἄκριτον ἐκβαλεῖς με γῆς;
Θη ἡ δέλτος ἥδε κλῆρον οὐ δεδεγμένη
κατηγορεῖ σου πιστά· τοὺς δ' ὑπὲρ κάρα

ἄπολις ἄοικος, φυγὰς ἀλητεύων χθόνα, 1029

ξένην ἐπ' αἶαν λυπρὸν ἀντλήσεις βίον· 1049
μισθὸς γάρ οὗτός ἐστιν ἀνδρὶ δυσσεβεῖ.

Ich mit der Toten, die noch lebte, vor Gericht,
Erwiesen wäre bald, wer wirklich schlecht.
So rufe ich den Schwurgott Zeus, das Erdenreich
Zum Zeugen, daß ich nie dein Bett berührt
Noch je es wollte noch auch nur gedacht.
O mög ich ruhmlos sterben, namenlos,
Und weder Meer noch Erde nehme auf
Den Leib des Toten, wenn ich schuldig bin.
Ob diese Frau aus Furcht ihr Leben ließ,
Wer weiß? und mir ist Schweigen auferlegt.
Sie spielt die Reine, ohne es zu sein –
Ich bin es, aber nicht zu meinem Heil.
Chf Du hast den Angriff völlig abgewehrt
Durch einen Eidschwur, der für alles bürgt.
The Ein Gaukler, ein Beschwörer ist der Mann,
Der jetzt mit sanften Weisen mir das Herz
Verzaubern will, nach solcher Sohnestat!
Hi Auch deine Sanftmut, Vater, wundert mich.
Wär ich dein Vater, du mein Sohn, ich würde dich
Mit Tod bestrafen, nicht nur mit dem Bann,
Hielt ich dich für den Schänder meines Betts.
The Wie klug! Doch stirbst du nicht so leichten Kaufs,
Wie du die Strafe selber dir bemißt.
Für solchen Frevler ist der rasche Tod zu leicht,
Du mußt als Bettler in die Fremde ziehn.
Hi Furchtbare Drohung! Keine Wartezeit
Gewährst du, stößt mich plötzlich aus dem Land!
The Über den Pontus und des Atlas Reich,
Wenn ichs vermöchte. So bist du verhaßt!
Hi Kein Eid und kein Beweis, kein Seherspruch
Soll gelten? Ohne Urteil muß ich gehn?
The Die Tafel, keinem Loswurf unterstellt,
Verdammt dich klar, und was für Vogelzeichen

φοιτῶντας ὄρνις πόλλ᾽ ἐγὼ χαίρειν λέγω.
Ιπ ὦ θεοί, τί δῆτα τοὐμὸν οὐ λύω στόμα,
ὅστις γ᾽ ὑφ᾽ ὑμῶν, οὓς σέβω, διόλλυμαι;
οὐ δῆτα· πάντως οὐ πίθοιμ᾽ ἂν οὕς με δεῖ,
μάτην δ᾽ ἂν ὅρκους συγχέαιμ᾽ οὓς ὤμοσα.
Θη οἴμοι, τὸ σεμνὸν ὥς μ᾽ ἀποκτενεῖ τὸ σόν,
οὐκ εἶ πατρῴας ἐκτὸς ὡς τάχιστα γῆς;
Ιπ ποῖ δῆθ᾽ ὁ τλήμων τρέψομαι; τίνος ξένων
δόμους ἔσειμι, τῇδ᾽ ἐπ᾽ αἰτίᾳ φυγών;
Θη ὅστις γυναικῶν λυμεῶνας ἥδεται
ξένους κομίζων καὶ ξυνοικούρους δόμων.
Ιπ αἰαῖ, πρὸς ἧπαρ δακρύων τ᾽ ἐγγὺς τόδε,
εἰ δὴ κακός γε φαίνομαι δοκῶ τέ σοι.
Θη τότε στενάζειν καὶ προγιγνώσκειν σ᾽ ἐχρῆν
ὅτ᾽ ἐς πατρῴαν ἄλοχον ὑβρίζειν ἔτλης.
Ιπ ὦ δώματ᾽, εἴθε φθέγμα γηρύσαισθέ μοι
καὶ μαρτυρήσαιτ᾽ εἰ κακὸς πέφυκ᾽ ἀνήρ.
Θη ἐς τοὺς ἀφώνους μάρτυρας φεύγεις σοφῶς·
τὸ δ᾽ ἔργον οὐ λέγον σε μηνύει κακόν.
Ιπ φεῦ·
εἴθ᾽ ἦν ἐμαυτὸν προσβλέπειν ἐναντίον
στάνθ᾽, ὡς ἐδάκρυσ᾽ οἷα πάσχομεν κακά.
Θη πολλῷ γε μᾶλλον σαυτὸν ἤσκησας σέβειν
ἢ τοὺς τεκόντας ὅσια δρᾶν δίκαιος ὤν.
Ιπ ὦ δυστάλαινα μῆτερ, ὦ πικραὶ γοναί·
μηδείς ποτ᾽ εἴη τῶν ἐμῶν φίλων νόθος.
Θη οὐχ ἕλξετ᾽ αὐτόν, δμῶες; οὐκ ἀκούετε
πάλαι ξενοῦσθαι τόνδε προυννέποντά με;
Ιπ κλαίων τις αὐτῶν ἆρ᾽ ἐμοῦ τεθίξεται·
σὺ δ᾽ αὐτός, εἴ σοι θυμός, ἐξώθει χθονός.

Θη δράσω τάδ᾽, εἰ μὴ τοῖς ἐμοῖς πείσῃ λόγοις·
οὐ γάρ τις οἶκτος σῆς μ᾽ ὑπέρχεται φυγῆς.
Ιπ ἄραρεν, ὡς ἔοικεν· ὦ τάλας ἐγώ·
ὡς οἶδα μὲν ταῦτ᾽, οἶδα δ᾽ οὐχ ὅπως φράσω.
ὦ φιλτάτη μοι δαιμόνων Λητοῦς κόρη,

Dein Haupt umflattern, zähl ich für ein Nichts.
Hi Ihr Götter, öffnet das nicht meinen Mund?
Muß, der euch ehrt, durch euch zugrunde gehn?
Ich schweig. Auch wäre nutzlos jedes Wort
Und ganz vergeblich bräch ich meinen Schwur.
The Oh! Diese Frömmelei bringt mich noch um.
Verlaß aufs schnellste jetzt dein Vaterland!
Hi Wohin mich wenden? Ach, wer nimmt mich auf,
Wenn ich ob solcher Tat verstoßen bin?
The Wer Frauenschänder gern beherbergt, sie
Als Hausgenossen einsetzt, wird es tun.
Hi Die Träne strömt, es bricht das Herz, wenn so
Die Welt, der Vater mich für schurkisch hält.
The Da war zum Seufzen, zum Bedenken Zeit,
Als du mein Bett zu schänden unternahmst.
Hi Ihr Wände, hättet ihr doch Menschenlaut!
Ihr könnt bezeugen, daß ich ohne Schuld.
The Zu stummen Zeugen wendest du dich klug,
Dein Werk hier schweigt und deckt doch alles auf.
Hi Weh mir!
O stünd ich selbst vor mir, die Tränen kämen mir
Bei meinem Anblick über all dem Leid.
The Ja! Selbstbewundrung ist dir mehr vertraut
Als Kindespflicht, du ganz gerechter Mensch.
Hi O unglückselige Mutter! Bittere Geburt!
Sei meinen Freunden Bastardlos erspart!
The Packt ihn, ihr Mannen! Habt ihr nicht gehört,
Wie ihn mein Wort in die Verbannung stieß?
Hi Der wirds bereun, der Hände an mich legt!
Steht dir der Sinn danach, so tu es selbst!
The *abgehend*
Ich will es tun, wenn du nicht bald gehorchst,
Und keine Träne weine ich dir nach.
Hi Nun scheint es fest beschlossen, weh mir, weh!
Ich weiß um alles, sprechen darf ich nicht.
O Letos Tochter, liebste Göttin mir,

σύνθακε, συγκύναγε, φευξόμεσθα δὴ
κλεινὰς Ἀθήνας. ἀλλὰ χαίρετ', ὦ πόλις
καὶ γαῖ' Ἐρεχθέως· ὦ πέδον Τροζήνιον,
ὡς ἐγκαθηβᾶν πόλλ' ἔχεις εὐδαίμονα,
χαῖρ'· ὕστατον γάρ σ' εἰσορῶν προσφθέγγομαι.
ἴτ' ὦ νέοι μοι τῆσδε γῆς ὁμήλικες,
προσείπαθ' ἡμᾶς καὶ προπέμψατε χθονός·
ὡς οὔποτ' ἄλλον ἄνδρα σωφρονέστερον
ὄψεσθε, κεἰ μὴ ταῦτ' ἐμῷ δοκεῖ πατρί.

Χο ἦ μέγα μοι τὰ θεῶν — da^6 — στρ.
μελεδήμαθ', ὅταν φρένας ἔλθῃ,
λύπας παραιρεῖ· — ia^2 da^4
ξύνεσιν δέ τιν' ἐλπίδι κεύθων
λείπομαι ἔν τε τύχαις — da^6
θνατῶν καὶ ἐν ἔργμασι λεύσσων·
ἄλλα γὰρ ἄλλοθεν ἀμείβεται, — da^2 ia^2
μετὰ δ' ἵσταται ἀνδράσιν αἰὼν — $_\wedge$da^4
πολυπλάνητος αἰεί. — ia^2 ba

εἴθε μοι εὐξαμένᾳ — ἀντ.
θεόθεν τάδε μοῖρα παράσχοι,
τύχαν μετ' ὄλβου
καὶ ἀκήρατον ἄλγεσι θυμόν·
δόξα δὲ μήτ' ἀτρεκὴς
μήτ' αὖ παράσημος ἐνείη·
ῥᾴδια δ' ἤθεα τὸν αὔριον
μεταβαλλομένα χρόνον αἰεὶ
βίον συνευτυχοίην.

Gefährtin, Jagdgenossin! Fliehn muß ich
Athens berühmte Mauern. Lebet wohl,
Erechtheus' Stadt und Land! Trözens Gefild,
Das meiner Jugend Freudenstätten birgt,
Leb wohl, im letzten Anblick grüß ich dich!
Genossen meiner Jugend, meiner Stadt,
Nehmt von mir Abschied, gebt mir das Geleit,
Dem frömmsten Mann, den jemals ihr gesehn,
Auch wenn mein Vater dieses niemals glaubt.

sie gehen ab

DRITTES STANDLIED

Chor

Erste Strophe

Wen die Gedanken vom Walten der Götter erfüllen, dem
Schweres Leid von der Seele. [schwindet
Aber die heimliche Hoffnung
Heiliger Ordnung
Wankt mir, wenn ich die Leiden und Taten der Menschen
Alles im ewigen Wechsel! [betrachte:
Leben, im ewigen Wandel
Unstet getrieben.

Gegenstrophe

Mögen die gütigen Götter, o möge ein gütiges Schicksal
Diese Bitte gewähren:
Fülle der irdischen Güter,
Frieden der Seele,
Weder die eherne Wahrheit noch falsche Münze der Täu-
Leichter, schmeidiger Sinn, von [schung;
Heute auf morgen sich wandelnd,
Bürge das Glück mir.

οὐκέτι γὰρ καθαρὰν   da^{6} στρ.
φρέν' ἔχω τὰ παρ' ἐλπίδα λεύσσων,
ἐπεὶ τὸν Ἑλλανίας   ia^{2} cr
φανερώτατον ἀστέρ' Ἀθήνας $_{\wedge}$da^{4}
εἴδομεν εἴδομεν ἐκ πατρὸς ὀργᾶς   da^{4}
ἄλλαν ἐπ' αἶαν ἱέμενον.   ia^{4}
ὦ ψάμαθοι πολιήτιδος ἀκτᾶς,   da^{4}
δρυμός τ' ὄρειος, ὅθι κυνῶν   ia^{4}
ὠκυπόδων μέτα θῆρας ἔναιρεν   da^{4}
Δίκτυνναν ἀμφὶ σεμνάν.   ia^{2} ba

οὐκέτι συζυγίαν   ἀντ.
πώλων Ἐνετᾶν ἐπιβάσῃ
τὸν ἀμφὶ Λίμνας τρόχον
κατέχων ποδὶ γυμνάδος ἵππου.
μοῦσα δ' ἄυπνος ὑπ' ἄντυγι χορδᾶν
λήξει πατρῷον ἀνὰ δόμον·
ἀστέφανοι δὲ κόρας ἀνάπαυλαι
Λατοῦς βαθεῖαν ἀνὰ χλόαν·
νυμφιδία δ' ἀπόλωλε φυγᾷ σᾷ
λέκτρων ἅμιλλα κούραις.

ἐγὼ δὲ σᾷ δυστυχίᾳ   ia^{2} ch
δάκρυσι διοίσω πότμον ἄπο-   ia^{4}
τμον· ὦ τάλαινα μᾶτερ,   ia^{2} ba
ἔτεκες ἀνόνατα· φεῦ·   cr^{2}
μανίω θεοῖσιν·   cr ba
ἰὼ ἰώ·   ia^{2}
συζύγιαι Χάριτες,   hem
τί τὸν τάλαν' ἐκ πατρίας $\smile$hem
γᾶς οὐδὲν ἄτας αἴτιον   ia^{4}
πέμπετε τῶνδ' ἀπ' οἴκων;   ch ba

Χο καὶ μὴν ὀπαδὸν Ἱππολύτου τόνδ' εἰσορῶ
σπουδῇ σκυθρωπὸν πρὸς δόμους ὁρμώμενον.

Zweite Strophe

Frommes Vertrauen verließ mich beim Anblick des niemals
Als wir hellenischen Landes [Geahnten,
Allerstrahlendsten Stern vom
Zorne des Vaters
Sahen des Landes verwiesen. O Sand der heimischen Küste!
Bergwald, wo mit der Meute
Jagd er pflog, der Gefährte
Seliger Göttin!

Gegenstrophe

Nie mehr bespannst du den Wagen mit edelsten Rossen,
Nie mehr Rennbahn am Meere. [sie stampfen
Saitenspielende Muse,
Rastlose, wird nun
Stumm im Hause der Väter. Der Artemis schattige Plätze,
Kranzlos müssen sie trauern.
Bräutliches Werben der Mädchen
Nimmst du mit dir.

Dritte Strophe

Aber wir Frauen verkünden erschüttert und tränenden
Laut dein Schicksal, Mißschicksal. [Auges
Fruchtlos hat Früchte getragen
Schoß deiner Mutter.
Göttern schrei ichs entgegen: Chariten, zum Reigen ver-
Wehe, wie laßt ihrs geschehen: [bunden,
Unschuldsjüngling, der Heimat
Grausam beraubt.

VIERTE HAUPTSZENE

Chf Da kommt ein Diener des Hippolytos
Mit finstrem Aug zum Hause hergestürzt!

Ἄγγελος

ποῖ γῆς ἄνακτα τῆσδε Θησέα μολὼν
εὕροιμ᾽ ἄν, ὦ γυναῖκες; εἴπερ ἴστε μοι
σημήνατ᾽· ἆρα τῶνδε δωμάτων ἔσω;
Χο ὅδ᾽ αὐτὸς ἔξω δωμάτων πορεύεται.
Αγ Θησεῦ, μερίμνης ἄξιον φέρω λόγον
σοὶ καὶ πολίταις οἵ τ᾽ Ἀθηναίων πόλιν
ναίουσι καὶ γῆς τέρμονας Τροζηνίας.
Θη τί δ᾽ ἔστι; μῶν τις συμφορὰ νεωτέρα
δισσὰς κατείληφ᾽ ἀστυγείτονας πόλεις;
Αγ Ἱππόλυτος οὐκέτ᾽ ἔστιν, ὡς εἰπεῖν ἔπος·
δέδορκε μέντοι φῶς ἐπὶ σμικρᾶς ῥοπῆς.
Θη πρὸς τοῦ; δι᾽ ἔχθρας μῶν τις ἦν ἀφιγμένος,
ὅτου κατῄσχυν᾽ ἄλοχον ὡς πατρὸς βίᾳ;
Αγ οἰκεῖος αὐτὸν ὤλεσ᾽ ἁρμάτων ὄχος
ἀραί τε τοῦ σοῦ στόματος, ἃς σὺ σῷ πατρὶ
πόντου κρέοντι παιδὸς ἠράσω πέρι.
Θη ὦ θεοὶ Πόσειδόν θ᾽, ὡς ἄρ᾽ ἦσθ᾽ ἐμὸς πατὴρ
ὀρθῶς, ἀκούσας τῶν ἐμῶν κατευγμάτων.
πῶς καὶ διώλετ᾽; εἰπέ· τῷ τρόπῳ Δίκης
ἔπαισεν αὐτὸν ῥόπτρον αἰσχύναντ᾽ ἐμέ;
Αγ ἡμεῖς μὲν ἀκτῆς κυμοδέγμονος πέλας
ψήκτραισιν ἵππων ἐκτενίζομεν τρίχας
κλαίοντες· ἦλθε γάρ τις ἄγγελος λέγων
ὡς οὐκέτ᾽ ἐν γῇ τῇδ᾽ ἀναστρέψοι πόδα
Ἱππόλυτος, ἐκ σοῦ τλήμονας φυγὰς ἔχων.
ὁ δ᾽ ἦλθε ταὐτὸν δακρύων ἔχων μέλος
ἡμῖν ἐπ᾽ ἀκτάς· μυρία δ᾽ ὀπισθόπους
φίλων ἅμ᾽ ἔστειχ᾽ ἡλίκων ὁμήγυρις.
χρόνῳ δὲ δήποτ᾽ εἶπ᾽ ἀπαλλαχθεὶς γόων·
Τί ταῦτ᾽ ἀλύω; πειστέον πατρὸς λόγοις.
ἐντύναθ᾽ ἵππους ἅρμασι ζυγηφόρους,
δμῶες· πόλις γὰρ οὐκέτ᾽ ἔστιν ἥδε μοι.
τοὐνθένδε μέντοι πᾶς ἀνὴρ ἠπείγετο,
καὶ θᾶσσον ἢ λέγοι τις ἐξηρτυμένας
πώλους παρ᾽ αὐτὸν δεσπότην ἐστήσαμεν.

Bote

Wo find ich unsern König Theseus? Sagt,
Ihr Frauen, wißt ihr, steckt er hier im Haus?

Chf Da tritt er selber eben aus der Tür.

Bo Theseus, ich bringe sorgenvolle Botschaft
Für dich, die Bürger der Athenerstadt
Und wer hier in Trözenes Grenzen wohnt.

The Was ist geschehen? Welches Unglück hat
Die beiden Nachbarstädte heimgesucht?

Bo Hippolytos ist tot, so gut wie tot,
Auf Messers Schneide steht sein Leben noch.

The Wer schlug ihn? Hat ein Feind ihn aufgesucht,
Dem er wie mir das Bett geschändet hat?

Bo Der eigne Wagen brachte ihm den Tod
Und deine Flüche, die du deinem Vater,
Dem Meeresherrscher, für ihn abverlangt.

The Ihr Götter! Und Poseidon, echter Vater du!
Wie hast du meine Flüche treu erfüllt!
Doch sag, wie starb er? Wie hat Dikes Keule
Den Schänder meiner Ehre hingestreckt?

Bo Wir striegelten die Pferde in der Bucht,
Laut jammernd, denn ein Bote sagte uns,
Es setze nie mehr in dies Land den Fuß
Hippolytos, so hart von dir verbannt.
Dasselbe Klaglied brachte er uns selbst,
Hinab zum Strand, von großer Freundesschar
Umringt, die ihm noch das Geleite gab.
Dann sprach er, als sein Herz der Klage satt:
„Wozu noch jammern? Vaters Wille muß
Geschehen. Spannt die Wagenpferde an!
Für mich gibts kein Trözen mehr! Auf, ans Werk!"
Da rührte eifrig jeder seine Hand
Und schneller als mans sagen könnte, stand
Vor unserm Herrn das fertige Gespann.

μάρπτει δὲ χερσὶν ἡνίας ἀπ' ἄντυγος,
αὐταῖσιν ἀρβύλαισιν ἁρμόσας πόδα.
καὶ πρῶτα μὲν θεοῖς εἶπ' ἀναπτύξας χέρας·
Ζεῦ, μηκέτ' εἴην, εἰ κακὸς πέφυκ' ἀνήρ·
αἴσθοιτο δ' ἡμᾶς ὡς ἀτιμάζει πατὴρ
ἤτοι θανόντας ἢ φάος δεδορκότας.
κἀν τῷδ' ἐπῆγε κέντρον ἐς χεῖρας λαβὼν
πώλοις ὁμαρτῇ· πρόσπολοι δ' ὑφ' ἅρματος
πέλας χαλινῶν εἱπόμεσθα δεσπότῃ
τὴν εὐθὺς Ἄργους κἀπιδαυρίας ὁδόν.
ἐπεὶ δ' ἔρημον χῶρον εἰσεβάλλομεν,
ἀκτή τις ἔστι τοὐπέκεινα τῆσδε γῆς
πρὸς πόντον ἤδη κειμένη Σαρωνικόν.
ἔνθεν τις ἠχὼ χθόνιος ὡς βροντὴ Διὸς
βαρὺν βρόμον μεθῆκε, φρικώδη κλύειν·
ὀρθὸν δὲ κρᾶτ' ἔστησαν οὖς τ' ἐς οὐρανὸν
ἵπποι· παρ' ἡμῖν δ' ἦν φόβος νεανικὸς
πόθεν ποτ' εἴη φθόγγος. ἐς δ' ἁλιρρόθους
ἀκτὰς ἀποβλέψαντες ἱερὸν εἴδομεν
κῦμ' οὐρανῷ στηρίζον, ὥστ' ἀφῃρέθη
Σκίρωνος ἀκτὰς ὄμμα τοὐμὸν εἰσορᾶν·
ἔκρυπτε δ' Ἰσθμὸν καὶ πέτραν Ἀσκληπιοῦ.
κἄπειτ' ἀνοιδῆσάν τε καὶ πέριξ ἀφρὸν
πολὺν καχλάζον ποντίῳ φυσήματι
χωρεῖ πρὸς ἀκτάς, οὗ τέθριππος ἦν ὄχος.
αὐτῷ δὲ σὺν κλύδωνι καὶ τρικυμίᾳ
κῦμ' ἐξέθηκε ταῦρον, ἄγριον τέρας·
οὗ πᾶσα μὲν χθὼν φθέγματος πληρουμένη
φρικῶδες ἀντεφθέγγετ', εἰσορῶσι δὲ
κρεῖσσον θέαμα δεργμάτων ἐφαίνετο.
εὐθὺς δὲ πώλοις δεινὸς ἐμπίπτει φόβος·
καὶ δεσπότης μὲν ἱππικοῖσιν ἤθεσιν
πολὺς ξυνοικῶν ἥρπασ' ἡνίας χεροῖν,
ἕλκει δὲ κώπην ὥστε ναυβάτης ἀνὴρ
ἱμᾶσιν ἐς τοὔπισθεν ἀρτήσας δέμας·
αἱ δ' ἐνδακοῦσαι στόμια πυριγενῆ γναθμοῖς

Er griff die Zügel sich vom Wagenrand,
Schob in die Wagenschuhe seinen Fuß
Und hob noch zu den Göttern seine Hand:
„Zeus! Bin ich schuldig, sei ich auch verflucht!
Mein Vater merke, wie er mich entehrt,
Wenn ich noch atme oder wenn ich tot."
Und damit griff er schon zum Stachel, trieb
Die Pferde an. Wir Diener folgten ihm,
Ganz nah den Zügeln, dicht am Wagenrand,
Die Straße, die nach Argos, Epidauros führt.
Wir kamen bald an unbewohnten Ort,
Wo jenseits unsrer Landesgrenzen sich
Die Küste öffnet zum Saronschen Golf.
Da braust, wie Donner aus der Unterwelt,
Ein dumpfes Rollen schauderhaft herauf.
Die Pferde stellten Kopf und Ohren steil,
Wir aber schauten starr vor Schrecken um,
Woher die Töne kämen. Als wir auf den Strand
Des Meeres blickten, zog ein Wogenberg
Unheimlich sich empor zum Himmel, daß
Des Skiron Küste nicht mehr sichtbar war,
Isthmos, Asklepiosfelsen ganz verschwand.
Es schwillt der Berg, verspritzt den weißen Gischt
Im weiten Kreis und stürzt sich mit Gebrüll
Auf unsre Küste, wo der Wagen fuhr.
Und mitten in dem Toben dieses Sturms
Entläßt die Woge einen wilden Stier,
Von dessen Brüllen sich das Land erfüllte
Und schaurig widerklang; der Anblick selbst
Ging über eines Menschenauges Kraft.
Da fällt die Rosse jäher Schrecken an
Und unser Herr, mit Pferdeart so ganz
Vertraut, zieht schnell die Riemen an, und wie
Der Schiffsmann sich in seine Ruder legt,
So lehnt er in die Zügel sein Gewicht.
Die Stuten aber knirschten ins Gebiß

βίᾳ φέρουσιν, οὔτε ναυκλήρου χερὸς
οὔθ' ἱπποδέσμων οὔτε κολλητῶν ὄχων
μεταστρέφουσαι. κεἰ μὲν ἐς τὰ μαλθακὰ
γαίας ἔχων οἴακας εὐθύνοι δρόμον,
προυφαίνετ' ἐς τὸ πρόσθεν, ὥστ' ἀναστρέφειν,
ταῦρος φόβῳ τέτρωρον ἐκμαίνων ὄχον·
εἰ δ' ἐς πέτρας φέροιντο μαργῶσαι φρένας,
σιγῇ πελάζων ἄντυγι ξυνείπετο
ἐς τοῦθ' ἕως ἔσφηλε κἀνεχαίτισεν,
ἁψῖδα πέτρῳ προσβαλὼν ὀχήματος.
σύμφυρτα δ' ἦν ἅπαντα· σύριγγές τ' ἄνω
τροχῶν ἐπήδων ἀξόνων τ' ἐνήλατα.
αὐτὸς δ' ὁ τλήμων ἡνίαισιν ἐμπλακεὶς
δεσμὸν δυσεξήνυστον ἕλκεται δεθείς,
σποδούμενος μὲν πρὸς πέτραις φίλον κάρα
θραύων τε σάρκας, δεινὰ δ' ἐξαυδῶν κλύειν·
Στῆτ', ὦ φάτναισι ταῖς ἐμαῖς τεθραμμέναι,
μή μ' ἐξαλείψητ'· ὦ πατρὸς τάλαιν' ἀρά.
τίς ἄνδρ' ἄριστον βούλεται σῶσαι παρών;
πολλοὶ δὲ βουληθέντες ὑστέρῳ ποδὶ
ἐλειπόμεσθα. χὠ μὲν ἐκ δεσμῶν λυθεὶς
τμητῶν ἱμάντων οὐ κάτοιδ' ὅτῳ τρόπῳ
πίπτει, βραχὺν δὴ βίοτον ἐμπνέων ἔτι·
ἵπποι δ' ἔκρυφθεν καὶ τὸ δύστηνον τέρας
ταύρου λεπαίας οὐ κάτοιδ' ὅποι χθονός.
δοῦλος μὲν οὖν ἔγωγε σῶν δόμων, ἄναξ,
ἀτὰρ τοσοῦτόν γ' οὐ δυνήσομαί ποτε,
τὸν σὸν πιθέσθαι παῖδ' ὅπως ἐστὶν κακός·
οὐδ' εἰ γυναικῶν πᾶν κρεμασθείη γένος,
καὶ τὴν ἐν Ἴδῃ γραμμάτων πλήσειέ τις
πεύκην, ἐπεί νιν ἐσθλὸν ὄντ' ἐπίσταμαι.
Χο αἰαῖ· κέκρανται συμφορὰ νέων κακῶν,
οὐδ' ἔστι μοίρας τοῦ χρεών τ' ἀπαλλαγή.
Θη μίσει μὲν ἀνδρὸς τοῦ πεπονθότος τάδε
λόγοισιν ἥσθην τοῖσδε· νῦν δ' αἰδούμενος
θεούς τ' ἐκεῖνόν θ', οὕνεκ' ἐστὶν ἐξ ἐμοῦ,

Und stoben fort und nicht mehr kümmert sie
Des Lenkers Hand, der Zügel und die Last
Des Wagens. Dreht er nach dem weichen Sand,
Die Rosse lenkend, seines Steuers Blatt,
Erscheint von vorn der Stier und brüllt und zwingt
Zur Umkehr das erschreckte Viergespann.
Rennt es dann rasend auf die Felsen zu,
So folgt er stumm, ganz dicht am Wagenrand,
Bis er, die Felge schleudernd an den Fels,
Den Wagen stürzt, ihn völlig umgewandt.
Ein Trümmerhaufen wars. Der Naben Büchsen,
Der Achsen Pflöcke flogen durch die Luft.
Der Ärmste selbst, im Zügelwerk verstrickt,
Unlösbar festgeknotet, wird geschleift.
Das liebe Haupt aufschlagend auf den Fels,
Die Haut zerrissen, stöhnt er fürchterlich:
„Die ihr an meinen Krippen fraßet, halt!
Laßt mich am Leben! O des Vaters Fluch!
Wer kommt und hilft dem ganz unschuldgen Mann?"
Wie viele wolltens! Doch wir blieben weit
Zurück. Er löste schließlich aus dem Knäul
Der Riemen sich, ich weiß nicht wie, und blieb,
Dem letzten Atem nah, am Boden liegen.
Die Pferde aber und der Unheilsstier
Verschwanden irgendwo im Felsengrund. –
Ich bin zwar Sklave, Herr, in deinem Haus,
Doch niemals zwingst du mich, an seine Schuld
Zu glauben, mag das ganze Weibervolk
Sich auch erhängen, mag den Fichtenwald
Des Ida eine füllen mit der Klageschrift;
Denn dieses weiß ich: edel war dein Sohn.
Chf Das neue Unheil, weh, es ist geschehn!
Verhängtes bleibt verhängt. Das Muß bleibt Muß.
The Mein hassend Herz frohlockte ob dem Wort.
Nun trag ich vor den Göttern Scheu und auch
Vor ihm, der doch mein Sohn, mein eigen Blut.

οὔθ' ἥδομαι τοῖσδ' οὔτ' ἐπάχθομαι κακοῖς.
Αγ πῶς οὖν; κομίζειν ἢ τί χρὴ τὸν ἄθλιον
δράσαντας ἡμᾶς σῇ χαρίζεσθαι φρενί;
φρόντιζ'· ἐμοῖς δὲ χρώμενος βουλεύμασιν
οὐκ ὠμὸς ἐς σὸν παῖδα δυστυχοῦντ' ἔσῃ.
Θη κομίζετ' αὐτόν, ὡς ἰδὼν ἐν ὄμμασιν
τὸν τἄμ' ἀπαρνηθέντα μὴ χρᾶναι λέχη
λόγοις τ' ἐλέγξω δαιμόνων τε συμφοραῖς.

Χο	σὺ τὰν θεῶν ἄκαμπτον φρένα καὶ βροτῶν	do^2
	ἄγεις, Κύπρι, σὺν δ'	do
	ὁ ποικιλόπτερος ἀμφιβαλὼν	ia^2 an^2
	ὠκυτάτῳ πτερῷ.	do
	ποτᾶται δὲ γαῖαν εὐάχητόν θ'	do^2
	ἁλμυρὸν ἐπὶ πόντον.	do
	θέλγει δ' Ἔρως,	ia^2
	ᾧ μαινομένᾳ κραδίᾳ	-hem
	πτανὸς ἐφορμάσῃ χρυσοφαής,	do ch
	φύσιν ὀρεσκόων	do
	σκυλάκων πελαγίων θ' ...	do
	ὅσα τε γᾶ τρέφει	do
	τάν ἅλιος αἰθόμενος δέρκεται,	-hem cr
	ἄνδρας τε· συμ-	ia^2
	πάντων βασιληίδα τιμάν,	-hem-
	Κύπρι, τῶνδε μόνα κρατύνεις.	an^2 ba

Nicht jubeln kann, nicht klagen das Gemüt.
Bo Und wir? Wie machen wirs nach deinem Sinn?
Soll man den Ärmsten bringen? Soll man nicht?
Entscheide du, und wenn ich raten darf,
So sei nicht hart zu deinem armen Sohn!
The So bring ihn, daß ich ihm ins Auge seh,
Und leugnet er beharrlich seine Schuld,
So überführ ihn diese Göttertat! *Bote ab*

VIERTES STANDLIED

Chor

Herrin Kypris!
Der Götter unbeugsamen Sinn und der Menschen,
Du bezwingst ihn,
Denn dich umflattert
Buntbeschwingter Knabe,
Der mit schnellem Geschoß
Sie überschüttet.
Festes Land überfliegt er,
Rauschende Salzflut des Meeres,
Eros im Goldglanz.
Wem er sich naht,
Der geflügelte Knabe,
Dem berückt er das Herz,
Füllt es mit süßem,
Rasendem Wahnsinn.
Tiere der Berge,
Tiere des Meeres,
Tiere der Lüfte,
Alle betört er, welche die Erde ernährt
Unter des Helios flammendem Blick;
Tier und Mensch: ihrer aller Herrschaft
Ruht, Königin Kypris, allein
In deinen Händen!

Ἄρτεμις

σὲ τὸν εὐπατρίδην Αἰγέως κέλομαι an[4]
παῖδ᾽ ἐπακοῦσαι·
Λητοῦς δὲ κόρη σ᾽ Ἄρτεμις αὐδῶ.
Θησεῦ, τί τάλας τοῖσδε συνήδῃ,
παῖδ᾽ οὐχ ὁσίως σὸν ἀποκτείνας,
ψευδέσι μύθοις ἀλόχου πεισθεὶς
ἀφανῆ; φανερὰν δ᾽ ἔσχεθες ἄτην.
πῶς οὐχ ὑπὸ γῆς τάρταρα κρύπτεις
δέμας αἰσχυνθείς,
ἢ πτηνὸς ἄνω μεταβὰς βίοτον
πήματος ἔξω πόδα τοῦδ᾽ ἀνέχεις;
ὡς ἔν γ᾽ ἀγαθοῖς ἀνδράσιν οὔ σοι
κτητὸν βιότου μέρος ἐστίν.

ἄκουε, Θησεῦ, σῶν κακῶν κατάστασιν·
καίτοι προκόψω γ᾽ οὐδέν, ἀλγυνῶ δέ σε.
ἀλλ᾽ ἐς τόδ᾽ ἦλθον, παιδὸς ἐκδεῖξαι φρένα
τοῦ σοῦ δικαίαν, ὡς ὑπ᾽ εὐκλείας θάνῃ,
καὶ σῆς γυναικὸς οἶστρον ἢ τρόπον τινὰ
γενναιότητα· τῆς γὰρ ἐχθίστης θεῶν
ἡμῖν, ὅσαισι παρθένειος ἡδονή,
δηχθεῖσα κέντροις παιδὸς ἠράσθη σέθεν.
γνώμῃ δὲ νικᾶν τὴν Κύπριν πειρωμένη
τροφοῦ διώλετ᾽ οὐχ ἑκοῦσα μηχαναῖς,
ἣ σῷ δι᾽ ὅρκων παιδὶ σημαίνει νόσον.

SCHLUSSZENE

Artemis

erscheint, von Theseus und dem Chor ungesehen, auf dem Dach des Palastes

Dein Gehör, erlauchter
Sohn des Aigeus, heisch ich.
Artemis,
Letos Tochter spricht zu dir.
Wie kannst du, unseliger Theseus,
Noch denken an Freude?
Frevelnd hast du den Sohn getötet,
Der Gattin Trugwort vertrauend.
Die ungewisse Schuld zu strafen,
Hast du gewisse Schuld begangen.
Was birgst du dich nicht in der Erde Schlüften,
Von Schande bedeckt,
Unseliger Mann?
Was schwingst du dich nicht zu des Himmels Lüften
Als Vogel, zu fliehn
Unseliges Haus?
Gemeinschaft hast du verwirkt
Mit allen Guten.

So höre, Theseus, deines Unglücks Stand.
Zwar mach ich nichts mehr gut und treff dich schwer,
Doch kam ich, deines Sohnes edlen Sinn
Zu künden, seinen ehrenvollen Tod
Und deiner Gattin Wahn, die doch auch nicht
Unedel war. Von meiner schlimmsten Feindin,
Der Feindin aller Keuschheit, war ihr Herz
In Leidenschaft zu deinem Sohn entflammt.
Sie will die Flamme dämpfen mit Vernunft,
Doch unterliegt sie ihrer Amme Ränken,
Die unter Eid es deinem Sohn vertraut.

ὃ δ', ὥσπερ ὢν δίκαιος, οὐκ ἐφέσπετο
λόγοισιν, οὐδ' αὖ πρὸς σέθεν κακούμενος
ὅρκων ἀφεῖλε πίστιν, εὐσεβὴς γεγώς.
ἣ δ' εἰς ἔλεγχον μὴ πέσῃ φοβουμένη
ψευδεῖς γραφὰς ἔγραψε καὶ διώλεσεν
δόλοισι σὸν παῖδ'· ἀλλ' ὅμως ἔπεισέ σε.
Θη οἴμοι.
Αρ δάκνει σε, Θησεῦ, μῦθος; ἀλλ' ἔχ' ἥσυχος,
τοὐνθένδ' ἀκούσας ὡς ἂν οἰμώξῃς πλέον.
ἆρ' οἶσθα πατρὸς τρεῖς ἀρὰς ἔχων σαφεῖς;
ὧν τὴν μίαν παρεῖλες, ὦ κάκιστε σύ,
ἐς παῖδα τὸν σόν, ἐξὸν εἰς ἐχθρόν τινα.
πατὴρ μὲν οὖν σοι πόντιος φρονῶν καλῶς
ἔδωχ' ὅσονπερ χρῆν, ἐπείπερ ἤνεσεν·
σὺ δ' ἔν τ' ἐκείνῳ κἀν ἐμοὶ φαίνῃ κακός,
ὃς οὔτε πίστιν οὔτε μάντεων ὄπα
ἔμεινας, οὐκ ἤλεγξας, οὐ χρόνῳ μακρῷ
σκέψιν παρέσχες, ἀλλὰ θᾶσσον ἤ σ' ἐχρῆν
ἀρὰς ἀφῆκας παιδὶ καὶ κατέκτανες.
Θη δέσποιν', ὀλοίμην.
Αρ δείν' ἔπραξας, ἀλλ' ὅμως
ἔτ' ἔστι καί σοι τῶνδε συγγνώμης τυχεῖν·
Κύπρις γὰρ ἤθελ' ὥστε γίγνεσθαι τόδε,
πληροῦσα θυμόν. θεοῖσι δ' ὧδ' ἔχει νόμος·
οὐδεὶς ἀπαντᾶν βούλεται προθυμίᾳ
τῇ τοῦ θέλοντος, ἀλλ' ἀφιστάμεσθ' ἀεί.
ἐπεί, σάφ' ἴσθι, Ζῆνα μὴ φοβουμένη
οὐκ ἄν ποτ' ἦλθον ἐς τόδ' αἰσχύνης ἐγὼ
ὥστ' ἄνδρα πάντων φίλτατον βροτῶν ἐμοὶ
θανεῖν ἐᾶσαι. τὴν δὲ σὴν ἁμαρτίαν
τὸ μὴ εἰδέναι μὲν πρῶτον ἐκλύει κάκης·
ἔπειτα δ' ἡ θανοῦσ' ἀνήλωσεν γυνὴ
λόγων ἐλέγχους ὥστε σὴν πεῖσαι φρένα.
μάλιστα μέν νυν σοὶ τάδ' ἔρρωγεν κακά,
λύπη δὲ κἀμοί· τοὺς γὰρ εὐσεβεῖς θεοὶ
θνῄσκοντας οὐ χαίρουσι· τούς γε μὴν κακοὺς

Er, der Gerechte, folgt der Lockung nicht,
Wird, auch von dir mißhandelt, seinem Schwur
Nicht untreu, da er seine Götter ehrt.
Doch sie, in Angst vor der Entdeckung, schrieb
Dir falsche Botschaft, brachte so mit List
Dein Kind zu Fall, doch fand bei dir Gehör.
The Ach! Ach!
Ar Brennt dich mein Wort, o Theseus? Halte still
Und höre, was dein Herz noch mehr bedrängt.
Dein Vater gab dir einst drei Wünsche frei.
Den letzten hast du böse auf den Sohn
Verschwendet statt auf irgendeinen Feind.
Der Meeresvater hielt aus Rechtlichkeit
Dir das Versprechen, das er einmal gab.
Doch stehst vor ihm, vor mir du schuldig da,
Weil du Bewährung nicht noch Seherwort
Noch Urteil nötig hieltst, noch in Geduld
Den Fall bedachtest, sondern allzurasch
Den Sohn verflucht, dein Kind getötet hast.
The O Fluch mir, Herrin!
Ar Groß ist deine Schuld,
Doch wird auch dir Vergebung noch zuteil.
Denn Kypris führte alles dies herbei,
Den Groll zu stillen. Dies ist Götterbrauch:
Wir wirken nie dem Willen eines Gotts
Entgegen, sondern treten aus dem Weg.
Denn wisse, hielt ich nicht dies Zeusgebot,
So stünd ich nie mit diesem Schimpf bedeckt,
Daß ich den Liebsten aller Sterblichen
So enden sehe. – Dein Vergehen spricht
Unkenntnis von der bösen Absicht frei;
Auch hat die Tote nicht Beweis gespart,
Die deinen Sinn verwirrte; und es ist
Dies Unheil furchtbar auf dich eingestürzt. –
Auch mich trifft Schmerz. Nicht sehen Götter gern
Die Reinen sterben. Doch die Frevler rotten

αὐτοῖς τέκνοισι καὶ δόμοις ἐξόλλυμεν.

Χο καὶ μὴν ὁ τάλας ὅδε δὴ στείχει, an^4
σάρκας νεαρὰς ξανθόν τε κάρα
διαλυμανθείς. ὦ πόνος οἴκων,
οἷον ἐκράνθη δίδυμον μελάθροις
πένθος θεόθεν καταληπτόν.
Ιπ αἰαῖ αἰαῖ·
δύστηνος ἐγώ, πατρὸς ἐξ ἀδίκου
χρησμοῖς ἀδίκοις διελυμάνθην.
ἀπόλωλα τάλας, οἴμοι μοι.
διά μου κεφαλῆς ᾄσσουσ' ὀδύναι,
κατὰ δ' ἐγκέφαλον πηδᾷ σφάκελος.
σχές, ἀπειρηκὸς σῶμ' ἀναπαύσω.
ὦ στυγνὸν ὄχημ' ἵππειον, ἐμῆς
βόσκημα χερός,
διά μ' ἔφθειρας, κατὰ δ' ἔκτεινας.

φεῦ φεῦ· πρὸς θεῶν, ἀτρέμας, δμῶες,
χροὸς ἑλκώδους ἅπτεσθε χεροῖν.
τίς ἐφέστηκεν δεξιὰ πλευροῖς;
πρόσφορά μ' αἴρετε, σύντονα δ' ἕλκετε
τὸν κακοδαίμονα καὶ κατάρατον
πατρὸς ἀμπλακίαις. Ζεῦ Ζεῦ, τάδ' ὁρᾷς;
ὅδ' ὁ σεμνὸς ἐγὼ καὶ θεοσέπτωρ,
ὅδ' ὁ σωφροσύνῃ πάντας ὑπερσχὼν
προὗπτον ἐς Ἅιδην στείχω κατ' ἄκρας
ὀλέσας βίοτον· μόχθους δ' ἄλλως
τῆς εὐσεβίας
εἰς ἀνθρώπους ἐπόνησα.
αἰαῖ αἰαῖ·
καὶ νῦν ὀδύνα μ' ὀδύνα βαίνει.

Wir samt den Kindern, samt den Häusern aus.
Ch Da wankt er heran, der unselige Mann!
Das blühende Fleisch, goldlockiges Haupt
Furchtbar entstellt!
O Not dieses Hauses, dem zwiefache Trauer
Die Götter verhängten!
Hi *wird herzugeführt*
Wehe, wehe!
Ich Allerärmster,
Von frevelndem Vater mit frevelnden Flüchen geschändet.
Verloren bin ich!
Oh, oh!
Es zuckt der Schmerz
Mir durch das Haupt,
Es tobt im Hirn
Der kalte Brand.
Halt ein, laß rasten
Ermatteten Leib!
Pferdegespann, verhaßtes,
Von meinen Händen genährtes!
Du brachtest Verderben,
Du brachtest den Tod!
Ihr Diener, bei Gott, berührt meinen Leib,
Die schwärende Haut, mit behutsamer Hand!
Hier rechts nicht so nah!
Ganz sorgfältig stützt mich,
Ganz gleichmäßig führt mich
Unseligen Mann, verblendeten Vaters
Verfluchten Sohn. Zeus! Zeus! Siehst du dies:
Hier dein Heiliger, hier dein Frommer,
Hier der Reinste der Reinen,
Schreitet zum sicheren Hades hinab.
Mein Leben ist hin! O vergebliche Müh,
Fromm zu wandeln vor Menschen!
Oh, oh!
Nun wieder zuckt und zuckt der Schmerz.

μέθετέ με, τάλανες,
καί μοι θάνατος Παιὰν ἔλθοι.
προσαπόλλυτέ μ' ὄλλυτε τὸν δυσδαί-
μονά μ'· ἀμφιτόμου λόγχας ἔραμαι,
διαμοιρᾶσαι
διά τ' εὐνᾶσαι τὸν ἐμὸν βίοτον.
ὦ πατρὸς ἐμοῦ δύστηνος ἀρά,
μιαιφόνων τε συγγόνων ia^4
παλαιῶν προγεννητόρων ἐξ- ba^3
ορίζεται κακόν οὐδὲ μέλλει, ia^2 an ba
ἔμολέ τ' ἐπ' ἐμὲ τί ποτε τὸν οὐ- ia^4
δὲν ὄντ' ἐπαίτιον κακῶν; ia^4
ἰώ μοί μοι· ba–
τί φῶ; πῶς ἀπαλλά- ba^2
ξω βιοτὰν ἐμὰν τοῦδ' ἀναλ- ch do
γήτου πάθους; εἴθε με κοι- ia^2 ch
μάσειε τὸν δυσδαίμον' Ἅι- ia^4
δου μέλαινα νύκτερός τ' ἀνάγκα. cr ia^2 ba

Αρ ὦ τλῆμον, οἵᾳ συμφορᾷ συνεζύγης·
τὸ δ' εὐγενές σε τῶν φρενῶν ἀπώλεσεν.

Ιπ ἔα·
ὦ θεῖον ὀδμῆς πνεῦμα· καὶ γὰρ ἐν κακοῖς
ὢν ᾐσθόμην σου κἀνεκουφίσθην δέμας·
ἔστ' ἐν τόποισι τοισίδ' Ἄρτεμις θεά;
Αρ ὦ τλῆμον, ἔστι, σοί γε φιλτάτη θεῶν.
Ιπ ὁρᾷς με, δέσποιν', ὡς ἔχω, τὸν ἄθλιον;
Αρ ὁρῶ· κατ' ὄσσων δ' οὐ θέμις βαλεῖν δάκρυ.
Ιπ οὐκ ἔστι σοι κυναγὸς οὐδ' ὑπηρέτης,
Αρ οὐ δῆτ'· ἀτάρ μοι προσφιλής γ' ἀπόλλυσαι.
Ιπ οὐδ' ἱππονώμας οὐδ' ἀγαλμάτων φύλαξ.
Αρ Κύπρις γὰρ ἡ πανοῦργος ὧδ' ἐμήσατο.
Ιπ ὤμοι· φρονῶ δὴ δαίμον' ἥ μ' ἀπώλεσεν.
Αρ τιμῆς ἐμέμφθη, σωφρονοῦντι δ' ἤχθετο.

Laßt mich, o laßt mich nieder
Und Tod sei mein heilender Retter!
Ihr bringt mich noch um, bringt mich um!
Reicht mir zweischneidige Waffe,
Zu zerstücken den Leib,
Zu befrieden das elende Leben!
Vaters unseliger Fluch,
Blutbefleckter Sippe,
Uralter Ahnen Schuld
Tritt aus den Ufern und
Macht nicht Halt
Und fällt nun auf mich,
Warum nur, warum,
Den schuldlosen Mann.
Ratlos klag ich.
Wie entwind ich mein Leben
Der grausamen Strafe?
O bette mich sanft zur Ruhe,
Schwarzes Hadeslos,
Nächtliches Muß!

Ar *ungesehen*
Du Ärmster, welches Leid hat dich umringt!
Dein reiner Sinn hat dir den Tod gebracht.

Hi Horch!
Göttlicher Odem! Selbst im schlimmsten Leid
Verspür ich dich und atme glücklich auf.
Weilst du hier, meine Göttin Artemis?

Ar Ich bin es, deine Freundin steht bei dir.

Hi Und siehst du, Herrin, was ich leiden muß?

Ar Ich sehs. Der Tränen Strom ist mir verwehrt.

Hi Dein Jäger, ach, dein Diener ist dahin.

Ar Mein Jäger bleibt mir auch im Tode lieb.

Hi Dein Rossezüchter, Schatzverwalter geht.

Ar Das hat die böse Kypris dir verhängt.

Hi Weh mir, nun kenn ich sie, die mich verdarb!

Ar Sie haßt die Keuschen, heischte deinen Dienst.

Ιπ τρεῖς ὄντας ἡμᾶς ὤλεσεν μία Κύπρις.
Αρ πατέρα γε καὶ σὲ καὶ τρίτην ξυνάορον.
Ιπ ᾤμωξα τοίνυν καὶ πατρὸς δυσπραξίας.
Αρ ἐξηπατήθη δαίμονος βουλεύμασιν.
Ιπ ὦ δυστάλας σὺ τῆσδε συμφορᾶς, πάτερ.
Θη ὄλωλα, τέκνον, οὐδέ μοι χάρις βίου.
Ιπ στένω σὲ μᾶλλον ἢ 'μὲ τῆς ἁμαρτίας.
Θη εἰ γὰρ γενοίμην, τέκνον, ἀντὶ σοῦ νεκρός.
Ιπ ὦ δῶρα πατρὸς σοῦ Ποσειδῶνος πικρά.
Θη ὡς μήποτ' ἐλθεῖν ὤφελ' ἐς τοὐμὸν στόμα.
Ιπ τί δ'; ἔκτανές τἄν μ', ὡς τότ' ἦσθ' ὠργισμένος.
Θη δόξης γὰρ ἦμεν πρὸς θεῶν ἐσφαλμένοι.
Ιπ φεῦ·
εἴθ ἦν ἀραῖον δαίμοσιν βροτῶν γένος.
Αρ ἔασον· οὐ γὰρ οὐδὲ γῆς ὑπὸ ζόφον
θεᾶς ἄτιμοι Κύπριδος ἐκ προθυμίας
ὀργαὶ κατασκήψουσιν ἐς τὸ σὸν δέμας.
ἐγὼ γὰρ αὐτῆς ἄλλον ἐξ ἐμῆς χερὸς
ὃς ἂν μάλιστα φίλτατος κυρῇ βροτῶν
τόξοις ἀφύκτοις τοῖσδε τιμωρήσομαι.
σοὶ δ', ὦ ταλαίπωρ', ἀντὶ τῶνδε τῶν κακῶν
τιμὰς μεγίστας ἐν πόλει Τροζηνίᾳ
δώσω· κόραι γὰρ ἄζυγες γάμων πάρος
κόμας κεροῦνταί σοι, δι' αἰῶνος μακροῦ
πένθη μέγιστα δακρύων καρπούμεναι.
ἀεὶ δὲ μουσοποιὸς ἐς σὲ παρθένων
ἔσται μέριμνα, κοὐκ ἀνώνυμος πεσὼν
ἔρως ὁ Φαίδρας ἐς σὲ σιγηθήσεται.
σὺ δ', ὦ γεραιοῦ τέκνον Αἰγέως, λαβὲ
σὸν παῖδ' ἐν ἀγκάλαισι καὶ προσέλκυσαι·
ἄκων γὰρ ὤλεσάς νιν· ἀνθρώποισι δὲ
θεῶν διδόντων εἰκὸς ἐξαμαρτάνειν.
καὶ σοὶ παραινῶ πατέρα μὴ στυγεῖν σέθεν,
Ἱππόλυτ'· ἔχεις γὰρ μοῖραν ᾗ διεφθάρης.
καὶ χαῖρ'· ἐμοὶ γὰρ οὐ θέμις φθιτοὺς ὁρᾶν

σῆς εὐσεβείας κἀγαθῆς φρενὸς χάριν.

Hi Drei Menschen hat die eine umgebracht!
Ar Den Vater, seine Gattin und dich selbst.
Hi Nun jammert mich des Vaters Unglückstat.
Ar Er war durch eines Gottes Trug getäuscht.
Hi O ganz unseliger Vater! Welches Leid!
The Ich bin dahin. Das Leben ist nur Last.
Hi Mehr als mich selbst beklag ich deine Tat.
The O könnt ich für dich sterben, liebstes Kind!
Hi Poseidons bittre Vatergabe traf!
The O hätten meine Lippen sie gescheut!
Hi So hätte mich dein blinder Zorn zerstört.
The Wie haben Götter mir den Sinn verwirrt!
Hi Ach! Gäb es gegen Götter Menschenfluch!

Ar Getrost! Bist du dem Dunkel auch geweiht,
So soll doch Kypris nimmer ungestraft
Mit ihrem Haß sich stürzen auf dein Haupt.
Von meiner Hand sei einer zum Entgelt,
Der ihr der liebste Mensch auf Erden ist,
Mit meinen sichren Pfeilen hingestreckt!
Dir aber, Ärmster, geb ich für dein Leid
Die höchsten Ehren in der Stadt Trözen.
Die Mädchen schneiden vor der Hochzeit dir
Sich Locken ab und feiern fort und fort
Im Klagelied dein ungeheures Leid.
Nie wird ihr Sang verstummen, der dich ehrt,
Und Phaidras Liebeswahn, der dich umwarb,
Sinkt niemals klanglos in die stumme Nacht. –
Du, Sohn des alten Aigeus, nimm dein Kind
In deine Arme, drück es an dein Herz!
Unwissend hast du ihm den Tod gegeben;
Es irrt der Mensch, wenn es ein Gott verhängt.
Doch du, Hippolytos, mußt ihm verzeihn;
Du kennst das Schicksal, dem du unterlagst.
Und nun leb wohl! Ich darf nicht Tote sehn,

οὐδ' ὄμμα χραίνειν θανασίμοισιν ἐκπνοαῖς·
ὁρῶ δέ σ' ἤδη τοῦδε πλησίον κακοῦ.

Ιπ χαίρουσα καὶ σὺ στεῖχε, παρθέν' ὀλβία·
μακρὰν δὲ λείπεις ῥᾳδίως ὁμιλίαν.
λύω δὲ νεῖκος πατρὶ χρῃζούσης σέθεν·
καὶ γὰρ πάροιθε σοῖς ἐπειθόμην λόγοις.
αἰαῖ, κατ' ὄσσων κιγχάνει μ' ἤδη σκότος·
λαβοῦ, πάτερ, μου καὶ κατόρθωσον δέμας.

Θη οἴμοι, τέκνον, τί δρᾷς με τὸν δυσδαίμονα;
Ιπ ὄλωλα καὶ δὴ νερτέρων ὁρῶ πύλας.
Θη ἦ τὴν ἐμὴν ἄναγνον ἐκλιπὼν χέρα;
Ιπ οὐ δῆτ', ἐπεί σε τοῦδ' ἐλευθερῶ φόνου.
Θη τί φῄς; ἀφίης αἵματός μ' ἐλεύθερον;
Ιπ τὴν τοξόδαμνον Ἄρτεμιν μαρτύρομαι.
Θη ὦ φίλταθ', ὡς γενναῖος ἐκφαίνῃ πατρί.
Ιπ τοιῶνδε παίδων γνησίων εὔχου τυχεῖν. 1455
Θη οἴμοι φρενὸς σῆς εὐσεβοῦς τε κἀγαθῆς. 1454
Ιπ ὦ χαῖρε καὶ σύ, χαῖρε πολλά μοι, πάτερ. 1453
Θη μή νυν προδῷς με, τέκνον, ἀλλὰ καρτέρει.
Ιπ κεκαρτέρηται τἄμ'· ὄλωλα γάρ, πάτερ.
κρύψον δέ μου πρόσωπον ὡς τάχος πέπλοις.
Θη ὦ κλείν' Ἀθῆναι Παλλάδος θ' ὁρίσματα,
οἵου στερήσεσθ' ἀνδρός. ὦ τλήμων ἐγώ·
ὡς πολλά, Κύπρι, σῶν κακῶν μεμνήσομαι.

Mein Antlitz wird durch Totenhauch befleckt,
Und du stehst schon am Rande dieser Not.

ab

Hi O selige Jungfrau, zieh auch du mit Glück!
Leicht meidest du, was uns so lang vereint.
Dem Vater trag ich keinen Groll: Du willsts,
Und immer war ich deinem Wort getreu.
Oh, oh!
Das Auge deckt mir schon die Todesnacht.
Mein Vater, richte mich noch einmal auf!
The Weh mir!
Was tust du deinem armen Vater an?
Hi Ich sterbe, stehe schon vor Hades' Tor.
The Mein schuldbeladnes Haupt läßt du zurück!
Hi Nein, dieses Mordes spreche ich dich frei.
The Was hör ich? Bin ich nicht mehr blutbefleckt?
Hi Die Bogenjungfrau soll mein Zeuge sein!
The Du liebstes Kind! Mein echter, edler Sohn!
Hi Der Bastard war nicht dein geringstes Kind!
The O frömmstes Herz! O guter reiner Sinn!
Hi Nun lebe wohl, mein Vater, herzlich wohl!
The Verlaß mich nicht, mein Kind! O halte aus!
Hi Aushalten ist vorbei, der Tod ist da.
Bedecke schnell mein Antlitz mit dem Kleid!
The *den Sohn verhüllend*
O Reich der Pallas, strahlendes Athen,
Welch einen Mann verliert ihr! Weh mir, weh!
Kypris, dein grausam Werk vergeß ich nie.

ab

Χο κοινὸν τόδ' ἄχος πᾶσι πολίταις
ἦλθεν ἀέλπτως.
πολλῶν δακρύων ἔσται πίτυλος·
τῶν γὰρ μεγάλων ἀξιοπενθεῖς
φῆμαι μᾶλλον κατέχουσιν.

Chor

im Abziehen

Gemeinsames Leid,
Alle Bürger der Stadt
Trafs ungeahnt.
So fließet, o fließt,
Ihr Ströme der Tränen!
Wo Große sterben,
Da greift die Botschaft
Tief in die Herzen,
Weit in die Zeiten.

NACHWORT VON ERNST BUSCHOR

Alkestis

Euripides war schon siebzehn Jahre vor der „Alkestis“ des Jahres 438, schon bald nach der äschyleischen Orestie, vor die Öffentlichkeit getreten und trotzdem läßt sich begründen, daß die Medeia (431) seine erste uns erhaltene Tragödie ist. Die „Alkestis“ scheint im Wechsel der Gesangspartieen und Sprechpartieen ungebundener zu sein als die gleichzeitige Tragödie, so daß man etwa 15 Teile ablaufen sieht; der lange Atem der Tragodia scheint zu fehlen. Andererseits fehlt das Dreigespräch der Darsteller völlig. Die zweite Hauptszene mit den eingemischten Klageversen des kleinen Eumelos wird man dagegen fast so wenig ins Feld führen wollen, wie die stummen Rollen der Mutter und kleinen Tochter. Was der Szenenfolge das Gepräge gibt, sind die zehn Zweiergruppen Apollon-Thanatos, Dienerin-Chorführer, Admetos-Alkestis, Admetos-Herakles, Admetos-Pheres, Diener-Herakles, Admetos-Chorführer, Admetos-Herakles, die Halbchöre der ersten beiden Chorlieder. In diesem Rahmen gewinnt die Tatsache Bedeutung, daß die wiedergewonnene Alkestis der Schlußszene zur stummen Rolle herabsinkt und daß diese Stummheit vom Dichter aus Tatsachen des Totenglaubens gerechtfertigt werden muß. Mit anderen Worten: die „Alkestis“ wurde nach den Regeln des Satyrspiels mit nur zwei regulären Schauspielern und mit freierer Szenenfolge gespielt. Der ausgesprochene Märchencharakter der Rahmenszenen, der schon mit der ersten Überlistung der Todesgottheiten (Moiren) beginnt, der fast groteske Charakter der vierten und fünften Hauptszene (mit Pheres und dem betrunkenen Weisheitslehrer Herakles) kommen hinzu. Zwar haben (wie die voraufgehenden sophokleischen „Mädchen von Trachis“ zeigen) Märchenstoffe und Märchengeist auch im hohen Drama ihre Stelle, so wie die scharfe Charakteristik des hohen Greisenalters;

aber der lärmende Trunkenbold im Trauerhause fällt aus jedem strengen Rahmen. Die Nachricht, daß das Stück innerhalb seiner Tetralogie an vierter Stelle, also an der Stelle eines Satyrspiels gebracht wurde, bekommt jedenfalls durch jene Züge ihre Bestätigung: „Alkestis" ist zwar vom Geist der Komödie denkbar scharf getrennt und gehört durchaus zur Tragödie, die das Satyrspiel umfaßt; aber ohne selbst irgendwie Satyrspiel, Reigen tanzender dionysischer Groteskdämonen, zu sein, ist sie vom Dichter mit voller Absicht in eine gewisse Nähe der Satyrspiele, zumal der „parthenonisch" durchleuchteten Satyrspiele gerückt und an der entsprechenden Stelle gespielt worden. Solche „vierten Tragödien" waren offenbar Reformversuche des Meisters, die seiner neuen Konzeption des Dramas entsprachen, und wir sind glücklich, eines dieser Werke zu besitzen. Wie oft er den Versuch wiederholen durfte, welche Spielarten solche Werke annehmen konnten, ist uns nicht bekannt; das von ihm erhaltene spätere Satyrspiel „Der Kyklop" scheint trotz Wiederaufnahme des Satyrchors noch stärker aus der Tradition zu fallen: es hatte außer dem chorführenden Silen überhaupt nur zwei Rollen (Odysseus, Kyklop).

Das Märchen vom Opfertod der Alkestis und vom besiegten Todesdämon war auf verschiedene Weise erzählt worden. Apollon hatte seinen Sohn Asklepios gelehrt, wie man Tote auferweckt; Zeus vernichtete den Frevler mit dem Blitz; Apollon wiederum tötete die Schmiede des Blitzes, worauf Apollon von Zeus für ein Jahr aus dem Olymp verstoßen und zum Knecht eines irdischen Mannes gemacht wurde. Er verbrachte dieses Jahr in Pherä als Hirte des Königs Admetos, in großer Freundschaft: er vermehrte seinen Wohlstand, half ihm bei der Werbung um Alkestis, die Königstochter von Iolkos, ja er bewahrte ihn vor einem frühzeitigen Tode, indem er die Schicksalsgöttinnen überlistete und zu dem Versprechen zwang, den König, wenn sich am Todestag ein anderer für ihn opferte, freizugeben. Alkestis nahm es auf sich. Bei Euripides fällt der Schicksalstag des Königs (und damit der Königin) mehrere Jahre nach der Hochzeit; Apollon hatte längst das Haus verlassen, Admetos in glücklichster Ehe einen Sohn und eine Tochter gezeugt. Wiederum wurde durch Apollon und andere versucht, einen Ausweg zu schaffen. Thanatos bleibt unerbittlich, die junge schöne Königin ist ihm der liebste Fang. Vor allem weigerte sich Pheres, der greise Vater des Königs, aufs heftigste, das Opfer zu übernehmen. So traf der Tod ein, der grausame häßliche Dämon Thanatos holte seine Beute. Diese wurde ihm aber von dem derbkräftigen, trinkfrohen Herakles, dem zufällig durchreisenden Freund des gastfreien Admetos, in einem heftigen, übermenschlichen Ringkampf wieder abgewonnen und dem unglücklichen Admetos zurückgegeben.

Euripides hat das archaische Märchen nicht zum tiefmenschlichen Drama der hohen Parthenonzeit umgegossen – das erlaubte die von ihm angestrebte Dichtungsart der „vierten Tragödie" nicht – aber er hat ihm doch eine völlig neue Würde verliehen. Unter den Händen des Meisters, der zwei göttlichen Gestalten des Dramas, Apollon und Herakles, sein Leben lang in ihrem mythischen Sinn nachgespürt und der, wie kein anderer, dem Thanatos eine neue Stelle angewiesen hat, konnte auch das menschliche Paar des Dramas sein Spiel nicht ohne tiefe Veränderung weiterspielen.

Der Opfertod der Alkestis beherrscht, als bevorstehendes und sich vollziehendes Ereignis, die ersten sechs der 15 Einheiten des Dramas, von der Vorszene bis zum „zweiten Standlied des Chors". Die vier ersten stehen unter den Zeichen „noch abwehrbar"?, „unabwendbar?", „noch am Leben?", „tot!", „alles umsonst!", „Kein Opfer, kein Orakel kann mehr helfen oder raten"; die erste Hauptszene gibt aus dem Mund der Dienerin die erste Todesbotschaft: Alkestis welkt schon dahin, nimmt überall Abschied, will noch einmal ins Freie. Es ist kein Abschied des Ehepaars, sondern ein übergreifender Abschied, ein Abschied vom Haus, von den Altären, vom Ehebett, von den Kindern, den Dienern. Die ergreifende zweite Hauptszene, die umfangreichste des Dramas, versetzt die Sterbende vor uns ins Freie, läßt uns ihre letzten Wünsche für die Kinder hören; sie stirbt, die alten Todesgötter vor Augen, in den Armen des erschrockenen, uneinsichtigen Gatten, der sie beschwört, ihn nicht zu verlassen. Die kleinen Kinder sind es, von denen Alkestis vor allem hinwegstirbt; sie beklagen bedeutsam den einsamen Vater, der dann die größte Landestrauer anordnet. Der Chor des zweiten Standlieds singt die Apotheose: die Tote ist keine Frau wie irgendeine andere auf Erden; sie, die für das Leben des Gatten ihr eigenes gab, wird in die Hymnen der Feste Spartas und Athens eingehen. In dieser sechsteiligen Szenengruppe herrscht das archaische Märchen, zu dem der naive Lebenswille des Königs gehört, noch vor; doch ahnen die Bürger und Diener etwas von dem überpersönlichen Ereignis der Opfertat, das ja auch die Königin an die Spitze der zahlreichen freiwillig sterbenden Jugendlichen der euripideischen Dramen setzt.

Die nächsten vier Einheiten (vom Erscheinen des Herakles bis zum ersten Abzug des Chors) bringen dreifachen Fortschritt in die Entwicklung des Dramas; äußerlich: das Erscheinen des (seiner Rolle noch völlig unbewußten) Retters; von innen her gesehen: eine Bewährung des gastfreien Königs, die auch ihn als außergewöhnlichen Menschen erweist; und: ein festgefahrener Redestreit zweier naiv am Leben Hängender im Sinn des archaischen Märchens; ein Streit, der aber beim klassischen Hörer eine Lücke, eine offene Frage hinterläßt. Noch bedeutsamer als zuvor wirkt die Apotheose der toten Königin durch den Chor, der sich dem Leichenzug anschließt.

Die letzten fünf Einheiten (von der fünften Hauptszene bis zur Schlußszene) bringen die überraschende äußere und innere Lösung, die Auflösung des archaischen Märchens im parthenonischen Licht. Wie am Anfang der ersten Reihe steht auch hier zu Beginn ein Vorspiel mit dem vollen Klang der alten Erzählung: Gast und Diener in grotesker Situation, der neue Weisheitsunterricht in kraftvoller Parodie, dann Ernüchterung, Aufbruch zum Friedhof vor dem Larisa-Tor, zum Box- und Ringkampf mit dem übermächtigen Scheusal – einem Kampf, dem nun vom Dichter ein Wettstreit im Seelenadel untergelegt wurde. Der Kampf findet statt, während der Leichenzug von der Gräberstätte zurückkehrt und am Palasttor Halt macht, das nun zum Schauplatz der tiefsten Verzweiflung, der schmerzlichsten Erinnerung, aber auch der äußersten Bewährung, der göttlichsten Belohnung wird. In einem reich melodischen Wechsellied zwischen Admetos und den Bürgern klingt die Totenklage der Bestattung nach: ein Verzweifelter steht vor seinem leeren Haus, die ringsum ertönenden Trostworte treffen kein Ziel mehr an; der Mann, der von dem Sprung in das Grab der bestatteten Gattin zurückgerissen worden ist, hat keinen Lebensinhalt mehr. Aber das Unglück dieses Mannes trifft, wie die kurze folgende Sprechszene zeigt, noch tiefer, als er je geahnt hat. Zu dem Bewußtsein, die Gattin für immer, und gerade diese Gattin verloren zu haben, kommt das dritte: diesen Tod aus Feigheit selbst verschuldet zu haben. Zur Öde des Hauses, zur Freudlosigkeit des Außen tritt die Schande: er hat schlecht gehandelt, als schlechter Mann gelebt; Vater Pheres hat recht gehabt. Diese innere Wandlung, dieser Durchbruch des Schämens, der den schwer geprüften Mann vollends vernichtet, erhebt den Stoff über das archaische Märchen hinaus, gießt die bittere Bewußtheit der klassischen Stufe in die archaisch-kindliche Selbstverständlichkeit, mit der der König das Opfer der Gattin angenommen hatte. Sie stand als todbereite junge Frau und Mutter, als Ewigkeitsgestalt, hoch über ihm; nie kann er sich selbst mehr zu solcher Größe erheben. Dem Chor bleibt (in seinem letzten, strophischen Standlied) nur ein schauriger Hymnus auf die stärkste Göttin, das eiserne Muß, und die dritte Apotheose der Alkestis, die Verheißung kultlicher Ehrung an ihrem Grab.

Nachdem sich das Geschenk Apollons, das Leben des Admetos, durch das Unmaß des Opfers und die neuen Einsichten des Empfängers als doppeldeutig erwiesen hatte, tritt der zweite göttliche Freund des Hauses auf den Plan und führt die Handlung im Stil der Wunder des archaischen Märchens unter Einsatz seines Lebens glorreich zu Ende. Die Rückführung der toten Königin ist einer der schönsten Würfe euripideischen Erfindens. Der Wettstreit des Seelenadels der beiden Freunde wird von dem glücklichen Überbringer in überlegener Weise mit einem hinauszögernden Spiel verbunden, das den nun von innen ganz gewandelten König auf die schwersten Proben stellt und in völliger Bewährung zeigt: Ausbrüche seines Herzens, die man in den vorausgehenden Szenen noch für Floskeln der Totenklage hätte halten dürfen, erweisen sich als reine Perlen, als echtes Gold. Nun ist er reif für die Beschenkung mit einem zweiten, einem höheren Leben, das er als das erste, wahre Glück erkennt. Die Gaben des Apollon und des Herakles durchdringen sich mit denen des Hades, das archaische Märchen hat sich zum klassischen erhoben.

Der Spender betritt das Haus nicht mehr zum Fest der Feste, er zieht einsam seinen mühevollen Pfad, Urbild eines tragischen menschlichen Schicksals, den das Fest Feiernden zugleich als der archaische „Starke Mann“ und als klassischer Leidträger überlegen.

Medeia

Etwa zehn Jahre nach der „Antigone“ des Sophokles und wohl noch vor dem „König Ödipus“ des gleichen Dichters hat Euripides seine „Medeia“ (als erstes Stück einer inhaltlich nicht zusammenhängenden Dramenfolge) aufgeführt. Das grandiose Werk, das dann die Welt und die Zukunft erobern sollte, errang damals keinen Preis; es war zu kühn aus der alten, göttergelenkten und hymnendurchwirkten Dramenwelt in eine märchenhafte, grauenhafte, frauliche, menschlich-warme Welt persönlicherer Färbung hinübergetreten. Noch werden wie bei Aischylos die ewigen Lenker des göttlichen Rechtes, werden Zeus, seine Gattin Themis, seine Tochter Dike aus hoffnungsvollem Herzen angerufen; aber die Lenker des Tagesgeschehens verlieren sich im Halbdunkel. Neben den bekannten Göttern wirken noch andere unberechenbare, undurchschaubare Geister am Schicksal der Menschen, Geister, die sich dem apollinischen Licht entziehen. Von ihnen werden, oft in verderblicher Richtung, die dunklen Triebe der menschlichen Herzen gelenkt, die siegreich über das Denken und Planen der hellen Vernunft triumphieren. Aphrodite selbst, eine der Olympischen, die alles Leben gebiert und alle Weisheit befeuert, vereinigt die helle und die dunkle Seite in sich, kann die Triebe verderblich entflammen, grausame Gaben verhängen. Und neben den neuen Göttern wirken ja auch in ungeminderter Kraft die alten Götter der elementaren Bereiche weiter: Helios, der Sonnengott; Mutter Erde; die allen Zauber bewirkende unterirdische, oft als Artemis angerufene Hekate; die Fluchgeister und Rachegeister. Wenn dann vollends Wesen aus dieser Welt in menschliche Schicksale verwoben werden, werden sie mehr als die gewöhnlichen Sterblichen der Schauplatz jener wilden Triebe, jener großen, verderblichen, alles zerstörenden Leidenschaften. Wehe dem Menschen, der diese Fluten entfesselt!

Aus dem Dunkel jenes elementaren Urbereichs hat Euripides seine Medeia auftauchen und in menschliches Schicksal eintreten lassen. Wir kennen aus den Märchen des Nordens die Albinnen, die mit übermenschlichen Segens- und Fluchkräften begabten Geister der elementaren Welt, die einem gefahrenbedrohten sterblichen Mann rettend beistehen, Gattin werden, Kinder gebären; die sich von dem ungehorsam oder treulos Gewordenen wieder abwenden, ihm die Kinder entführen, ihn in trostloser Einsamkeit zurücklassen. Wie eine solche Albin tritt die euripidische Medeia vor uns hin, Enkelin des Sonnengotts, Schützling der Hekate, Trägerin geheimen zauberhaften Wissens, mit den Olympiern nur lose verbunden, aus fernem Zauberland als mächtige „Heidin" an die staunenden griechischen Gestade verschlagen. Wir nehmen es als Gegebenheit hin, daß ein solches Wesen seiner nicht spotten läßt, eine Rache besonderer Art vollzieht, menschlicher Gewalt trotzt, weder eigener noch fremder Hand unterliegt, den Verfolgern ungefährdet durch die Luft entschwebt.

So märchenhaft die Argonautensage schon erzählt worden war und so hoch schon die Sagen und Kultlegenden verschiedener Orte den mythologischen Rang der kolchischen Prinzessin gesteigert hatten, so blieb es doch dem attischen Dramatiker Euripides vorbehalten, den alten Erzählerschatz in einem wahrhaft urmythischen, urmenschlichen Sinn abzurunden und zu krönen. Schon die alten Sagen hatten davon berichtet, daß das gleiche Schiff Argo, auf dem Jason nach Kolchis gefahren war, den alt gewordenen Erbauer mit einem Balken seines Wracks erschlug. Diese Abrundung der Jasonfahrt hat sich auch Euripides zu eigen gemacht, indem er sein Drama zwischen die Worte der Amme vom Schiffsbau und die Worte Medeias vom Schiffsbalken stellte; aber er ging über diese doch mehr im Äußeren bleibende Tragödie des Ruderschiffs hinaus in der neu von ihm konzipierten Ehetragödie, die den Bund Medeias und Jasons in dramatischer Entladung zu seinem Ende führt, der Verstrickung der Albin in menschliches Schicksal nunmehr die Loslösung, den tragisch errungenen Triumph über diese Verstrickung gegenüberstellt. Korinthische Sagen hatten davon erzählt, daß Jason und Medeia, ins Land gerufen, über Korinth geherrscht hätten und daß die Korinther die Kinder des Herrscherpaars getötet hätten, um nicht von den Leibeserben einer Barbarin regiert zu werden. Im Heraheiligtum wurde das Grab der Kinder gezeigt und ein jährliches Sühnefest erinnerte an die Tötung. Aus solchen Berichten hat das Tiefenlot des Dichters den Treuebruch Jasons, den Haß der tödlich beleidigten Medeia, ihre grausamen Racheakte an den Fürsten, die Ermordung der Kinder durch die eigene Hand der Mutter, das götterartige Entschweben des Sonnen- und Erdwesens auf dem Schlangenwagen des Helios heraufgeholt.

Das gegebene Ziel der Entrückung wäre die ferne asiatische Heimat, der Ostrand der Welt, das Reich des aufgehenden Helios gewesen. Aber dieser Weg war durch Medeias Verrat am Vaterhaus, ihre Blutschuld am Bruder versperrt und eine kühne Neuerfindung, die dieses Hindernis beseitigt hätte, verbot sich für Euripides aus einem tiefen inneren Grund. Die

Sage seiner Heimat Athen wußte von einem Aufenthalt der Medeia auch in Athen, von ihrer Verbindung mit König Aigeus, der vorher schon in Trözen den Theseus erzeugt hatte. Der Dichter konnte und wollte an dieser attischen Episode Medeias nicht vorübergehen, obwohl sein Drama in Korinth spielte, der attische Aufenthalt also nur als zukünftig angedeutet werden konnte. Dieser Aufenthalt wurde unmittelbar an den korinthischen angeschlossen, ja sogar mit einer zentralen Stelle im Aufbau des großen Rachewerks bedacht: zum Gelingen dieses Werks gehört die feste Aussicht der Medeia auf einen völlig gesicherten Zufluchtsort, und erst als Aigeus, der am Tag der Rache auf dem Weg vom delphischen Orakel nach Trözen in Korinth absteigt, der Verbannten diesen Zufluchtsort zuschwört, kann diese die endgültigen Pläne fassen, sich von ihren Kindern trennen, an ihr mörderisches Werk gehen. Wie in manchem anderen Drama des Dichters erstrahlt auch in diesem das gastfreie, freundestreue, rettende Athen wie ein leuchtender Stern und so bricht auch der Chor der korinthischen Frauen nach dem Abgang des Aigeus in einen begeisterten Hymnus auf die Stadt des Erechtheus aus. Tiefer und zarter als in diesen ganz durchleuchteten Strophen ist das Lob attischen Wesens nie wieder gesungen worden; erst Hölderlins Verse auf Sokrates und Alkibiades (Wer das Tiefste gedacht, liebt das Lebendigste) kommen nahe. In diesem Preislied ist wie an keiner anderen Stelle der Chorlieder das alte hymnische Erbe des attischen Dramas bewahrt, zugleich kühn in ein Selbstbekenntnis, in einen verklärten Spiegel attischer Dichtkunst verwandelt. Aristoteles, der hundert Jahre später in seiner Poetik die dramaturgische Berechtigung der Aigeusszene anzweifelte, hätte allein schon um dieser Strophen willen seine Kritik zurückstellen müssen. Medeia ist für den Dichter nicht nur die von Korinth tödlich Bedrohte, sondern auch die von Athen herrlich Beschützte.

Um den Aigeusschwur und das attische Preislied gruppiert der Dichter seine sieben Chorlieder und seine acht Szenen, die von dem Bild der völlig beschimpft sich in den Boden krallenden Medeia zur Triumphierenden des Drachenwagens führen. Alle Szenen sind von der Riesengestalt Medeias getragen, von dem Doppelschicksal der Abtrünnigen eines Urbereichs, die in menschliches Wesen und Leid herabsteigen muß, ohne ihr gewaltiges übermenschliches Fühlen und Wissen zu verlieren; die, von Tod, Selbsttötung, Verstoßung und endlosem Flüchtlingselend bedroht, ihren Weg durch das hoffnungslose Dunkel antritt, ohne mit der ihr gemäßen göttlichen Errettung rechnen zu können; die sich Zug um Zug den Weg zur Vernichtung ihrer Gegner bahnt, in die sie doch auch die eigenen Kinder rettungslos verstrickt; die vor dem äußersten Wagnis durch das Eingreifen ihres göttlichen Ahnherrn bewahrt wird und schließlich wieder wie eine mächtige, richtende, kultstiftende Gottheit vor uns steht. Schon in der Vorszene und während des Eingangslieds des Chors dröhnt ihre Stimme aus dem Hintergrund, dann betritt sie die Bühne in sieben Szenen, in siebenfacher Konfrontierung mit einer zweiten, handelnden oder berichtenden Person, und verläßt diese Bühne nur einmal auf kurze Zeit, zum schauervollen Werk des Kindermords. So sehr die einfach gestellten, fast statuarischen Szenen noch an die „Antigone“ erinnern, so sehr greift die Konzentration der Handlung über die Möglichkeiten der Antigonestufe hinaus, bereitet sie die verflochtene Dynamik des „König Ödipus“ und des „Hippolytos“ vor. Daß diese Rolle einen der drei zur Verfügung stehenden Schauspieler, den ersten Schauspieler, völlig ausfüllte, ergab sich von selbst.

Die übrigen Rollen waren offenbar so auf die beiden anderen Schauspieler verteilt, daß der zweite Jason und die Amme, der dritte Kreon, Aigeus, den alten Knabenwärter und den berichtenden Diener Jasons übernahm. Nicht nur die drei Diener, sondern auch die drei Könige stehen weit unterhalb der Sphäre der übermächtigen Medeia. Dies gilt selbst für Jason, der doch das Schicksal Medeias geworden ist und mit seinem Treubruch die Handlung ausgelöst hat. Dieser Gegenspieler ist kein Gegengewicht. Die Kleinheit seiner berechnenden Seele hat zwar die äußere Macht neben sich, steht aber dem einsamen Kampf, dem verzweifelten Angriff des großen, leidenschaftlichen, klugen und entschlossenen Herzens Medeias hilflos gegenüber. Wenn sich Medeia im Hintergrund der Vorszene vom Boden erhebt, ist mit ihm schon abgerechnet, ist er schon völlig ins Nichts verwiesen. Zwar wird er dreimal, in der zweiten und vierten Hauptszene und in der Schlußszene, hier sogar im Zwiegesang, Medeia gegenübergestellt, aber er erscheint nur als Verhöhnter, Betrogener, grausam Bestrafter, als ein Wesen, das niemals an der hohen Sphäre Medeias hätte teilhaben dürfen. Auch dem Feind Kreon der ersten Hauptszene ist nicht viel Gewicht verliehen, er verwandelt sich rasch in Werkzeug und Opfer – wie im Grunde auch der Freund Aigeus in der dritten Hauptszene, trotz allen Lobpreises seiner Hilfe in der Not. Mehr Wärme ist den teilnehmenden Dienern verliehen, sowohl der Amme in den Reden und Gesängen der Vorszene als dem Knabenwärter in der Vorszene und fünften Hauptszene oder dem Boten in der sechsten; und die gleiche Wärme verbindet Medeia mit den korinthischen Nachbarfrauen, die, als Chor, freundschaftlich, fast gegen ihr Herrscherhaus, zu der verlassenen fremden Frau stehen und die (dramaturgisch notwendige) Schweigepflicht freudig übernehmen.

Aus den Szenen und Liedern dieser Rollen baut Euripides seine Handlung auf, die, von der Vorszene vorbereitet, sich in den sechs Hauptszenen vollzieht und, vom Schaubild der Schlußszene gekrönt, im Wechselgesang Jasons und Medeias ausklingt. Dieser Wechselgesang antwortet gleichsam dem Wechselgesang der Amme mit Medeia: nur die Vorszene und die Schlußszene sind durch Gesang der Sprechrollen musikalisch überhöht. Nachdem die dunklen Rufe und Flüche der Vorszene verklungen sind, betritt Medeia völlig gefaßt die Bühne, um das beschlossene Werk Stufe um Stufe in die Tat umzusetzen; eine Tat, die, von den drei ersten Hauptszenen eingeleitet und gerechtfertigt, von den drei letzten mit ständig gesteigertem Gefälle vollzogen wird; der Aigeusschwur löst dieses Gefälle aus. Jeweils die erste Szene der beiden Gruppen treibt das Rachewerk durch die Verstellungskunst Medeias voran; was der Gegner als Nachgiebigkeit Medeias erlebt, ist nur Schein, ist ihr Triumph. Der Triumph der ersten Hauptszene bereitet die unversteckte Brandmarkung des Gatten und seiner schnöden Angebote, also den Triumph der zweiten Hauptszene vor, so wie der Aigeusschwur den der dritten, die Täuschung Jasons den der vierten, die Ereignisse im Palast den der fünften und sechsten. Dieser durch alle sechs Szenen schreitende Triumph entlädt sich jeweils, offen oder versteckt, in den Schlußworten, ja sogar dreimal, am Ende der ersten, dritten und fünften Hauptszene, in großen, fast monologischen Ausbrüchen Medeias. Mit vollendeter Kunst, mit dem Einsatz neuer dramatischer Mittel wird das große Rachewerk vor unseren Augen zu Ende geführt: der verbannende König, die neue Braut sind mit grausamem Tod bestraft, Jason ist seiner neuen Ehe und seiner so glänzenden Zukunft beraubt und damit schwerer getroffen, als wenn sein Leben in den Strudel der Tötungen mit hineingerissen worden wäre.

All das bliebe im Rahmen meisterlicher menschlicher Freveldramen, Rachedramen, Listplandramen, wenn der Dichter dem Jason nicht eine noch grausamere Strafe erfunden hätte, eine innere Tötung, die weit über die Verluste von neuer Ehe und neuer Laufbahn hinausgeht und tief in die urweltliche Seele der Rächerin hineinleuchtet: die Tötung der Knaben durch die leibliche Mutter. Dieses Übermaß des Hasses, das sich gegen die menschlich-mütterliche Natur wendet, gibt der euripidischen Medeia erst ihre tiefe, schreckhaft-große Farbe. Die Übermenschin, die Enkelin des Helios, liebt und haßt nicht in den Grenzen der Sterblichen; ihr göttlich-wildes Herz schlägt in höheren Wogen, glüht in heißerem Feuer. Wie sie um Jason in menschliches Frauenschicksal herabstieg, muß sie die Beschimpfung durch seine niedrige Seele auf übermenschliche Weise ahnden. Schon die zu Boden Gestreckte des Vorspiels beginnt Blicke des Hasses auf Jasons Knaben zu werfen, bezieht sie zum Entsetzen der Amme und der Nachbarinnen in die Verfluchung des Hauses ein; nach dem Aigeusschwur reift der feste Entschluß der hassenden Seele, der mit seinen dunklen Fluten die helleren Gefilde der Überlegung unaufhaltsam überspült, wie ein schweres Gewitter über den drei letzten Hauptszenen lastet, in diesen dann von außen her zur Notwendigkeit umgeprägt wird: selbst wenn Medeia nach dem Tod der Fürsten sich in äußerstem Wagnis aus der Stadt zu ihrem Asyl durchschlagen könnte, so vermöchte sie die schuldig gewordenen Kinder nicht vor dem Zugriff der Korinther zu retten. Wie Medeia in das von ihr gelegte kunstreiche Netz das Leben der eigenen Kinder verstrickt, wie die Linien des Fürstenmordes und des Kindermordes hier in einem Punkt zusammenlaufen und sich verknoten, verleiht dem Drama seinen besonderen Rang. Im Nachspiel ist dies äußere Muß vergessen, das innere Muß des Kindermords wieder in seine vollen Rechte eingesetzt und dem unglücklich flehenden Jason gegenüber bis in die letzten Folgerungen behauptet.

Nie vorher hatten die dunklen Wogen der Leidenschaft ein griechisches Drama so durchflutet wie hier. Die Wildheit einer großen Frau, die vor unseren Augen wie ein urbildliches Wesen, wie ein erster Mensch leidet und verzweifelt und sich dann, wiederum wie ein urbildliches Wesen, wie ein erster Mensch zu Haß und Triumph erhebt, durchweht das Drama wie ein Sturm. Aber das attische Drama wird von dem großen Seher der Herzenstiefen nicht nur in Nacht gestürzt, der Dichter sieht auch das Licht, das die Herzen verbindet, die Menschengruppen vereinigt. Den vielen Gestalten treuer Diener, die von nun an auf den Bildern attischer Grabsteine auf lange Zeit die verstorbenen Herren fast im gleichen menschlichen Rang umgeben, scheint gerade Euripides den Weg eröffnet zu haben. Das ganze Drama wird vom Herzensausbruch einer mitfühlenden Dienerseele, vom Zwiegespräch zweier Getreuen eingeleitet und erhält so zum Oberton des Hassens den Unterton des Liebens hinzu; noch in den beiden letzten Hauptszenen leuchtet diese Dienertreue bedeutsam auf. Und wie warm weht die Freundschaft der Nachbarinnen in das verödete Haus der

Medeia herüber, wie innig ist ihre Anteilnahme am Geschick der fremden Frau über alle sieben Chorlieder, ja auch über die Szenen ergossen! Im Einzugslied strömen sie aus ihren Häusern, um der stöhnenden Medeia beizustehen, im letzten Standlied ist die Anteilnahme zum verzweifelten Gebet und Zwischenruf gesteigert, dazwischen sind alle Stationen des Mitleids, der flehentlichen Warnung, der Hoffnungslosigkeit durchlaufen. Auch der Fürsten, der todgeweihten Kinder wird gedacht; aber den Gipfel ersteigt das Mitfühlen der Frauen doch da, wo die Unheilsmutter wegen des Furchtbaren beklagt wird, das sie verrichten muß. Blickt man auf die Chöre älterer Tragödien zurück, so erscheint dieser ganz aus der alten vordramatischen und frühdramatischen hymnischen Überlieferung herausgenommen und in einen neu entsprungenen Strom warmer, schlichter Menschlichkeit gestellt, der nunmehr, mit neuer dramaturgischer Funktion, Schicksalsträger und Zuschauende, Sprechszenen und Chorlieder zu neuer Einheit zusammenschmilzt. In das obere grausame Geschehen tönt von unten her eine unermüdliche, sanftere, verbindende Gegenstimme.

Noch zarter und sanfter als die Gegenstimme der Diener und Nachbarn ertönt die der Kinder – obwohl diese ja nur als überzählige, als stumme Rollen, als geplante Opfer die Bühne betreten, nur durch ihr Dasein, ihre hilflose Erscheinung, ihr angeschautes oder erinnertes Bild sprechen können. Dieses Bild der beiden Knaben trägt das Drama ganz wesentlich mit und zwar in allen acht Szenen. Die Kinder sind die Lieblinge der Amme, des Wärters, des ganzen Gesindes; sind der Gegenstand der nachbarlichen Fürsorge und Fürbitte, sind sogar dem verräterischen Vater ans Herz gewachsen und, wie sich ihm zu spät zeigt, unentbehrlich. Am engsten sind natürlich die Bande, die sie mit ihrer Mörderin verbinden. Medeia ist durch ihren Bund mit Jason nicht nur eine Liebende, sondern eine Mutter geworden, wie nur je eine Sterbliche es war; mit dem Streich gegen Jasons Kinder trifft sie ihr eigenes Herz. Dies wird ihr nicht nur von den Freundinnen und – nach der Tat – von Jason eindringlich vorgehalten; ihr eigenes

Inneres empfindet es schauernd. Ein furchtbarer Zwiespalt lagert über den drei letzten Hauptszenen, in denen der Kindermord beschlossene Sache ist; er lagert sowohl über der Jasonszene als über dem großen Abschied der fünften, über dem kurzen der sechsten Hauptszene. Die Gegenstimme der Kinder wird zur Stimme der eigenen Natur, der Zwiespalt entströmt dem eigenen Herzen der Täterin, mit einer dem attischen Drama bis dahin noch unbekannten dramatischen Spannung, in einer dem Drama bis dahin noch unbekannten monologischen Form. Immer wieder wird der Haß von der Zärtlichkeit der liebenden Mutter übertönt; ja unter dem äußeren Zwang der bitteren Notwendigkeit verwandelt sich der Kindermord fast zur Liebestat. Am Ende der Handlung vereinigt sich nicht nur die Linie des Fürstenmords mit der des Kindermords, die Rache und der Haß: das letzte Wort wird von der Mutterliebe Medeias gesprochen.

Der große Seelenkünder, der das Wogen der menschlichen Leidenschaften, das Strömen der Gefühle als erster geschaut und gerade in diesem Drama zum übermächtigen Bild verdichtet hat, ist durch das gleiche Drama auch als Bahnbrecher neuer Ordnungen menschlicher Gemeinschaft aufgezeigt; das eine entspringt aus dem anderen. Wenn das Schicksalsgeschehen der Szenen und die Betrachtungen der Chorlieder aus den alten, von den Göttern her bestimmten überpersönlichen Ordnungen in eine persönlicher gefärbte Welt hinüberführen, so ist dieser Schritt von einem vorfühlenden großen Liebenden vollzogen, so daß der Weg nicht in die Zersplitterung führen kann, vielmehr einer neuen Gemeinschaft entgegenführen muß. In diese neue – nie ganz verwirklichte – Ordnung sind sichtlich die Diener, die Nachbarinnen eingegangen; von ihr aus erhält auch das ganze Frauengeschlecht seine neue Stellung. Sowohl in Medeias Reden als in den Reden und Liedern der Nachbarinnen wird (manchmal fast allzu klug überlegt, aber immer von warmem Frauengefühl getragen) Rechenschaft über die Art, das Los, das Glück und Unglück, die Freiheit und Abhängigkeit, den geistigen Rang, den Ruf und die Ehre der Frau gehalten. Keine Schwäche wird beschönigt; die Betrachtung neigt zur Resignation, zum stillen Bescheiden, kommt aber doch zur Gewißheit, daß die alte patriarchalische Ordnung den Frauen nicht gerecht geworden ist, daß den Frauen neue Möglichkeiten zugesprochen werden müssen, eine neue Schätzung zusteht.

Vor dem Hintergrund dieser neuen Betrachtungen des Frauendaseins, die die schicksallosen, schicksalmißtrauenden korinthischen Bürgerinnen anstellen, zeichnet sich die große schicksalsgeladene, schicksalherausfordernde Gestalt Medeias in einer neuen, besonderen Beleuchtung ab. Das Paar Jason-Medeia bedeutet eine Umkehrung der überalterten Konvention: Medeia schreitet den geraden Weg, Jason den krummen; ihre reine, starke Seele steht der unreinen, feigen gegenüber. In dieser neu gesehenen mythologischen Gestalt wird nicht nur die Sage nach der urweltlichen Seite hin vertieft, sondern auch zum Gefäß neuerlebter Einsichten in den ewigmenschlichen Tagesbereich gemacht. Medeia steigt nicht nur aus einem vorapollinischen Urbereich, sondern auch aus einer neu erfühlten und neu fühlenden Frauengemeinschaft auf. Sie ist nicht nur die wilde Enkelin des Helios, sondern auch die erste in voller Größe erlebte eigenwillige Frauengestalt, der Erstling unter den Frauen.

Hippolytos

Der „Hippolytos" des Euripides ist das erste uns bekannte Beispiel eines ganz verflochtenen, spannungsreichen Handlungsdramas; zugleich noch ein Urdrama, feierliches dramatisches Wort im älteren Sinn – und darüber hinaus eines der großen Dramen der Menschheit, des Menschtums überhaupt.

Wir werden ins Frauengemach, werden an einen Hof versetzt, aber jeder Vergleich mit einem bürgerlichen Drama, mit einem höfischen Drama fällt dahin. Die Bürger, die Frauen der Stadt, die übergeschäftige Amme, der warnende alte Diener, der meldende Stallknecht, die Geleiter des Königssohns nehmen innigen Anteil am Geschehen, ja die Amme bestimmt es von außen her mit. Aber nicht in diesem Kreis vollzieht sich das Drama. Die Bürger leben gleichsam in einem mäßigeren Schicksalsklima, das sie preisen und von den Göttern erbitten; von einer „mittleren Wahrheit“, wie der Chor im dritten Standlied sagt. Die wahrhaften Schicksalsträger sind – wie immer im griechischen Drama – die Fürsten. Diese sind von keiner höfischen oder historischen Luft umgeben. Kein Geschichtsdrama, kein höfisch-mythologisches Drama, auch kein Königsdrama von Shakespeares Art steht vor uns. Dies verhindern die Götter, die hier gleichsam die Oberbühne eines Mysteriendramas betreten und doch in Liebe und Haß mit den einzelnen Fürsten verbunden sind. Götterentsprossene, göttergeführte, von Göttern verfolgte und verlassene Fürsten gehen hier zugrunde; Werkzeuge und Opfer der Götter und doch nicht Marionetten der Götter; frei und groß im äußersten Verhängnis; Fürsten nicht des äußeren Ranges, sondern urbildliche Sterbliche, frei entscheidende Todgeweihte.

Daß die griechische Sage, das griechische Drama solches urbildliches Leiden und Tun nur den Fürsten zubilligt, hängt nicht nur mit der ständischen Gliederung des frühen Staates zusammen, sondern führt auf eine alte Welt gottnahen Königtums zurück, die auch hinter der Hippolytossage aufscheint. Die Gegend von Trözen war altes Reich des Poseidon; mit diesem alten Erdgott und späteren Meergott wurde der rossefreudige Hippolytos verehrt. Mächtigere Kultnachbarn des Poseidon waren die lebenspendende Aphrodite und die Wildnis- und Frauengöttin Artemis, Herrin über Leben und Tod; mit beiden war auch Hippolytos im Kult verbunden. Priesterkönige verwalteten dies sakrale Reich. Der fromme Pittheus, Enkel und Schwiegervater des Poseidon, der Erzieher des Theseus und des Hippolytos, ist ein Ausläufer dieses alten Königtums, das von Sehern und Orakeln beraten war.

Durch diese alte Einheit geht im späten zweiten Jahrtausend ein Riß: die apollinische Religion erfüllt die Welt mit neuen

Spannungen. Dem alten, erdhaften, traumhaften, rauschhaften Erfahren der Naturkräfte tritt ein heller, wacher, formender, gliedernder Geist gegenüber: der griechische Geist. Neue Götter, die Zeuskinder, übernehmen oder verdrängen alte Namen und Kulte. Poseidon tritt hinter Zeus zurück, das Reich der Aphrodite verliert an Allgewalt, Artemis wird zur jugendlichen Zeustochter und Apollonschwester. Das alte Priesterkönigtum erlischt fast völlig. Die alten Vertrauten und Segenswerkzeuge der Götter werden in Spannungen und Leiden, in urbildliche erstmalige Schicksale, in eine neue schmerzliche Bewußtheit verstrickt. Die späten Könige, deren Burgen die Nachwelt bestaunte, deren Gräber sie verehrte, werden von den frühgriechischen Sehern und Sängern vor diesem Hintergrund geschaut; immer wieder leuchtet das große göttlich-menschliche Geschehen im Epos unter der Hülle des reichbunten Erzählungsstoffes auf. So wird auch der alte, rossegefeierte, trözenische Heros Hippolytos nunmehr ein urbildlicher Leidender, Theseussohn, Opfer der Phaidra, ja Opfer der alten Kultgenossen Poseidon und Aphrodite, einseitiger Liebling der Zeustochter Artemis. Der tragische Grund der Hippolytossage wird gelegt. Wir wissen leider nicht, wie sich die Erfinder- und Erzählerlust der alten Epiker stufenweise mit diesem tragischen Grundgehalt auseinandersetzte, wann Hippolytos zum Sohn des Theseus, zum Sohn der Amazone, zum Stiefsohn der Phaidra wurde, wann in Trözen zum erstenmal die Phaidralieder erklangen; wann das Märchenmotiv der drei Wünsche Eingang fand. Wichtig ist die Nachricht, daß ein altes Epos die Auferweckung des getöteten Hippolytos durch den epidaurischen Nachbar Asklepios kannte und daß eine trözenische Legende den getöteten Jüngling als Wagenlenker (Fuhrmann) unter die Sterne versetzte; am grausamen Tod des unschuldigen Jünglings änderte diese beschönigende Fassung nichts.

Es war dem Drama des fünften Jahrhunderts vorbehalten, den tragischen Grundgehalt der Sage in feierlichster Darstellung, in erschütterndem Schaubild wiederzuerwecken, und wenn wir auch nicht wissen, wie Aischylos oder der frühe Sophokles dem Jüngling Hippolytos die Stiefmutter und den Vater gegenübergestellt hätten, so haben wir doch von drei Fassungen aus dem dritten Jahrhundertviertel Kunde; eine ist sogar erhalten. Den Anfang machte wohl der verlorene „Verhüllte Hippolytos" des Euripides, der die Gemüter aufs tiefste erregte, auch die ferne Nachwelt zur Bewunderung hinriß; über Seneca wirkt er in Partien von Racines „Phädra" noch auf unsere Bühne. Das Stück spielte offenbar in Athen. Theseus ist auf der Reise in den Hades verschollen. Die Königin lernt den Stiefsohn kennen, als er sich von Trözen zu den eleusinischen Mysterien begibt, und wird von jäher, ungezügelter Leidenschaft befallen. Ähnlich wie bei Seneca und Racine bietet sie sich dem Jüngling auf offener Bühne an; Hippolytos wendet sich in schamvoller Entrüstung ab und verhüllt sein Haupt. Theseus kehrt zurück, glaubt der verleumdenden Gattin, verflucht den Sohn mit einem der drei Poseidonwünsche. An der Leiche des zu Tode geschleiften Hippolytos gibt sich Phaidra den Tod. Dem Jüngling werden göttliche Ehren verheißen.

Die ungezügelte Phaidra dieses Dramas erregte bei den Zuschauern schwersten Anstoß und wurde noch lange Zeit nach der Aufführung von dem Komiker Aristophanes als „Hure" verspottet. Es scheint, daß Sophokles, dessen „Phaidra" wohl bald auf den „Verhüllten Hippolytos" folgte, sein Hauptziel in einem würdevolleren Bild der Königin erblickte. Bruchstücke des verlorenen Werkes lassen noch erkennen, daß Phaidra die Frauen in das Geheimnis ihrer unverschuldeten Besessenheit einweihte. Mit diesem Drama des Sophokles trat dann wohl der leidenschaftliche Seelenkünder Euripides in Wettbewerb, als er 428 v. Chr. den Stoff in einer neuen Fassung, dem erhaltenen „Hippolytos mit dem Kranz", auf die Bühne brachte. Es scheint, daß er mit diesem spannungsvollen, musikalisch reichen Werk und gerade auch mit seiner neuen, wahrhaft königlichen Phaidragestalt die Zuschauer mit fortriß und daß er es vor allem diesem Drama zu verdanken hatte, wenn er ausnahmsweise an diesem Tage mit seiner Tetralogie einen Sieg errang; und wenn wir auch nicht wissen, was die Preisrichter in ihrem Urteil bestimmte, so stehen doch wir Heutigen mit unsern späten Erfahrungen, mit unserer weltgeschichtlichen Übersicht nicht an, diesem Werk eine der ersten Stellen in der Reihe aller Dramen der Völker und Zeiten anzuweisen. Nur dem hohen Seher und Sänger konnte diese Wiedergeburt des Urgehalts der Sage im Geist der Parthenonzeit, dieses Doppellied von den alten gottnahen Fürsten und den neu fragenden und fühlenden Menschen, diese vollendete Einheit von Dichtung und Wahrheit gelingen.

Das griechische Drama steht zwar im kultlichen Rahmen, im Rahmen des Dionysosfestes, doch ist es selbst kein Kultakt, keine rituelle Wiederholung des Priesters oder der Gemeinde, sondern Neuschöpfung des Dichters, dem Beifall, dem Preisgericht unterstellt. Aber es ist aus einem Kultakt, der dionysischen Chorfeier, hervorgegangen und wo es in seine eigenen Tiefen hinabsteigt, macht es sich in Freiheit zum Nachfolger der alten hymnischen Begehungen, zum Mund der Götter, die sich verwandeln, im Menschen erneuern wollen, deutet es die Sage aus ihrem eigenen Urgrund neu. Diesen Tiefenschritt hat Euripides in seinem zweiten „Hippolytos“ vollzogen.

Die Macht der Götter erscheint in diesem Drama des Dichters ungebrochen, ist weder dem übergeordneten Muß (der Moira) unterstellt noch dem unberechenbaren Walten der Dämonen beigeordnet, sondern wird von den Olympiern in voller Souveränität ausgeübt. Man glaubt zuerst dem alten homerischen Götterstaat gegenüberzustehen, doch hat er sich bedeutsam gewandelt und mit einem inneren Gleichgewicht erfüllt. Zeus, gegen dessen Willen nichts geschehen kann, hält sich ganz zurück. Er regiert die Welt durch seine Kinder und Brüder, durch die abgestuften Träger seines Willens, die als klar bezeichnete Personen bestimmte Bezirke des natürlich-menschlichen Bereichs verwalten. Jede dieser Gottheiten ist in ihrem Bezirk allmächtig. Einer Überschneidung der Bezirke, einem Konflikt zwischen den Göttern ist durch eine Anordnung des Weltenherrschers vorgebeugt: wo eine Gottheit glaubt, in das irdische Geschehen eingreifen zu müssen, treten die anderen von jeder Einmischung zurück. So kommt eine Stimme des göttlichen Chors nach der andern zum Vorschein; wie die Reiche der Natur nebeneinander stehen, wie Sonne und Sturm, Regen und Wind sich ablösen, so tritt das Wirken der einen Gottheit neben das der anderen.

Drei Götter heben sich an diesem Tag heraus. Das Spiel lenkt die alte Titanin Aphrodite, der Urquell des Lebens, die Herrin der Elemente, die ihre unabdinglichen Rechte wahrt. Passiv, aber doch das ganze Werk durchstrahlend, steht ihr das helle Zeuskind Artemis als geistigeres Wesen gegenüber. Poseidon greift zwar furchtbar ein, doch nur aus dem Hintergrund, als Vater des Sohnes, dem er sein Wort hält. Steht dieser Gott seinem Schützling völlig unpersönlich gegenüber, so sind die beiden Göttinnen mit den ihrigen auf eine ganz neue, persönliche Art verbunden. Ein neues Maß göttlichen Schützertums verknüpft Aphrodite mit Adonis, vor allem Artemis mit Hippolytos. Ein heller Lichtschein, ein göttlicher Duft fällt vom Olymp unmittelbar auf den Königssohn und durchströmt sein ganzes Dasein mit einem wunderbaren artemisischen Zauber kecker, reiner Jugendfrische.

Dem hellen Licht neu erlebter göttlicher Beschützung steht das Dunkel neu erlebter göttlicher Grausamkeit gegenüber. Wie werden die Menschen verwirrt, getäuscht, verblendet, vernichtet! Wie zweideutig, wie mörderisch sind die Gaben der Aphrodite, des Eros, die Wünsche des Poseidon! Mit unerhörter Grausamkeit bestraft Aphrodite den säumigen Verehrer und überheblichen Verächter; und sie reißt, nur um dies Ziel zu erreichen, zwei völlig Unschuldige in den Untergang. Ja, will Aphrodite nicht doch letztlich den Artemisfreund und damit ihre geistigere Rivalin treffen? Geht nicht Hippolytos, wie Artemis bezeugt, gerade an seiner Reinheit zugrunde? Die Sterblichen büßen nicht nur unbekannte Ahnenschuld, sondern werden von den Göttern in Irrtum gestürzt und bestraft. Kein Zeus, kein göttlicher Beschützer rettet den Reinen vor dem Untergang, nur Rächung und Ehrung wird verheißen. Und wie die Olympier mit Sterbenden, mit Toten nichts zu schaffen haben, so stehen sie im letzten Grund den Sterblichen fern. Tränen des Mitleids kennen sie nicht, unschwer trennen sie sich von den Treuesten der Treuen. Der Sterbliche, der Leidende, der erkennende Schicksalsträger hat hier etwas voraus: wie ergreift uns das letzte, rührend schlichte Wort des Jünglings an die göttliche Freundin!

Kein Wunder, daß sich in den schwergetroffenen Fürsten und in den betrachtenden Bürgern Stimmen des Nachdenkens, des Zweifels, der Leugnung erheben. Gegen die göttliche Weltordnung wenden sich die Anklagen der Könige und – im dritten Standlied – der Frauen. Langes Nachdenken führt die Königin zur Einsicht in die Willensschwäche auch der Einsichtigen; am eigenen Leib erfährt sie unwillig die Übermacht des Trieblebens. Vollends die Amme leugnet Jenseits und Moral, predigt Skepsis und Leichtfertigkeit.

Der Dichter, der häufig dem relativen Denken der zeitgenössischen Aufklärer Ausdruck verleiht, steht weder auf seiten der Amme noch des altgläubigen Dieners der Vorszene noch vertritt er überhaupt ein Credo. Es gibt keinen „Prosa-Inhalt" seines Glaubens. Seine tiefen Einsichten in das göttlich-menschliche Weltgeschehen liegen nicht in einzelnen Aussprüchen der Personen des Dramas, sondern in der Gesamtheit der Gespräche und Lieder, in der neuen Vision der göttlichen und menschlichen Gestalten. Wer mit diesen fast überpersönlichen und doch blutvollen Gestalten umgeht, verspürt unmittelbar die weltweite, natursichtige, göttlich-innige, tief verwundende und doch freie und befreiende Aussage des Dichters über Götter und Menschen. Sein Credo, seine Wahrheit liegt in der Dichtung, seine Dichtung ruht auf der Erfahrung der Wahrheit.

Daß der Dichter mit der Neufassung des Hippolytosdramas eine besondere Aussage anstrebte, geht schon aus dem musikalischen Reichtum, aus dem ungewöhnlichen Ausmaß der gesungenen Partien hervor; sie reichen weit über die üblichen Einzugsstrophen und Standlieder hinaus und machen etwa ein Drittel des Ganzen aus. Ein Artemishymnus unterbricht die Vorszene; die drei ersten großen Chorlieder schwingen in Wechselgesängen weiter, denen noch kurze Klagelieder folgen; nur die folgende Botenszene verzichtet auf Gesangspartie; die Schlußszene bringt den Gesang der erscheinenden Artemis, das Klagelied des Hippolytos und das übliche Abzugslied des Chors. Alle drei Schauspieler nehmen an diesem musikalischen Reichtum teil. Der erste (Hippolytos) singt in Vor- und Schlußszene; der zweite, der zuerst als Aphrodite auftritt, hat die Wechsellieder und Klagelieder der Königin und des Königs zu singen; der dritte, Träger der vier Dienerrollen und der Artemisrolle, hat in der ersten Hauptszene und der Schlußszene Gesangspartien. Wenn die großen Chorlieder sich in Anteilnahme an den Fürsten und in hymnischer Feier der Aphrodite erschöpfen, so steigern die zusätzlichen Gesangspartien und die Chorgespräche wiederholt das Zweigespräch der Schauspieler zum Dreigespräch und machen vergessen, daß das Dreigespräch der Schauspieler noch ganz zurücksteht, nur in der Schlußszene wirklich angewendet wird.

Die reiche, polyphone Dialogform ist nicht äußerer Prunk, sondern entspricht einer neuen, weitläufig angelegten Bauform des Dramas, die in dem kurz vorher gespielten sophokleischen „König Ödipus“ zum erstenmal auftritt, aber im „Hippolytos“ erst den ganzen Reichtum der Möglichkeiten entfaltet; es mag sein, daß Euripides gerade auch diesen Reichtum der sophokleischen „Phaidra“ entgegenstellen wollte. Die säulenhafte Wucht der Gestalten und Szenen, das dramatische „Was“ wird fast vom kunstreichen „Wie“ übertönt, die Geschehnisse werden abwechslungsvoller, kontrastreicher, werden nach vorwärts und rückwärts verkettet; wie einfach läuft dagegen die vierzehn Jahre ältere „Antigone“ des Sophokles ab! Im „König Ödipus“ und im „Hippolytos“ führt ein unerbittlich harter Weg vom Glanz der Vorszene durch ein Labyrinth von Verkettungen zum Jammer der Schlußszene; und dieses Labyrinth ist im „Hippolytos“ von Irrenden und Verblendeten, von einer Gruppe von Blinden bevölkert, die bei aller Hoheit der Seelen, bei allem guten Willen aneinander vorbeireden und -handeln, die im Dunkel tappen und sich überstürzt den Untergang bereiten. Die besessene Phaidra, die übereilte Amme, der gutgläubig schwörende und dann wutschäumende Königssohn, die in ihrem Stolz angefachte Königin, der getäuschte, hastig fluchende und verbohrte Vater führen in einer dichten Folge gewitterschwüler Szenen das bittere Ende der vierten Hauptszene herauf. Und diese Kette, dieses Netz der vier Hauptszenen ist keineswegs nur dramaturgisches Können, Meisterstück der dramatisierten Novelle, sondern steht in einem tief von innen her begründeten Gleichgewicht. Das mythologische Kräftespiel der Sage, das Gegenspiel der Götter und Götter, der Götter und Menschen ist in seiner Wesentlichkeit neu erlebt, sein Gleichmaß teilt sich der Szenenfolge mit. Es sind ja nicht bösartige Individuen, Querköpfe, „Charaktere“, die hier gegeneinander handeln, sondern hohe Geopferte, von Göttern geführte Könige. Der Fürstenstolz des von Artemis inspirierten Hippolytos steht gegen den Fürstenstolz der von Aphrodite besessenen Phaidra; daneben steht der Fürstenstolz des verblendeten Theseus, dem der verhängnisvolle Poseidonwunsch zu Gebote steht. Dieses mythologische Kräftespiel kann sich nicht in einer Shakespeareschen oder Racineschen Szenenfolge entfalten, sondern nur in einem von Chören gegliederten ausgewogenen Bau. Indem Euripides die Gestalt der Phaidra neu erhöhte, sie vor der Rückkehr des Gatten den Tod wählen ließ, war den vier Hauptszenen (und damit dem ganzen Drama) in diesem Tod der Königin gleichsam eine Achse, eine gliedernde Mitte verliehen. Diesseits stehen die wirren Szenen des Frauengemachs, jenseits die wirren Männerszenen; wie jene in den Tod der Phaidra, so münden diese in den Tod des Hippolytos. Mit weiser Kunst ist Hippolytos den Frauenszenen fast ganz entzogen, von einer offenen Begegnung mit Phaidra ferngehalten. Über die Mitte hinweg wirkt die von Phaidras Ehre erzwungene Verleumdung, die Schweigepflicht des Hippolytos und der Frauen, die Entfernung der alles wissenden Amme; die Männerszenen werden durch diese Auswirkung der Frauenszenen schwer belastet, erhalten ihr größeres Gefälle; der wissende Sohn und der unwissende Vater kämpfen gleichsam im Dunkeln dem Ende entgegen. Das Ereignis der Mitte bringt das Phaidradrama zum ehrenvollen Abschluß, besiegelt aber auch schon das Hippolytosdrama, gibt ungewollt die Möglichkeit zum vorschnellen Fluch des Vaters.

Wer noch zweifeln würde, daß dieses reiche Drama seine vollendete ausgewogene Form von einer neuen tiefen Sinngebung des Mythus empfängt, den würden die beiden Rahmenszenen, Vor- und Schlußszene endgültig belehren. Die hohe Kunst des Euripides, seine Handlung zwischen zwei sicheren Ufern chronikartiger Einführung und feierlich-göttlicher Entwirrung in großer thematischer Freiheit ihre Wellen schlagen zu lassen, erklimmt hier einen Gipfel. Die beiden göttlichen Gegenmächte des Dramas betreten hier ungesehen und doch herrscherlich die Bühne. Aphrodite eröffnet die Vorszene, erläutert das Rachewerk, kündigt den im Mythus festgelegten Ausgang an; und schon wird der todgeweihte Artemisverehrer im vollen Glanz seiner strahlenden Jugend gezeigt, wird er vom alten Diener noch einmal vergeblich gewarnt. Die Schlußszene wird ganz vom hellen Licht der Artemis durchleuchtet, die bitter mit Aphrodites Grausamkeit abrechnet, Vater und Sohn versöhnt, die Ehre des Schützlings herstellt, ihm tröstend beisteht, bis die Augen brechen. Das ist nicht gestellte Symmetrie, nicht Allegorie, nicht mythologischer Ballast eines psychologischen Dramas. Wenn Euripides etwas aus der Tiefe seines Herzens gehoben hat, so sind es diese beiden Rahmenszenen des „Hippolytos", der Blick auf die allmächtige grausame Aphrodite, das Blumenopfer des Jünglings an die reine göttliche Jungfrau, das dem Stück den Namen „Hippolytos mit dem Kranz" gegeben hat, die tröstende Erscheinung der Artemis beim sterbenden Freund und seinem verzweifelten Vater. Von diesen Rahmenszenen erhalten die vier Mittelszenen Halt und Rang. Der Weg des Dramas führt vom unbekümmerten jugendstolzen Königssohn der Vorszene zum Verfluchten und ganz Gebrochenen der Schlußszene, der aber doch noch freier und größer stirbt als selbst die Königin in der Mitte des Weges. Und das ganze Drama steht auch zwischen den beiden Urmächten, die das Menschenleben beherrschen, das Menschenschicksal bestimmen: zwischen der allmächtigen, zeugenden und nährenden triebhaften Natur und dem sich darüber erhebenden hellen und reinen Geist; zwischen der Unschuld des pflanzlichen, animalischen Daseins und der höheren Unschuld der wissenden Reinheit. Zwischen diese Mächte hat Euripides das Hippolytosgeschehen gestellt mit dem untrüglichen Blick des Sehers, der dem Mythus bis auf den Grund schaut, ihn im Zusammenhang sieht mit dem großen göttlich-menschlichen Geschehen, das die alte erdgebundene Welt mit dem neuen apollinischen Licht durchdrang, das die späten Könige von der geborgenen Welt des Priesterkönigtums loslöste und in neue Spannungen stellte, das damit die Gestalten des griechischen Mythus und auch das griechische Drama heraufbeschwor. Der Dichter hat als echtbürtigster Tragiker hier das äußere Unterliegen und den inneren Triumph der neuen, der höheren, der geistigeren Macht gezeigt, der sein Herz, sein eigentlichstes Wesen gehört. Nicht nur im ersten und vierten Standlied, sondern im ganzen Drama preist er die Allmacht der alten Titanin; aber in hellerem dichterischem Glanz, in lichteren, beseligenderen Farben erstrahlt die in diesem Drama unterliegende Olympierin, das Zeuskind, Apollons Schwester.

ANHANG
DES HERAUSGEBERS

ΥΠΟΘΕΣΕΙΣ

Ὑπόθεσις Ἀλκήστιδος

I

Ἀπόλλων ᾐτήσατο παρὰ τῶν Μοιρῶν ὅπως ὁ Ἄδμητος τελευτᾶν μέλλων παράσχῃ τὸν ὑπὲρ ἑαυτοῦ ἑκόντα τεθνηξόμενον, ἵνα ἴσον τῷ προτέρῳ χρόνον ζήσῃ. καὶ δὴ Ἄλκηστις, ἡ γυνὴ τοῦ Ἀδμήτου, ἐπέδωκεν ἑαυτήν, οὐδετέρου τῶν γονέων ἐθελήσαντος ὑπὲρ τοῦ παιδὸς ἀποθανεῖν. μετ' οὐ πολὺ δὲ ταύτης τῆς συμφορᾶς γενομένης Ἡρακλῆς παραγενόμενος καὶ μαθὼν παρά τινος θεράποντος τὰ περὶ τὴν Ἄλκηστιν ἐπορεύθη ἐπὶ τὸν τάφον καὶ Θάνατον ἀποστῆναι ποιήσας ἐσθῆτι καλύπτει τὴν γυναῖκα, τὸν δὲ Ἄδμητον ἠξίου λαβόντα αὐτὴν τηρεῖν. εἰληφέναι γὰρ αὐτὴν πάλης ἆθλον ἔλεγε. μὴ βουλομένου δὲ ἐκείνου ἔδειξεν ἣν ἐπένθει.

II

Ἄλκηστις, ἡ Πελίου θυγάτηρ, ὑπομείνασα ὑπὲρ τοῦ ἰδίου ἀνδρὸς τελευτῆσαι, Ἡρακλέους ἐπιδημήσαντος ἐν τῇ Θετταλίᾳ διασῴζεται, βιασαμένου τοὺς χθονίους θεοὺς καὶ ἀφελομένου τὴν γυναῖκα. παρ' οὐδετέρῳ κεῖται ἡ μυθοποιία.

τὸ δρᾶμα ἐποιήθη ιζ'. ἐδιδάχθη ἐπὶ Γλαυκίνου ἄρχοντος † τὸ λ. † πρῶτος ἦν Σοφοκλῆς, δεύτερος Εὐριπίδης Κρήσσαις, Ἀλκμαίωνι τῷ διὰ Ψωφῖδος, Τηλέφῳ, Ἀλκήστιδι. ... τὸ δὲ δρᾶμα κωμικωτέραν ἔχει τὴν καταστροφήν. ἡ σκηνὴ τοῦ δράματος ὑπόκειται ἐν Φεραῖς, μιᾷ πόλει τῆς Θετταλίας. συνέστηκε δὲ ὁ χορὸς ἔκ τινων πρεσβυτῶν ἐντοπίων, οἳ καὶ παραγίνονται συμπαθήσοντες ταῖς Ἀλκήστιδος συμφοραῖς. προλογίζει ὁ Ἀπόλλων. † εἰσὶ δὲ χορηγοί. †

Τὸ δὲ δρᾶμά ἐστι σατυρικώτερον, ὅτι εἰς χαρὰν καὶ ἡδονὴν καταστρέφει παρὰ τὸ τραγικόν. ἐκβάλλεται ὡς ἀνοίκεια τῆς τραγικῆς ποιήσεως ὅ τε Ὀρέστης καὶ ἡ Ἄλκηστις, ὡς ἐκ συμφορᾶς μὲν ἀρχόμενα, εἰς εὐδαιμονίαν δὲ καὶ χαρὰν λήξαντα, ἅ ἐστι μᾶλλον κωμῳδίας ἐχόμενα.

---

[1]) Bei den antiken Vorbemerkungen zu den einzelnen Stücken (Hypothesis = Gegenstand, der zugrunde liegende Stoff) handelt es sich teils um wenig bedeutende Inhaltsangaben, die offenbar rein mythographische Zwecke verfolgten, und die in manchen Einzelheiten vom tatsächlichen Inhalt abweichen, teils

Hypothesis[1]) zur Alkestis

I

Apollon hatte durch Bitten von den Moiren erwirkt, daß Admet, dessen Tod bevorstand, jemand zum Ersatz bieten durfte, der bereit war, freiwillig für ihn zu sterben, damit er um die gleiche Zeitspanne, die er schon gelebt hatte, weiterleben könne. So erbot sich Alkestis, die Frau des Admet, zu sterben; denn von den Eltern wollte sich keiner für den Sohn opfern. Bald darauf trat das traurige Ereignis ein; Herakles kam hinzu und erfuhr von einem Diener, wie es mit Alkestis stand; er begab sich zum Grab und vertrieb den Tod; dann verhüllte er die Frau mit ihrem Gewand und verlangte von Admet, er solle sie in sein Haus aufnehmen und sorgsam bewahren; denn er habe sie, sagte er, in einem Ringkampf als Preis gewonnen. Als jener das nicht wollte, zeigte er die Betrauerte.

II

Alkestis, die Tochter des Pelias, übernimmt es, für ihren eigenen Mann zu sterben, und wird durch Herakles, der sich in Thessalien aufhält, gerettet. Er bezwingt die unterirdischen Götter und raubt ihnen die Frau. Keiner der beiden (anderen Tragiker) hat diesen Stoff benutzt.

Das Stück wurde als 17. geschrieben. Es wurde unter dem Archon Glaukinos ... aufgeführt (438 v. Chr.). Erster war Sophokles, zweiter Euripides mit den Kreterinnen, Alkmeon in Psophis, Telephos und Alkestis. Der Ausgang des Stückes ist eher komödienhaft. Schauplatz ist Pherai, eine Stadt in Thessalien. Der Chor besteht aus einheimischen alten Männern, die auch auf die Bühne kommen, um am Unglück der Alkestis teilzunehmen. Den Prolog spricht Apollon, ... Chorführer ...

Das Stück hat etwas von einem Satyrspiel an sich, weil es heiter und amüsant ausgeht statt tragisch. Die Stücke Orestes und Alkestis werden ausgesondert als der tragischen Dichtung nicht zugehörig, da sie im Unglück beginnen und sich am Schluß zu Glück und Heiterkeit wenden, was eher eine Eigenheit der Komödie ist.

---

um archivarisch-philologische Notizen, die im wesentlichen auf die Ausgabe des alexandrinischen Grammatikers Aristophanes von Byzanz (ca. 257–180 v. Chr.) zurückgehen, der seinerseits bereits auf Materialsammlungen aus der Schule des Aristoteles zurückgreifen konnte.

Ὑπόθεσις Μηδείας

I

Ἰάσων εἰς Κόρινθον ἐλθών, ἐπαγόμενος καὶ Μήδειαν, ἐγγυᾶται καὶ τὴν Κρέοντος τοῦ Κορινθίων βασιλέως θυγατέρα Γλαύκην πρὸς γάμον. μέλλουσα δὲ ἡ Μήδεια φυγαδεύεσθαι ὑπὸ Κρέοντος ἐκ τῆς Κορίνθου, παραιτησαμένη πρὸς μίαν ἡμέραν μεῖναι καὶ τυχοῦσα, μισθὸν τῆς χάριτος δῶρα διὰ τῶν παίδων πέμπει τῇ Γλαύκῃ ἐσθῆτα καὶ χρυσοῦν στέφανον, οἷς ἐκείνη χρησαμένη διαφθείρεται· καὶ ὁ Κρέων δὲ περιπλακεὶς τῇ θυγατρὶ ἀπόλλυται. Μήδεια δὲ τοὺς ἑαυτῆς παῖδας ἀποκτείνασα ἐπὶ ἅρματος δρακόντων πτερωτῶν, ὃ παρ' Ἡλίου ἔλαβεν, ἔποχος γενομένη ἀποδιδράσκει εἰς Ἀθήνας κἀκεῖσε Αἰγεῖ τῷ Πανδίονος γαμεῖται.

Φερεκύδης δὲ καὶ Σιμωνίδης φασὶν ὡς ἡ Μήδεια ἀνεψήσασα τὸν Ἰάσονα νέον ποιήσειε. περὶ δὲ τοῦ πατρὸς αὐτοῦ Αἴσονος ὁ τοὺς Νόστους ποιήσας φησὶν οὕτως·

αὐτίκα δ' Αἴσονα θῆκε φίλον κόρον ἡβώοντα,
γῆρας ἀποξύσασ' εἰδυίῃσι πραπίδεσσι,
φάρμακα πόλλ' ἕψουσ' ἐπὶ χρυσείοισι λέβησιν.

Αἰσχύλος δὲ ἐν ταῖς Διονύσου Τροφοῖς ἱστορεῖ ὅτι καὶ τὰς Διονύσου τροφοὺς μετὰ τῶν ἀνδρῶν αὐτῶν ἀνεψήσασα ἐνεοποίησε. Στάφυλος δέ φησι τὸν Ἰάσονα τρόπον τινὰ ὑπὸ τῆς Μηδείας ἀναιρεθῆναι· ἐγκελεύσασθαι γὰρ αὐτὴν οὕτως ὑπὸ τῇ πρύμνῃ τῆς Ἀργοῦς κατακοιμηθῆναι, μελλούσης τῆς νεὼς διαλύεσθαι ὑπὸ τοῦ χρόνου· ἐπιπεσούσης γοῦν τῆς πρύμνης τῷ Ἰάσονι τελευτῆσαι αὐτόν.

Τὸ δρᾶμα δοκεῖ ὑποβαλέσθαι παρὰ Νεόφρονος διασκευάσας, ὡς Δικαίαρχος ... τοῦ τῆς Ἑλλάδος βίου καὶ Ἀριστοτέλης ἐν ὑπομνήμασι. μέμφονται δὲ αὐτῷ τὸ μὴ πεφυλαχέναι τὴν ὑπόκρισιν τῇ Μηδείᾳ, ἀλλὰ προπεσεῖν εἰς δάκρυα, ὅτε ἐπεβούλευσεν Ἰάσονι καὶ τῇ γυναικί. ἐπαινεῖται δὲ ἡ εἰσβολὴ διὰ τὸ παθητικῶς ἄγαν ἔχειν καὶ ἡ ἐπεξεργασία 'μηδ' ἐν νάπαισι' καὶ τὰ ἑξῆς. ὅπερ ἀγνοήσας Τιμαχίδας τῷ ὑστέρῳ φησὶ πρώτῳ κεχρῆσθαι, ὡς Ὅμηρος·

εἵματά τ' ἀμφιέσασα θυώδεα καὶ λούσασα.

Hypothesis zur Medeia

I

Jason kommt mit Medea nach Korinth und verlobt sich mit Glauke, der Tochter des Korintherkönigs Kreon. Als Medea von Kreon aus Korinth verbannt werden soll, bittet sie um einen Tag Aufschub; er wird ihr gewährt und sie schickt (scheinbar) zum Dank durch ihre Kinder ein Gewand und einen goldenen Kranz als Geschenk zu Glauke; als jene sie anlegt, kommt sie um, ebenso Kreon, der die Tochter umarmt. Medea tötet ihre eigenen Kinder und flieht auf einem von geflügelten Drachen gezogenen Wagen, den sie von Helios erhalten hat, nach Athen und heiratet dort Aigeus, den Sohn des Pandion.

Pherekydes und Simonides sagen, Medea habe Jason durch Kochen verjüngt. Über seinen Vater Aison sagt der Dichter der Heimfahrten (der Trojakämpfer) folgendes:

„Sogleich machte sie Aison zum kraftvollen Jüngling,
das Alter nahm sie mit klugem Verstand
viel Säfte kochend in goldnem Gefäß."

Aischylos berichtet in den Ammen des Dionysos (einem Satyrspiel), daß sie auch die Ammen des Dionysos mit ihren Männern durch Kochen verjüngt habe. Staphylos sagt, Jason sei indirekt durch Medea getötet worden; sie habe ihn nämlich aufgefordert, unter dem Heck der Argo zu schlafen, als das Schiff vor Alter auseinanderzubrechen drohte; das Heck sei auf Jason gestürzt und so sei er gestorben.

Er scheint das Stück von Neophron übernommen und bearbeitet zu haben, wie Dikaiarch in seiner Kulturgeschichte Griechenlands und (Pseudo)Aristoteles in seinen Aufzeichnungen berichtet. Man wirft ihm vor, daß die Rolle der Medea nicht konsequent durchgehalten ist, sondern Medea in Tränen ausbricht, während sie Jason und seiner Frau nachstellt. Der Anfang wird wegen seines hohen Pathos gelobt, ebenso die Fortführung „Unselige Axt, die im Pelionwald" (Vers 3) und so weiter. Das hat Timachides verkannt, wenn er meint, es liege ein Hysteron-Proteron (eine zeitliche Umkehrung) vor, wie Homer sagt:

„nachdem sie ihn bekleidet mit duftenden Gewändern und gebadet."

II

᾿Αριστοφάνους Γραμματικοῦ ὑπόθεσις

Μήδεια διὰ τὴν πρὸς ᾿Ιάσονα ἔχθραν τῷ ἐκεῖνον γεγαμηκέναι τὴν Κρέοντος θυγατέρα ἀπέκτεινε μὲν Γλαύκην καὶ Κρέοντα καὶ τοὺς ἰδίους υἱούς, ἐχωρίσθη δὲ ᾿Ιάσονος Αἰγεῖ συνοικήσουσα. παρ᾿ οὐδετέρῳ κεῖται ἡ μυθοποιία.

ἡ μὲν σκηνὴ τοῦ δράματος ὑπόκειται ἐν Κορίνθῳ, ὁ δὲ χορὸς συνέστηκεν ἐκ γυναικῶν πολιτίδων. προλογίζει δὲ τροφὸς Μηδείας. ἐδιδάχθη ἐπὶ Πυθοδώρου ἄρχοντος ὀλυμπιάδος πζ' ἔτει α'. πρῶτος Εὐφορίων, δεύτερος Σοφοκλῆς, τρίτος Εὐριπίδης Μηδείᾳ, Φιλοκτήτῃ, Δίκτυι, Θερισταῖς σατύροις. οὐ σῴζεται.

II

Hypothesis des Grammatikers Aristophanes

Medea haßte Jason, weil er die Tochter Kreons geheiratet hatte, tötete deswegen Glauke, Kreon und die eigenen Söhne und trennte sich von Jason, um mit Aigeus zu leben. Keiner der beiden (anderen Tragiker) hat diesen Stoff benutzt.

Schauplatz ist Korinth. Der Chor besteht aus Bürgerfrauen. Den Prolog spricht Medeas Amme. Das Stück wurde unter dem Archon Pythodoros im ersten Jahr der 87. Olympiade (431 v. Chr.) aufgeführt. Erster war Euphorion, zweiter Sophokles, dritter Euripides mit Medea, Philoktet, Diktys und dem Satyrspiel Theristai, das nicht erhalten ist.

ʽΥπόθεσις ʽΙππολύτου

I

Θησεὺς υἱὸς μὲν ἦν Αἴθρας καὶ Ποσειδῶνος, βασιλεὺς δὲ ʼΑθηναίων· γήμας δὲ μίαν τῶν ʼΑμαζονίδων ʽΙππολύτην, ʽΙππόλυτον ἐγέννησε, κάλλει τε καὶ σωφροσύνῃ διαφέροντα. ἐπεὶ δὲ ἡ συνοικοῦσα τὸν βίον μετήλλαξεν, ἐπεισηγάγετο Κρητικὴν γυναῖκα, τὴν Μίνω τοῦ Κρητῶν βασιλέως καὶ Πασιφάης θυγατέρα Φαίδραν. ὁ δὲ Θησεὺς Πάλλαντα, ἕνα τῶν συγγενῶν, φονεύσας φεύγει εἰς Τροιζῆνα μετὰ τῆς γυναικός, οὗ συνέβαινε τὸν ʽΙππόλυτον παρὰ Πιτθεῖ τρέφεσθαι. θεασαμένη δὲ τὸν νεανίσκον ἡ Φαίδρα εἰς ἐπιθυμίαν ὤλισθεν, οὐκ ἀκόλαστος οὖσα, πληροῦσα δὲ ʼΑφροδίτης μῆνιν, ἣ τὸν ʽΙππόλυτον διὰ σωφροσύνην ἀνελεῖν κρίνασα τὴν Φαίδραν εἰς ἔρωτα παρώρμησε, τέλος δὲ τοῖς προτεθεῖσιν ἐπέθηκε. στέγουσα γὰρ τὴν νόσον ἡ Φαίδρα χρόνῳ πρὸς τὴν τροφὸν δηλῶσαι ἠναγκάσθη, κατεπαγγειλαμένην αὐτῇ βοηθήσειν, ἥτις καὶ παρὰ τὴν προαίρεσιν λόγους προσήνεγκε τῷ νεανίσκῳ. τραχυνόμενον δὲ αὐτὸν ἡ Φαίδρα καταμαθοῦσα τῇ μὲν τροφῷ ἐπέπληξεν, αὑτὴν δὲ ἀνήρτησε. καθʼ ὃν καιρὸν φανεὶς Θησεὺς καὶ καθελεῖν σπεύδων τὴν ἀπηγχονισμένην, εὗρεν αὐτῇ προσηρτημένην δέλτον, διʼ ἧς ʽΙππολύτου φθορὰν κατηγόρει κατʼ ἐπιβουλήν. πιστεύσας δὲ τοῖς γεγραμμένοις τὸν μὲν ʽΙππόλυτον ἐπέταξε φεύγειν, αὐτὸς δὲ τῷ Ποσειδῶνι ἀρὰς ἔθετο, ὧν ἐπακούσας ὁ θεὸς τὸν ʽΙππόλυτον διέφθειρεν. ῎Αρτεμις δὲ τῶν γεγενημένων ἕκαστα διασαφήσασα Θησεῖ, τὴν μὲν Φαίδραν οὐ κατεμέμψατο, τοῦτον δὲ παρεμυθήσατο υἱοῦ καὶ γυναικὸς στερηθέντα· τῷ δὲ ʽΙππολύτῳ τιμὰς ἔφη ἐπιχωρίους ἐγκαταστήσεσθαι.

II

....

ʽΗ σκηνὴ τοῦ δράματος ὑπόκειται ἐν ʼΑθήναις. ἐδιδάχθη ἐπὶ ʼΕπαμείνονος ἄρχοντος ὀλυμπιάδι πζʹ ἔτει δʹ. πρῶτος Εὐριπίδης, δεύτερος ʼΙοφῶν, τρίτος ῎Ιων. ἔστι δὲ οὗτος ʽΙππόλυτος δεύτερος καὶ στεφανίας προσαγορευόμενος. ἐμφαίνεται δὲ ὕστερος γεγραμμένος· τὸ γὰρ ἀπρεπὲς καὶ κακηγορίας ἄξιον ἐν τούτῳ διώρθωται τῷ δράματι. τὸ δὲ δρᾶμα τῶν πρώτων.

Hypothesis zum Hippolytos

I

Theseus, Sohn der Aithra und des Poseidon und König von Athen, zeugte mit der Amazone Hippolyte Hippolytos, der sich durch Schönheit und Besonnenheit auszeichnete. Als seine Gefährtin starb, heiratete er die Kreterin Phaidra, Tochter des Kreterkönigs Minos und der Pasiphaë. Da Theseus Pallas, einen Verwandten, getötet hatte, ging er mit seiner Frau in die Verbannung nach Troizen, wo Hippolytos bei Pittheus aufwuchs. Phaidra sah den Jüngling und verfiel in eine Liebesleidenschaft, nicht aus Zügellosigkeit, sondern wegen des Zorns der Aphrodite, die Hippolytos wegen seiner Besonnenheit töten wollte und Phaidra zur Liebe entflammt hatte. Sie führte ihren Plan aus; denn Phaidra, die ihre Krankheit verbergen wollte, sah sich schließlich gezwungen, sie der Amme zu offenbaren, die ihr Hilfe angeboten hatte, und die auch entgegen dem (vorgeschützten) Vorhaben mit dem Jüngling darüber sprach. Als Phaidra seinen heftigen Zorn bemerkte, machte sie der Amme Vorwürfe und erhängte sich. In diesem Augenblick erschien Theseus und schickte sich an, die Erhängte herabzuholen. Dabei fand er an ihr angeheftet eine Schreibtafel, durch die sie Hippolytos verleumderisch der Vergewaltigung anklagte. Da er dem Geschriebenen vertraute, schickte er Hippolytos in die Verbannung und sprach gegenüber Poseidon Verwünschungen aus. Der Gott erhörte sie und tötete Hippolytos. Artemis klärte Theseus über die wahren Geschehnisse auf; sie tadelte Phaidra nicht und tröstete ihn wegen des Verlustes von Sohn und Frau. Sie versprach, für Hippolytos im Lande einen Kult einzurichten.

II

....

Schauplatz des Stückes ist Athen (irrtümlich statt Troizen). Es wurde unter dem Archon Epameinon im vierten Jahr der 87. Olympiade (428 v. Chr.) aufgeführt. Erster war Euripides, zweiter Iophon, dritter Ion. Dies ist der zweite Hippolytos, mit dem Beinamen ‚der Bekränzte'. Er ist offenbar später geschrieben; denn das Anstößige und Tadelnswerte ist in diesem Stück korrigiert. Es gehört zu den erstrangigen.

Zu Text und Übersetzung

Ernst Buschors Übertragung des Euripides hat bereits ihren festen Platz in der vordersten Reihe der deutschen Tragödienübersetzungen. Anders als die homerischen Epen, für die Johann Heinrich Voß die Maßstäbe gesetzt hatte und für die er trotz manchen Tadels bis heute eine hervorragende Bedeutung hat, ist die griechische Tragödie immer ein Experimentierfeld konkurrierender Übersetzer geblieben. Es ist fast eine Binsenweisheit, zu sagen, daß für die Tätigkeit des Übersetzens die Regel, das Richtige müsse einfach sein, nicht gilt. Alle theoretischen Untersuchungen – ihre Zahl ist unüberschaubar, denn jeder bessere Übersetzer ist auch Theoretiker – laufen auf zwei schlichte Grundsätze hinaus: erstens, die vollständige Umsetzung in eine andere Sprache ist unmöglich; zweitens, es gibt verschiedene passable Behelfslösungen, mit anderen Worten, es gibt keinen Weg nach Rom, jedoch mehrere Wege, auf denen man in die Nähe Roms gelangen kann. Ebenso ist es eine alte Erfahrung, daß die theoretischen Maximen eines Übersetzers keine Garantie für den Erfolg bedeuten. Das mußten etwa neuere Shakespeareübersetzer erfahren, die sich nur mühsam neben A. W. Schlegel behaupten, obwohl ihnen die Fachleute bestätigen, daß sie ‚richtiger' übersetzt haben. Es wäre eine grobe Vereinfachung, wollte man die Gunst des Publikums als bloße Vorliebe für das Althergebrachte und schon Bekannte deuten. Eine Übersetzung kann nur dann als geglückt gelten, wenn sie beide Hürden nimmt: wenn sie der Kritik der Philologen standhält und wenn sie vom fachlich nicht geschulten Leser akzeptiert wird. Buschors Euripides hat diese doppelte Probe – der letzte Band erschien 1963 – mehr als einmal bestanden.

Doch, um mit Goethe zu reden, „Übersetzer erwecken eine unwiderstehliche Neigung nach dem Original". Buschor hätte sich wahrscheinlich nicht träumen lassen, daß man das eines Tages wörtlich auf ihn anwenden und seiner Übersetzung das griechische Original in einer zweisprachigen Ausgabe gegenüberstellen werde. In der Tat wird ein Übersetzer bewußt oder unbewußt andere Orientierungspunkte benutzen, wenn von vornherein eine zweisprachige Ausgabe geplant ist. Er wird stärker darauf bedacht sein, optische Parallelität zwischen Urtext und Übersetzung zu wahren, und ihm wird mehr daran liegen, direkte Informationen über das Original zu geben, er wird aber gleichzeitig einkalkulieren, daß der Leser auf dieses zurückgreift. Diese selbstlos dienende Art der Übersetzung, die übrigens Goethe außerordentlich hoch einschätzte, führt zwangsläufig dazu, daß der deutsche Text für sich genommen ein problematisches Gebilde wird. Er kann nicht die gleiche sprachliche und gedankliche Dichte haben wie das Original, sondern wird der äußeren Kongruenz zuliebe allzu leicht innerlich ungleichmäßig und sprachlich unbeholfen ausfallen. Buschor wollte weder eine freie Nachdichtung schaffen noch ließ er sich durch Verszahlen, grammatische Konstruktionen oder metrische Schemata einengen. Er wollte im philologischen Sinne streng übersetzen und zugleich die Übersetzung zu eigener Lebendigkeit bringen. Ihm lag also weniger an der äußerlichen Korrespondenz als an der substanziellen Übereinstimmung zwischen Original und Übersetzung. Er wollte nicht philologischer Diener des Originals sein, sondern verantwortlicher Sprecher. Ob Buschor, dessen eminente Sprachgewalt auch seine akademischen Vorträge prägte, ein Dichter war, sei dahingestellt – unsere Zeit ist ohnehin in solchen Urteilen unsicher geworden –, aber seine Übersetzung zeigt, daß er wenigstens in zweifacher Hinsicht dichterische Maßstäbe anlegte: er war nicht im geringsten bereit, die deutsche Sprache dem Original zu opfern, und er gestattete sich nicht die Bequemlichkeit, Probleme durch größeren Wortaufwand zu kaschieren. Daß er die schöpferische Disziplin dieses autonomen Formwillens mit absoluter Treue dem Original gegenüber zu verbinden wußte, setzt mehr an sprachlichem und poetischem Können voraus, als wir gemeinhin selbst von einem guten Übersetzer erwarten.

Die Aufgabe des Herausgebers ist in einem solchen Fall paradox. Woher das Original nehmen? Buschor, der 1961 verstorben ist, hat keine Aufzeichnungen über seine Arbeitsweise hinterlassen, und es ist nicht einmal bekannt, von welcher Textausgabe er ausgegangen ist. Es ist der beste Beweis für den philologischen Verstand des Archäologen Buschor, daß er sich, wie die nähere Nachprüfung sehr bald zeigte, auf keine der existierenden Editionen verlassen hat, sondern sich gewissermaßen seinen eigenen kritischen Text zurechtgemacht hat. Der Herausgeber mußte also diese Buschorsche Textrezension aus der Übersetzung rekonstruieren. In der Praxis hieß das, es mußten die vorhandenen Ausgaben verglichen werden, um bei Abweichungen diejenige Lesart zu ermitteln, die der Übersetzung am nächsten steht. Bei kleineren Varianten, und das ist bei weitem die Mehrzahl, schlägt sich die Differenz, wie es nicht anders sein kann, in der Übersetzung nicht nieder, und so mußte der Herausgeber nach eigenem Gutdünken verfahren. Selbstverständlich sind auch nicht alle Editionen herangezogen worden, die Buschor benutzt haben könnte, sondern nur einige wenige, die sich für die Rekonstruktionsaufgabe als wichtig erwiesen. Im Ergebnis konnte nur ein Text entstehen, der diskutabel sein soll und den Buschor hoffentlich gebilligt hätte, der aber weder ganz der Text Buschors noch der des Herausgebers ist. Es handelt sich also um einen Lesetext, der nur im Rahmen dieser zweisprachigen Ausgabe seinen Zweck erfüllen soll. Das schließt nicht aus, daß die durch Buschor bevorzugten Lesarten von künftigen Herausgebern besonders beachtet werden sollten; denn seine Übersetzung ist nicht weniger kritisch als manche wissenschaftliche Ausgabe. Die wenigen Fälle, wo er Lesarten zugrunde gelegt hat, die heute als veraltet gelten müssen, lassen sich für die drei Stücke, die dieser Band enthält, an einer Hand herzählen. Ja, es gibt eine ganze Reihe von Stellen, wo Buschor Lesarten, die in neueren Ausgaben verworfen werden, durch seine Übersetzung zu neuer Aktualität erhebt. Schließlich sind sogar Fälle zu nennen, wo er sich an keine der überlieferten oder von modernen Editoren vorgeschlagenen Lesarten angeschlossen zu haben scheint, sondern einer eigenen Vermutung zum Text folgt. Die Anmerkungen geben zu einigen Stellen darüber Auskunft.

Aus dem Gesagten geht hervor, daß kein Anlaß bestand, die

Übersetzung zu korrigieren oder zu überarbeiten. Sie ist hier unverändert abgedruckt, abgesehen von einigen Druckfehlern und orthographischen Versehen, die beseitigt wurden. Beibehalten wurde auch die uneinheitliche Schreibweise der Eigennamen, die Buschor öfter, als es heute üblich ist, nach ihrer lateinischen Form eindeutscht.

Buschors Übersetzung war nicht von vornherein als Gesamtausgabe geplant, sondern ist erst nach und nach dazu erweitert worden. Es wäre allzu künstlich und kaum im Sinne Buschors gewesen, wenn die damalige Reihenfolge des Erscheinens in der Neuausgabe zum Ordnungsprinzip gemacht worden wäre. Buschor selbst legte großes Gewicht auf die chronologischen Beziehungen der Stücke untereinander, und so bot sich an, die chronologische Reihenfolge, die er partiell bereits sanktioniert hatte, hier konsequent durchzuführen. Das konnte um so leichter geschehen, als Buschors Chronologie von der heute weithin akzeptierten nur unwesentlich abweicht. Die etwas komplizierte Entstehungsgeschichte der Übersetzung hat Buschor auch dazu geführt, nicht immer den gleichen poetischen Grundsätzen und Ambitionen zu folgen. Das gilt für die Versbehandlung wie auch für den ganzen Stil der Übertragung. Im vorliegenden Band unterscheidet sich die ‚Medeia' ganz erheblich von den beiden anderen Stücken. Buschor hat in ihr eine fast unglaubliche Konzentration erreicht, so daß man bei oberflächlicher Betrachtung annehmen muß, es handle sich um eine gekürzte Fassung. Erst die nähere Beschäftigung bestätigt Buschors Notiz, daß er „die Vers- und Wortzahl, nicht aber die Bilder- und Gedankenfülle beschränkt" habe. Daß sich daraus gewisse anfängliche Schwierigkeiten für jemand ergeben können, der von einer zweisprachigen Ausgabe möglichst direkte Vergleichbarkeit zwischen Original und Übersetzung erwartet, versteht sich von selbst. Wer sich jedoch der Mühe unterzieht, die Synkrisis trotzdem durchzuführen, wird nicht nur feststellen, daß Buschor tatsächlich nichts unterschlagen hat, sondern wird unschätzbar viel über die Technik und die Möglichkeiten des Übersetzens lernen.

Buschor hatte jedem Band eine kurze Einleitung vorangestellt, in der er einiges über die Entstehung der Übersetzung mitteilte und vor allem über die Beziehungen der jeweils zusammengestellten Stücke untereinander sprach. Der neuen Bandaufteilung mußten diese an sich sehr lesenswerten Bemerkungen weichen. Aufgenommen worden sind dagegen die ‚Nachworte', die Buschor zu den einzelnen Stücken verfaßt hat. Sie verdienen das nicht nur deswegen, weil sie den Intentionen des Übersetzers naturgemäß besser entsprechen, als das Erläuterungen des Herausgebers könnten, sondern weil es sich um kleine Meisterstücke handelt, in denen Buschor beschreibend und interpretierend jedes Stück in seinen wesentlichen Zügen nachzeichnet und in aller Vielfalt zur Einheit werden läßt. Angesichts der Schwierigkeiten, die sich gerade bei Euripides einer Gesamtschau entgegenstellen, ist das eine erstaunliche Leistung, die noch um so bemerkenswerter ist, weil Buschor die wissenschaftliche Diskussion nicht etwa ignoriert, sondern von ihr ausgeht. Die unnachahmliche Klarheit und Anschaulichkeit, die diese Nachworte auszeichnet, und die der Nichtfachmann besonders begrüßen wird, ist eine sehr reflektierte Einfachheit, aus der auch die Fachleute manches lernen können. Gewiß ist die heutige Forschung nicht in allem mit Buschor einer Meinung – der Herausgeber bekennt, daß er in vielen, auch grundsätzlichen Fragen anders denkt –, es wäre jedoch völlig falsch zu glauben, diese Nachworte seien irgendwie veraltet oder überholt. Im Gegenteil, es sieht eher so aus, als ob sie von der wissenschaftlichen Forschung noch nicht einmal ganz gewürdigt worden seien und als aktueller Beitrag überhaupt erst in die Diskussion einbezogen werden müßten.

Mit Rücksicht auf den angesprochenen größeren Leserkreis hatte Buschor jedes Stück mit ‚Anmerkungen' versehen, in denen vor allem die vorkommenden Götter- und Heroennamen durch nähere mythologische Angaben erläutert wurden. Das waren nicht etwa unzusammenhängende Notizen, sondern – wie hätte es bei Buschor anders sein können – kunstvoll komponierte Systeme. Wenn damit auch ein eigener Reiz verbunden ist und sicher auch pädagogische Absichten eingeflossen sind, so wurde doch für die vorliegende Ausgabe die Form der Einzelanmerkung gewählt. Die dabei verlorengegangene Systematik wird hoffentlich durch den Vorteil aufgewogen, daß der Leser die eventuell gewünschte Information ohne Suchen finden kann. Auch im Inhalt sind diese Erläuterungen neu; sie sind nicht etwa die aufgedröselten ‚Anmerkungen' Buschors, sondern stammen vom Herausgeber. Zusätzlich ist für die zweisprachige Ausgabe eine neue Schicht von Anmerkungen notwendig geworden, die Auskunft darüber geben, wo Buschor gegenüber dem überlieferten Text eigene Wege geht oder – was auch nicht selten ist – wo er entgegen eingebürgerten Neuerungen zur überlieferten Form zurückkehrt. Gelegentlich hat sich der Herausgeber auch das Recht genommen, seine eigene Auffassung anzudeuten und Hinweise allgemeinerer Natur zu geben. Doch konnte das nur in äußerster räumlicher Beschränkung und daher nur an besonders wichtigen Stellen geschehen. Vollständigkeit ist nur erstrebt bei der Erklärung von Namen und Sachbezeichnungen, wobei im einzelnen nicht mehr als knappe Hilfen gegeben werden konnten, die vom Standpunkt strenger Wissenschaftlichkeit aus vielfach fragwürdig sein müssen.

Zur Metrik

Wie in den Heimeranausgaben des Aischylos und Sophokles wird auch hier die metrische Struktur durch Randsiglen angegeben (außer bei iambischen Trimetern). Im Unterschied zu den beiden anderen Ausgaben wird dabei jedoch die übliche Terminologie in reduzierter Form benutzt, d.h. die rhythmische Gestalt wird auf eine eng begrenzte, leicht überschaubare Anzahl metrischer Grundeinheiten zurückgeführt. Daß dies Verfahren, das einen Kompromiß zwischen traditioneller metrischer Theorie und bloßer Beschreibung der rhythmischen Struktur darstellt, nicht eine Revision der bestehenden Theorie, sondern nur eine Lesehilfe bieten soll, braucht kaum ausdrücklich gesagt zu werden.

Als metrische Einheiten werden benutzt:

ia	= Iambus	⏑ – nur paarweise, Varianten ⏓ ⏔ ⏑ ⏔
tr	= Trochäus	– ⏑ nur paarweise, Varianten – ⏑ – ⏓
da	= Daktylus	– ⏑ ⏑ Varianten – ⏖
an	= Anapäst	⏑ ⏑ – Varianten ⏖ ⏔
cr	= Creticus	– ⏑ – gelegentlich statt einer Länge zwei Kürzen
ch	= Choriambus	– ⏑ ⏑ – gelegentlich statt einer Länge zwei Kürzen
ba	= Bakcheus	⏑ – – Schlußsilbe gelegentlich kurz
reiz	= Reizianus	⏑ – ⏑ – – Schlußsilbe gelegentlich kurz; die vielfältigen Varianten, die gewöhnlich unter diesem Namen zusammengefaßt werden, werden dagegen nicht verwendet
hyp	= Hypodochmius	– ⏑ – ⏑ – keine Varianten
do	= Dochmius	⏑ – – ⏑ – bei Reihenbildung mit vielen Varianten ⏓ ⏔ ⏔ ⏓ –
hem	= Hemiepes	– ⏑ ⏑ – ⏑ ⏑ – Doppelkürze durch Länge ersetzbar
gl	= Glykoneus	– ⏑ – ⏑ ⏑ – ⏑ – Einfachkürze durch Länge ersetzbar

Zusätzliche Silben (als Auftakt, Verbindung oder Abschluß) werden durch – oder ⏑ oder × (Länge, Kürze, Länge oder Kürze) gekennzeichnet. Eine Minussilbe (d. h. das Fehlen einer Silbe am Anfang oder Ende einer metrischen Einheit) wird durch ∧ angezeigt.

Hochgestellte Ziffern geben die Zahl der Einheiten an. Bei anapästischer Reihenbildung werden Versvarianten wie an^2 und an^4∧ gewöhnlich nicht gesondert angegeben.

Literaturhinweise

Um dem Benutzer zu helfen, der sich intensiver mit Euripides beschäftigen möchte, sind anschließend einige Hinweise auf die wissenschaftliche Literatur gegeben. Darunter sind Arbeiten jüngsten Datums, die umfangreiche Bibliographien enthalten.

Ausgaben

Euripidis tragoediae, hrsg. v. *A. Nauck*, 2 Bde, 3. Aufl. Leipzig 1871 (von Buschor herangezogen, im ganzen jedoch veraltet).

Euripidis fabulae, hrsg. v. *G. Murray*, 3 Bde, Oxford 1902–1910 (zur Zeit die führende und am weitesten verbreitete Ausgabe).

Euripide, hrsg. m. franz. Übers. v. *L. Méridier, L. Parmentier, H. Grégoire* u. a., (bisher) 6 Bde, Paris 1923 ff. (teilweise bereits in verbesserter Neuauflage erschienen).

Kommentare

Euripides Alcestis, edited with introduction and commentary by *A. M. Dale*, Oxford 1954.

Euripides Medea, edited with introduction and commentary by *D. L. Page*, Oxford 1938, repr. with corrections 1961.

Euripides Hippolytus, edited with introduction and commentary by *W. S. Barrett*, Oxford 1964.

Sekundärliteratur

W.H.Friedrich, Euripides und Diphilos, München 1953.

K.v.Fritz, Antike und moderne Tragödie, Berlin 1962.

G.M.A.Grube, The Drama of Euripides, 2.Aufl. London 1961.

A.Lesky, Die tragische Dichtung der Hellenen, 3.Aufl. Göttingen 1972.

A.Rivier, Essai sur le tragique d'Euripide, Lausanne 1944.

H.Rohdich, Die Euripideische Tragödie, Heidelberg 1968.

E.-R.Schwinge, Die Verwendung der Stichomythie in den Dramen des Euripides, Heidelberg 1968.

W.Steidle, Studien zum antiken Drama, München 1968.

H.Strohm, Euripides, München 1957.

W.Zürcher, Die Darstellung des Menschen im Drama des Euripides, Basel 1947.

Euripides, hrsg. v. *E.-R.Schwinge,* Darmstadt 1969, ‚Wege der Forschung' (Sammlung von Aufsätzen verschiedener Verfasser, Bibliographie).

Hilfsmittel zu Metrik und Mythologie

B.Snell, Griechische Metrik, 3.Aufl. Göttingen 1962.

D.Korzeniewski, Griechische Metrik, Darmstadt 1968.

H.Hunger, Lexikon der griechischen und römischen Mythologie, 6.Aufl. Wien 1969.

H.J.Rose, Griechische Mythologie, 3.Aufl. München 1969.

ALKESTIS

1 Zur Vorgeschichte s. Buschors Nachwort. Der Zeitraum zwischen der Entscheidung der Alkestis, für Admet zu sterben, und ihrem Tod bleibt bei Euripides ganz unbestimmt. Man müßte sonst fragen, wie die beiden unter dem Vorzeichen des sicheren Todes „in glücklichster Ehe" leben konnten.
6 Die Kyklopen, ursprünglich vielleicht selbständige Gottheiten des Blitzes und Donners, sinken später zu bloßen Gehilfen des Schmiedegottes Hephaistos herab. In der Odyssee sind sie ein wildes, gesetzloses Riesengeschlecht.
12 Die Moiren spinnen als Schicksalsgöttinnen den Lebensfaden des Menschen. Die Unausweichlichkeit des Schicksals gerät im Mythos häufig in Konflikt mit der Macht der Götter. Die Überlistung der Moiren (Apollon hat sie zum Weintrinken verleitet) ist eine spielerisch frivole Ausdeutung dieses Konflikts, die Euripides bereits vorlag.
14 Wörtlich „Wenn er einen anderen zum Tausch bot".
28 Thanatos (der Tod) tritt als Opferpriester auf, der sich anschickt, ein Blutopfer zu vollziehen. Diese Personifikation des Todes überschneidet sich mit der Vorstellung des Totengottes Hades, der in der Unterwelt herrscht. Euripides hat die verschiedenen Namen und Angaben, die sich im Stück auf Tod und Unterwelt beziehen, nicht zu einem konsequenten System zusammengefaßt, sondern bewegt sich frei zwischen Mythos, Personifikation und Allegorie.
35 Der ‚Bogenschütze' Apollon trägt den Bogen ständig bei sich.
37 Alkestis' Vater Pelias war König von Iolkos in Thessalien. Er sandte Jason nach dem Goldenen Vlies aus (Argonautensage, s. zu Medeia 1).
46 Subjekt ist Admet; er hat die Gattin zum Tausch gegeben.
64 „belehrt" ist Konjektur, überliefert ist „aufhören".
66 Eurystheus ist König von Mykenai (Mykene) und Tiryns, in dessen Dienst Herakles seine berühmten zwölf Taten vollbringt. Zu ihnen gehört auch die Aufgabe, die menschenfressenden Pferde des thrakischen Königs Diomedes zu holen, s. 481 ff.
77 Die Verteilung auf Halbchöre ist unsicher. Die Rollenverteilung ist im Text weniger klar, als es nach der Übersetzung erscheint.

92 Unter dem Namen Paian wurde Apollon zur Abwehr von Krankheiten angerufen. Zugleich ist Paian der Name des an Apollon gerichteten Liedes.
114 In Patara in Lykien (Südwestküste Kleinasiens) befand sich ein Orakel Apollons, in Libyen (Oase Siwa) das Orakel des Zeus Ammon.
124 Asklepios.
162 Hestia ist die Göttin des Herdes und der Familie.
198 Der Sinn ist eher: „Die Größe seines Schmerzes wird ihm erst später bewußt werden“, vgl. zu 939.
208 Die beiden Verse sind eine teilweise Tautologie zu den vorangehenden; sie scheinen aus der euripideischen ‚Hekabe‘ (411f.) übernommen worden zu sein.
215 „heraus“ ist aus metrischen Gründen angezweifelt worden. Es ergibt keinen rechten Sinn, daß der Chor erneut auf Nachricht wartet, nachdem er von der Dienerin so ausführlich unterrichtet wurde. Die Alternative „schneid ich die Locke“ legt die Vermutung nahe, daß der Chor an das „Kommen“ eines Retters denkt, vgl. 65 und zu 1071.
219 Allmacht wird den griechischen Göttern nicht zugeschrieben, im Text steht nur „sehr groß“.
222 „früher“, d.h. durch die Überlistung der Moiren.
234 Das Gebiet, über das Admet herrscht. Pherai lag in Thessalien im Nordosten Griechenlands, vgl. 588ff.
244 Helios ist die Sonne oder der Sonnengott.
254 Charon heißt der Fährmann, der die Seelen der Verstorbenen über die Unterweltsströme in das Totenreich bringt.
262 Überliefert ist „Hades“. Die Zweifel daran, denen Buschor sich anschließt, sind unberechtigt, s. zu 28.
263 Möglicherweise ist der Wunsch „Laß mich“ auch an Admet gerichtet, der die Sterbende umklammert.
312 Dublette zu 195.
346 Der oboenartige Aulos wurde auch aus dem Holz des libyschen Lotosbaumes gefertigt.
348 Eine realistisch-psychologische Deutung dieser Absicht ist nicht angebracht. Admet drückt hier die Beharrlichkeit seiner Liebe aus.
357 Der Sänger Orpheus holte seine Gattin Eurydike aus der Unterwelt herauf (verlor sie jedoch wieder, als er sich vorzeitig nach ihr umdrehte).

358 Persephone, die Gattin des Hades, ist die Tochter Demeters, der Göttin des Ackerbaus.
360 Pluton ist ein anderer Name für Hades. Sein „Hund“ ist das dreiköpfige Untier Kerberos, das den Eingang der Unterwelt bewacht und niemand herausläßt.
384 Daimon ist nicht eine Gottheit, sondern das individuelle ‚Schicksal‘ Admets, vgl. 499 und 935.
424 Paian ist hier entgegen der eigentlichen Bedeutung (s. zu 92) vom Totengesang gesagt, vgl. zu Hippolytos 1373.
436 Acheron heißt ein Unterweltsfluß, ein anderer Kokytos (458).
448 Karneios ist ein Beiname Apollons und der Name des spartanischen Monats, in dem sein Fest gefeiert wurde. Dabei wurde anscheinend auch seine Beziehung zu Admet und Alkestis besungen. Für Athen sind derartige Lieder nicht bekannt, möglicherweise denkt Euripides an die Aufführung seiner ‚Alkestis‘. Einen eigenen Heroenkult der Alkestis scheint es nirgendwo gegeben zu haben.
468 Aus metrischen Gründen müßte man eine Lücke danach annehmen, vgl. 458.
485 Diomedes herrscht über den thrakischen Volksstamm der Bistonen.
498 Ares ist der Gott des Krieges. Seine Söhne Lykaon und Kyknos wurden von Herakles besiegt. Sie spielen sonst im Mythos keine eigene Rolle.
499 Daimon, s. zu 384.
509 Die Eltern des Herakles sind Zeus und Alkmene, die eine Enkelin des Perseus ist.
531 Im griechischen Text fehlt das Demonstrativum, da der Vers doppeldeutig sein soll. Herakles soll glauben, es handle sich um zwei verschiedene Frauen, während Admet von ein und derselben spricht.
568 Die Gastfreundschaft Admets war sprichwörtlich.
570 Apollon ist auch Gott der Musik. Sein Instrument ist die Lyra, Kithara oder Phorminx, also ein Saiteninstrument. Das Blasen (auf der Syrinx) gehört zu seiner Hirtentätigkeit bei Admet.
580 Othrys, ein Gebirge im südlichen Thessalien.
590 Boibeis hieß der See nördlich von Pherai. Die Molosser waren ein Volksstamm in Epirus, westlich von Thessalien. Ufer

des Aigeus, d.h. die Küste des ägäischen Meeres (die Ableitung des Namens von dem Athenerkönig Aigeus ist antik, aber unverbindlich). Pelion hieß das Gebirge an der Küste Thessaliens.

651 Die beiden Verse sind eine Dublette zu 195f.

659 „Ich wartete nicht auf deinen Tod." Bei anderer Worttrennung auch: „Du kannst nicht sagen, daß du mich preisgegeben habest, weil ich dein Alter schlecht geehrt hätte."

675 Lyder und Phryger (in Kleinasien), einst kriegerische Völker, galten in der Zeit des Euripides als verweichlicht und als Sklavenreservoir.

724 Der Sinn des Textes ist wahrscheinlich: „Du hast momentan glücklicherweise nicht das Vergnügen, mich hinauszutragen."

732 Akastos ist der Bruder der Alkestis und der Nachfolger des Pelias als Herrscher von Iolkos.

737 Admet kehrt hier das offizielle Verfahren um, durch das sich ein Vater von seinem Sohn lossagen konnte. Dabei ist eher an einen Verzicht Admets als an eine Vertreibung der Eltern zu denken.

741 Buschor gibt diesen Anapästen den Rang eines ‚Standliedes', d.h. eines regulären Chorliedes. Vom Inhalt her ist das gerechtfertigt, da diese Verse im zweiten und sechsten Standlied Entsprechungen haben.

861 Dieser Wechselgesang hat strenggenommen nicht den Rang eines ‚Standliedes', sondern bildet mit dem anschließenden Monolog eine szenische Einheit.

743 Hermes bringt die Seelen der Verstorbenen in die Unterwelt.

746 Persephone.

791 Kypris, ein Beiname Aphrodites, der Göttin der (sinnlichen) Liebe, vgl. zu Hippolytos 2.

835 Larisa, Stadt nordwestlich von Pherai.

838 Alkmene stammt aus Tiryns auf der Peloponnes.

852 Persephone.

892 Im Text beginnt der Vers mit der Fortsetzung von „aber dennoch", also dem Imperativ „ertrag es". Möglicherweise hat Buschor den Imperativ auf 890 übertragen.

915 Das Peliongebirge ist das dichterische Holzreservoir für Thessalien, vgl. Medeia 3.

939 Eine Feststellung, nicht ein Wunsch.

943 Buschor folgt der richtigen Überlieferung „Eingang" statt der Konjektur „Ausgang".

954 Admet spricht von „Feinden", es handelt sich also nicht um einen Selbstvorwurf Admets, vgl. zu 939. Wenn Buschor im ‚Nachwort' schreibt: „Vater Pheres hat recht gehabt", so ist das seine Interpretation, nicht die ausdrückliche Meinung Admets. „Die innere Wandlung" Admets vollzieht sich jedenfalls weniger tiefgreifend, als das dem an der Tragödie des 19. Jahrhunders geschulten modernen Empfinden entspricht.

962 Die „Musen" repräsentieren die Teilnahme an Dichtung und höherer Bildung.

965 Ananke (= Zwang) ist keine Gottheit des Mythos, sondern die Personifikation des Begriffs, hier gewissermaßen die säkularisierte Moira, s. zu 12.

967 Der thrakische Sänger Orpheus galt auch als Zauberer und Seher. Täfelchen mit seinen angeblichen Aussprüchen wurde magische Kraft zugeschrieben.

970 Der Arztberuf war in der Familie des Asklepios erblich. Daher ist „Asklepiossohn" auch eine allgemeine Bezeichnung für ‚Arzt'.

980 Die Chalyber, ein Volk am Schwarzen Meer, produzierten sprichwörtlich gutes Eisen.

1071 Im überlieferten Text steht ein „wer du bist", aus dem sich möglicherweise Buschors „unbekannt" herleitet. Das hier im Text gedruckte „wer auch kommt" wäre ein Hinweis auf den Retter, wie schon 65 und wahrscheinlich 215.

1087 Eine zweite Ehe nach dem Tod des Gatten ist an sich normal, vgl. 285. Herakles empfiehlt nicht, wie man manchmal lesen kann, die Fremde als neue Gattin, und Admet stimmt daher auch nicht mit der Aufnahme der Fremden einer neuen Ehe zu.

1118 Der Anblick der Gorgo (ein frauengestaltiges Ungeheuer mit Schlangenhaaren) versteinerte. Perseus schlug ihr mit abgewandtem Blick den Kopf ab.

1128 Entweder eine Anspielung auf Hermes (s. zu 743) oder auf die Fähigkeiten eines Totenbeschwörers.

1140 Buschor scheint mit „Geister" die Toten zu meinen, richtiger wäre wohl „demjenigen der Geister, der sie in seiner Gewalt hat".

1150 Sthenelos ist der Vater des Eurystheus, s. zu 66.

MEDEIA

1 Jason, der Thronerbe von Iolkos in Thessalien, wurde von seinem Onkel Pelias, der die Herrschaft usurpiert hatte, nach dem Goldenen Vlies (Fell eines goldenen Widders) ausgeschickt, das in Kolchis (am Ostufer des Schwarzen Meeres) aufbewahrt wurde. Er baute das Schiff Argo und gelangte nach gefährlichen Abenteuern (Fahrt der Argonauten) zu Aietes, dem König der Kolcher. Medea, die Tochter des Königs, half ihm durch ihre Zauberkünste, das Vlies zu gewinnen, und floh mit ihm nach Iolkos. Dort verleitet sie die Töchter des Pelias zum unabsichtlichen Vatermord und flieht mit Jason nach Korinth.
2 Symplegaden hießen zwei sagenhafte Felsen, die man sich am Eingang des Schwarzen Meeres vorstellte. Sie schlagen von Zeit zu Zeit gegeneinander, so daß nur ein besonders schnelles Schiff in der Zwischenzeit heil hindurchgelangen kann.
3 Pelion, Gebirge an der Küste Thessaliens, s. zu Alkestis 915.
19 Der Name der Tochter Kreons (der übrigens nichts mit dem aus der sophokleischen Antigone bekannten Kreon von Theben zu tun hat) wird im Stück nicht genannt. Nach anderer Überlieferung heißt sie Kreusa (oder Glauke).
40 Die Streichung der Verse 40–43 ist kaum zu rechtfertigen, nur 42 ist verdächtig als Dublette zu 262. „Ich fürchte, daß sie sich ein Schwert in den Leib stößt, schweigend ins Haus gehend, wo das Ehelager ist, oder die Königin und den Bräutigam tötet."
69 Die Quelle Pirene in Korinth.
87 Eine Unterscheidung von berechtigter und gewinnsüchtiger Selbstliebe ist in diesem Zusammenhang nicht angebracht.
148 Zeus, der höchste der Götter, ist auch Wahrer des Rechts und des Eides.
160 Themis ist die Göttin des Rechts und Gesetzes. Artemis, die jungfräuliche Göttin der Jagd, ist zugleich Göttin der Geburt; Medea erinnert damit an die Bindung durch die gemeinsamen Kinder.
166 Medea hatte ihren Bruder Apsyrtos getötet, um ihren Vater an der weiteren Verfolgung zu hindern.
215 Der Sinn dieser Stelle ist in den Einzelheiten umstritten. Buschor hält sich nicht an den überlieferten Text, sondern gibt den Versen eine eigene (sehr diskutable) Deutung.

235 Gewöhnlich versteht man die Stelle anders: „das große Risiko dabei ist, ob er gut oder schlecht ist“.

246 Der Sinn des Vorausgehenden scheint darauf zu zielen, daß der Mann seinen Trost bei anderen Frauen, also nicht bei „Freunden und Altersgenossen“ findet.

262 Den Hinweis auf Kreon und Kreusa scheint Buschor zu streichen, Vgl. zu 40. Es ist nicht unwahrscheinlich, daß sowohl 262 als auch 42 durch einen Interpolator aus 288 übertragen worden sind.

337 „Du willst lästig werden, wie es scheint.“ Buschor hält den Vers offenbar für verdorben und konstruiert aus 338 für 337 einen sehr diskutablen Sinn.

397 Hekate ist die Göttin des Hexen- und Zauberwesens.

405 Der berüchtigte Sisyphos, der in der Unterwelt als Strafe eine sinn- und erfolglose Arbeit leisten muß, ist der Ahnherr der Könige von Korinth.

426 Phoibos ist ein Beiname Apollons, der auch Herr der Musik ist, vgl. zu Alkestis 570.

433 Die Symplegaden, s. zu 2.

468 Dublette zu 1324.

527 Kypris ist ein Beiname Aphrodites, der Göttin der sinnlichen Liebe, s. zu Hippolytos 2.

530 Eros ist ursprünglich eine selbständige Gottheit, die erst später Aphrodite als Sohn zugeordnet wird. Hier sind Kypris und Eros mehr Begriff als Gottheit und daher austauschbar. Vgl. zu Hippolytos 525.

543 Orpheus, s. zu Alkestis 357.

546 „Geschoß“, sehr knapp für „Du wolltest diesen Kampf der Worte.“

565 Der überlieferte Text wird in den kritischen Ausgaben akzeptiert. Die Frage ergibt keinen rechten Sinn. Wie Buschors Übersetzung zeigt, zweifelt er die Überlieferung an.

663 Aigeus zieht anschließend weiter zu Pittheus von Troizen. Dessen Tochter Aithra gebiert ihm den Theseus, der später zu seinem Vater nach Athen kommt.

665 Pandion wird gewöhnlich Kekrops als Sohn zugeordnet, s. zu Hippolytos 26 und 34.

668 Delphi, die berühmte Orakelstätte Apollons, galt als Mittelpunkt (Nabel) des Erdkreises.

679 Die antike Deutung, der Orakelspruch meine geschlechtliche Enthaltsamkeit, ist unverbindlich.
684 Pelops, nach dem die Peloponnes benannt ist, wurde von seinem Vater Tantalos den Göttern zum Mahl vorgesetzt, jedoch wieder zu Leben erweckt. Durch Hinterlist gewann er die Tochter des Königs Oinomaos. Zu seinen zahllosen Söhnen gehört auch Atreus, der Vater Agamemnons.
723 Dem Sinn nach sind die beiden Verse eine Dublette zum Folgenden.
738 Der Text ist gestört und umstritten. Buschor gibt der Stelle einen plausiblen Sinn.
746 Medeas Vater Aietes ist ein Sohn des Sonnengottes Helios.
759 Der Götterbote Hermes ist auch Schutzgott der Reisenden.
771 Pallas ist ein Beiname Athenes, der Schutzgöttin Athens.
778 „daß die neue Hochzeit nützlich ist und zu Recht beschlossen wurde“. Für eine Streichung besteht kein hinreichender Grund.
782 „daß die Feinde meine Kinder mißhandeln“. Angezweifelt, da Dublette zu 1061. Möglicherweise liegt jedoch gerade dort eine Interpolation vor, s. zu 1060.
785 „sie der Braut bringend, um der Verbannung zu entgehen, ein Kleid und goldenen Kopfschmuck“. Zu recht verdächtigt, 786 ist Dublette zu 949.
824 Erechtheus ist ein sagenhafter Ahnherr Athens.
826 Vorübergehende feindliche Einfälle, wie der der Perser von 480 (Salamis) sind nicht mitgerechnet. Zugleich ist das eine propagandistische Aussage im Hinblick auf den gleichzeitigen Ausbruch des Krieges mit Sparta (Peloponnesischer Krieg).
831 Die Landschaft Pierien in Thrakien gilt als Sitz der Musen. Ihre Mutter ist nach der Tradition Mnemosyne. Sprachlich möglich wäre an dieser Stelle auch die umgekehrte Relation, nämlich Harmonia als ‚Kind‘ der Musen, d.h. die Vereinigung der Musen in Athen.
835 Kephisos, ein Fluß bei Athen, an dem Aphrodite wahrscheinlich ein Heiligtum besaß.
857 Der Text ist umstritten. Statt der Anrede „liebes Kind“ kann auch von „den Kindern“ die Rede sein.
1006 Dublette zu 923f.
1059 Rachegeister.

1060 Die logische Schwierigkeit, daß Medea sich gewissermaßen einredet, sie müsse die Kinder töten (obwohl sie sie nach wie vor mitnehmen kann), hat man teils als Anlaß genommen, den Monolog von 1059 an zu streichen, teils hat man darin einen besonderen Kunstgriff des Euripides gesehen. Beides ist gleich unbefriedigend. Es spricht einiges für die Streichung von 1060–1063, vgl. zu 782 und 1240.

1081 Wie öfter gibt Buschor hier einem anapästischen System den Rang eines Standliedes.

1087 Der Text ist unsicher.

1110 Buschor scheint mit „Dämon" den Tod zu meinen; es ist jedoch eher an das Schicksal zu denken, vgl. zu Alkestis 384.

1172 Pan ist ein Hirtengott in Arkadien (Peloponnes). Er verursacht gelegentlich den ‚panischen Schrecken' (Panik) und wird auch für andere unkontrollierte Geisteszustände verantwortlich gemacht, wie Halluzinationen und epileptische Anfälle.

1196 Statt „keinem" ist „nur einem" einhellig überliefert. Die Verbesserung liegt nahe, ist aber nicht absolut sicher.

1227 Im überlieferten Text ist hier von „Strafe" die Rede, was keinen hinreichenden Sinn ergibt.

1240 Die beiden Verse sind hier unentbehrlich, s. zu 1060.

1265 „Feuer" und „Glut" haben keine Entsprechung im Text. Möglicherweise hat Buschor den überlieferten Text für verdorben gehalten.

1284 In den bekannten Versionen des Mythos ist Ino wahnsinnig, als sie zur Kindesmörderin wird. Euripides mag eine Version gekannt haben, in der Ino eher mit Medea verglichen werden kann.

1299 „Glaubt sie nach dem Mord an den Herren des Landes heil davonzukommen?" Für die Streichung besteht kein hinreichender Grund.

1316 Besser überliefert ist eine blassere Version; „die ich bestrafen werde".

1343 Skylla ist das aus der Odyssee bekannte mehrköpfige Ungeheuer, das zusammen mit Charybdis vorüberfahrende Schiffe bedroht. Sie wurden meist an der Meerenge von Sizilien lokalisiert.

1376 Das überlieferte „Was soll ich tun?" ist unbefriedigend. Man erwartet eher ein „Was zögern wir noch?"

1379 Hera ist als Gattin des Zeus die höchste Göttin. In Korinth besaß sie ein Heiligtum unter ihrem Beinamen Akraia.
1381 Sisyphos, s. zu 405.
1382 Medea gilt als Begründerin des Herakultes in Korinth.
1387 Jason soll von einem herabstürzenden Balken der Argo, der als Weihstück in einem Tempel hing, erschlagen worden sein, vgl. die Hypothesis.

HIPPOLYTOS

1 Hippolytos ist der Sohn des athenischen Königs Theseus und der Amazonenkönigin Hippolyte (oder Antiope). Nach deren Tod hat Theseus Phaidra, die Tochter des Königs Minos von Kreta, geheiratet. Hippolytos wuchs bei seinem Großvater Pittheus (vgl. zu Medeia 663) in Troizen (nordöstliche Peloponnes) auf.
2 Kypris heißt Aphrodite nach der Insel Kypros (Zypern), wo sich eine ihrer Hauptkultstätten befand.
3 Pontus, das Schwarze Meer, dessen Ostufer als Grenze der Welt galt wie im Westen der Atlantische Ozean.
12 Troizen (Buschor schreibt latinisiert-germanisierend Trözen) ist eine spätere Form, der ursprüngliche Name ist Trozen.
15 Phoibos ist ein Beiname Apollons.
25 In Eleusis feierten die Athener die Mysterien der Demeter (Göttin des Getreides und Ackerbaus).
26 Pandion ist der Vater des Aigeus und der Großvater des Theseus.
30 Die Akropolis, an deren Fuß es einen Tempel der Aphrodite gab.
34 Kekrops ist der älteste König Attikas, halb Schlange halb Mensch.
35 Theseus hatte bei Thronstreitigkeiten die Söhne des Pallas erschlagen. Pallas ist ein Bruder des Aigeus.
42 Die Erwähnung des Theseus ist problematisch, vielleicht Textverderbnis.
45 Als Vater des Theseus wird im Mythos neben Aigeus auch Poseidon, der Gott des Meeres, genannt.
65 Apollon und Artemis sind Kinder des Zeus und der Leto.
71 Olympos ist ein häufiger Bergname, aber schon früh Bezeichnung für den außerirdisch gedachten Wohnsitz der Götter.

78 Aidos ist mehr Personifikation als Göttin.
101 Auf der Bühne sind Standbilder der Aphrodite und Artemis vorzustellen.
121 Der Fluß Okeanos (erst später mit dem Weltmeer identifiziert) umschließt die scheibenförmig gedachte Erde. Der Gegensatz zwischen poetischem Aufwand und der Trivialität der beschriebenen Szene (Wäschewaschen) macht die hochgradige Stilisierung der Tragödie deutlich.
142 Pan, s. zu Medeia 1172. Hekate, s. zu Medeia 397; sie gilt auch als Erregerin von Angstzuständen und Wahnvorstellungen. Korybanten heißen die Begleiter der Kybele (der „Großen Mutter"), einer asiatischen Gottheit mit orgiastischem Kult. Diktynna ist eine kretische Jagdgottheit, die meist mit Artemis gleichgesetzt wird.
151 Erechtheus, s. zu Medeia 824.
175 Kline heißt eine Liege, auch mit Auflager für den Oberkörper.
211 Die Umstellung (212–214 und 223–227 sind ausgetauscht), die Buschor nach anderen vornimmt, ist nicht gerechtfertigt. In neueren Ausgaben wird die überlieferte Reihenfolge beibehalten.
221 Ein leichter Jagdspeer.
224 Im Gefolge der Umstellung zu Unrecht gestrichen, „Was liegt dir an der Jagd?"
228 Am Strand, den Hippolytos als Rennbahn für sein Gespann benutzt, befand sich ein Heiligtum der Artemis.
231 Die Pferdezucht der Veneter (am Nordufer des Adriatischen Meeres) war berühmt.
277 Buschor hält sich an den überlieferten Text. Da die Amme die Absicht Phaidras eigentlich nicht kennen kann, haben die Herausgeber des Textes häufig eine Verderbnis angenommen. Solch ein unrealistisches Wissen besitzen jedoch gerade die Nebenfiguren bei Euripides öfter, im übrigen ist 322 zu vergleichen, wo die Amme gleichfalls voraussetzt, daß Phaidra sterben will.
309 Die Verbindung des Theseus und der Amazone entsprach demnach nicht einer rechtsgültigen Ehe.
337 Phaidras Mutter Pasiphae, die Gattin des Königs Minos von Kreta, verliebte sich in einen Stier und brachte das Ungeheuer Minotaurus, ein stierköpfiges Mischwesen, zur Welt.

339 Aus Liebe hatte Phaidras Schwester Ariadne dem jungen Theseus geholfen, den Minotaurus zu töten. Sie wurde von ihm auf der Insel Naxos zurückgelassen.
437 Pelopsinsel ist die Peloponnes.
415 Aphrodite hat eine Reihe von Beinamen, die auf eine Beziehung zum Meer hindeuten.
426 Der Sinn ist nicht ganz sicher, vielleicht auch „Auf dies eine kommt es an im Leben."
454 s. zu 559. die Verbindung mit Semele ist nur ein Beispiel für die zahlreichen außerehelichen Beziehungen des Zeus.
455 Eos (die Morgenröte) raubte den schönen Jüngling Kephalos.
468 Der Text ist unsicher, aber Buschor trifft zweifellos den Sinn.
477 Die Umstellung von 477–481 (nach 508) und die von 509–512 (nach 515) werden in neueren Ausgaben zu Recht nicht akzeptiert.
514 Statt „Locke" ist „Wort" überliefert, was keinen befriedigenden Sinn ergibt. Möglicherweise liegt die Schwierigkeit auch in der doppeldeutigen Redeweise der Amme.
515 Phaidra soll glauben, es handle sich um einen Gegenzauber, gemeint ist aber der Versuch, Hippolytos zu gewinnen.
525 Eros, s. zu Medeia 530. Daß Eros am Ende der Strophe als Sohn des Zeus bezeichnet wird, ist mehr Ehrentitel als genealogische Zuordnung
535 Als Beispiele werden zwei bedeutende Kultstätten genannt: die des Zeus von Olympia am Fluß Alpheios (westliche Peloponnes) und des Apollon von Delphi.
545 Herakles, der Sohn der Alkmene, gewann Iole, die Tochter des Königs Eurytos von Oichalia (nicht sicher zu lokalisieren), nachdem er ihren Vater und ihre Brüder erschlagen hatte.
550 Mänaden oder Bakchen heißen die Frauen im Gefolge des Gottes Dionysos. In ekstatischem Tanz stürmen sie durch Wälder und Berge.
556 Die Quellen des Flusses Dirke entsprangen dicht bei Theben.
559 Die thebanische Königstochter Semele bat Zeus, von dem sie schwanger war, sich ihr in göttlicher Gestalt zu zeigen, und verbrannte in der Glut des Blitzes. Zeus rettete das ungeborene Kind Dionysos.

625 Das Verfahren des Brautkaufs, der Unkosten verursacht, widerspricht dem folgenden Argument.
634 Der Gedanke, daß eine schlechte Ehe durch die Vorzüge der angeheirateten Verwandten kompensiert werden könne (und umgekehrt), paßt nicht in den Zusammenhang.
649 Statt „spinnen" ist „handeln" überliefert. Der Text bleibt unsicher, doch der Sinn ist im Prinzip klar.
683 Phaidras Vater Minos ist ein Sohn des Zeus.
691 Pittheus verdient in dieser Situation kaum besondere Erwähnung.
736 Phaëthon, der Sohn des Sonnengottes Helios, versuchte den Sonnenwagen zu lenken und wurde von Zeus mit dem Blitz getroffen. Er stürzte in den Eridanus (Po). Die Tränen seiner Schwestern wurden zu Bernstein.
742 Der Riese Atlas trägt das Himmelsgewölbe. Seine Töchter, die Hesperiden, wohnen im fernen Westen und bewachen die goldenen Äpfel im ‚Garten der Götter'. Dort befand sich das Hochzeitslager des Zeus. Die Weiterfahrt nach Westen über das Meer stellte man sich durch Sandbänke versperrt vor; nur der Meergreis Nereus kannte die Durchfahrt.
760 Munychia hieß einer der Häfen Athens.
776 Manche Textausgaben nehmen hier die Amme als Sprecherin an.
840 Buschor hält sich an den überlieferten Wortlaut, der zu Unrecht verdächtigt worden ist.
866 „Ach, neues Unglück bringt der Gott. Mein Leben ist wertlos, da das Haus meines Herrn dahin ist." Die Ausgaben differieren hier. Statt 866–870 streichen andere 871–873. Weder das eine noch das andere läßt sich hinreichend rechtfertigen.
952 Auf den Sänger Orpheus führte sich eine religiös-mystische Bewegung (Orphik) zurück, die von ihren Anhängern gerechten Lebenswandel forderte und ihnen den Fleischgenuß (wegen der Seelenwanderung) untersagte.
977 Als Theseus von Troizen, wo er aufgewachsen war, nach Athen zu seinem Vater Aigeus zog, erlegte er eine Reihe von Unholden, die den Weg unsicher machten. Sinis band seine Opfer an zwei niedergebeugte Bäume, die er dann auseinanderschnellen ließ; Skiron stieß sie von einem Felsen herab.
1029 Der Gedanke der Heimatlosigkeit scheint nicht hierherzugehören.

1049 Die beiden Verse werden zu Recht gestrichen, vgl. 898, 1047.
1053 Die Grenzen der Welt, vgl. zu 3.
1148 Die Göttinnen der Anmut werden für das Schicksal des jugendlichen Hippolytos verantwortlich gemacht. Möglicherweise steckt darin eine Anspielung auf die Kultur Athens.
1171 Dike ist die Personifizierung des Rechts.
1197 Der Zug bewegt sich also an der Küste des Golfs von Ägina nach Nordwesten in Richtung Korinth, Der Skironische Fels (s. zu 977) lag am Isthmos von Korinth, der Asklepiosfelsen muß ein anderer hervorstechender Punkt an der Küste des Saronischen Golfs gewesen sein.
1253 Es gab zwei Gebirge dieses Namens, das eine in der Gegend von Troja, das andere auf Kreta.
1373 Vgl. zu Alkestis 92. Die Verbindung von Paian und Tod ist eine Paradoxie.
1419 Von Buschor (vermutlich wegen der Ähnlichkeit zu 1454) ausgelassen; die Streichung ist kaum berechtigt.
1421 Eine gewollt dunkle Andeutung. Vielleicht ist Adonis, der jugendliche Geliebte der Aphrodite, gemeint, der auf der Jagd von einem Eber getötet wurde.
1424 Gemeint ist der tatsächlich existierende Hippolytoskult in Troizen.

INHALT

TUSCULUM-BÜCHEREI

Zweisprachige Ausgaben poetischer, philosophischer, historischer Texte der Antike

Stand Frühjahr 1972

AISCHYLOS: Tragödien und Fragmente ed. Oskar Werner. DM 32.-

ALKAIOS: Lieder ed. Max Treu. DM 14.-

Anthologia Graeca ed. Hermann Beckby. 4 Bände zusammen DM 195.-

APULEIUS: Der Goldene Esel edd. E. Brandt und W. Ehlers. DM 24.-

ARATOS: Phainomena ed. Manfred Erren. DM 25.-

ARCHILOCHOS: Sämtliche Fragmente ed. Max Treu. DM 14.-

DER ARZT IM ALTERTUM ed. Walter Müri. DM 26.-

AUGUSTINUS: Selbstgespräche ed. Peter Remark. DM 12.-

AUGUSTUS: Meine Taten ed. Ekkehard Weber. DM 14.-

BAKCHYLIDES – SIMONIDES: Chorlyrik ed. Oskar Werner. DM 26.-

CAESAR: Bürgerkrieg ed. Georg Dorminger. DM 20.-

CATULL: Carmina ed. Werner Eisenhut. DM 14.-

CICERO: Brutus ed. Bernhard Kytzler. DM 26.-

CICERO: Cato Maior – De Senectute ed. Max Faltner. DM 12.-

CICERO: Ad Familiares ed. Helmut Kasten. DM 48.-

CICERO: De Fato ed. Karl Bayer. DM 12.-

CICERO: Ad Quintum Fratrem ed. Helmut Kasten. DM 20.-

CICERO: Gespräche in Tusculum ed. Olof Gigon. DM 35.-

CICERO: Laelius ed. Max Faltner. DM 12.-

GRIECHISCHE INSCHRIFTEN ed. Gerhard Pfohl. DM 24.-

HERODOT: Historien ed. Josef Feix. 2 Bände zusammen DM 67.-

HOMER: Ilias edd. Rupé-Stegemann-Höhne. DM 35.-

HOMER: Odyssee ed. Anton Weiher. DM 28.-

Homerische Hymnen ed. Anton Weiher. DM 12.-

HORAZ: Sämtliche Werke edd. Burger-Färber-Schöne. DM 26.-

MENANDER: Dyskolos ed. Max Treu. DM 12.-

MUSAIOS: Hero und Leander ed. Hans Färber. DM 10.-

OVID: Amores edd. Walter Marg und Richard Harder. DM 14.-

OVID: Liebeskunst ed. Franz Burger. DM 10.-

Satz und Druck H. Laupp jr Tübingen
Bindung Heinr. Koch Tübingen

www.ingramcontent.com/pod-product-compliance
Lightning Source LLC
Chambersburg PA
CBHW070327100426
42812CB00005B/1282

* 9 7 8 3 1 1 0 3 5 7 0 9 7 *